基金资助：

国家社会科学基金重大招标课题"聚焦关键核心技术突破的国家创新体系研究"（项目号：21&ZD131）

2022—2023中国城市创新型经济蓝皮书

吴晓波　杜　健　等著

ZHEJIANG UNIVERSITY PRESS

浙江大学出版社

·杭州·

图书在版编目（CIP）数据

2022—2023 中国城市创新型经济蓝皮书 / 吴晓波等
著. — 杭州：浙江大学出版社，2025. 6. — ISBN 978-
7-308-26274-3

Ⅰ. F299.21

中国国家版本馆 CIP 数据核字第 2025JY3681 号

2022—2023 中国城市创新型经济蓝皮书

吴晓波　杜　健　等著

责任编辑	范洪法　樊晓燕
责任校对	王　波
封面设计	雷建军
出版发行	浙江大学出版社
	（杭州市天目山路 148 号　邮政编码 310007）
	（网址：http://www.zjupress.com）
排　　版	大千时代(杭州)文化传媒有限公司
印　　刷	杭州钱江彩色印务有限公司
开　　本	710mm×1000mm　1/16
印　　张	26
字　　数	410 千
版 印 次	2025 年 6 月第 1 版　2025 年 6 月第 1 次印刷
书　　号	ISBN 978-7-308-26274-3
定　　价	98.00 元

编写单位

■ 浙江大学"创新管理与持续竞争力研究"国家哲学社会科学研究基地
■ 浙江大学管理学院

编写成员

组　　长	
吴晓波	浙江大学管理学院教授、博士生导师
副组长	
杜　健	浙江大学管理学院教授、博士生导师
组　　员	
郭　斌	浙江大学管理学院教授、博士生导师
杜煜龙	浙江大学管理学院博士研究生
刘禹彤	浙江大学管理学院博士研究生
姚　琳	浙江大学管理学院博士研究生

创新型经济

■ 　创新型经济是指以信息革命和经济全球化为背景,以知识和人才为依托,以创新为主要推动力,持续、快速、健康发展的经济。

■ 　不同于单纯依靠劳动力投入或资本的增加,以严重消耗资源作为代价的"增长型经济",创新型经济是以现代科学技术为核心,以知识的生产、存储、分配和消费为最重要因素的可持续发展的经济。

■ 　不同于单纯依靠引进设备和技术,以照搬外来技术为主要推动力的"模仿型经济",创新型经济是注重培育本国企业和 R&D 机构的创新能力,发展拥有自主知识产权的新技术和新产品,以自主创新为目标和主要推动力的经济。

■ 　创新型经济不仅强调企业和国民经济的发展,也重视创新带来的居民生活水平的改善,追求社会与经济的和谐统一。

前　言

唯创新者进,唯创新者强,唯创新者胜!

习近平总书记在中共中央政治局第十一次集体学习时强调"发展新质生产力是推动高质量发展的内在要求和重要着力点""新质生产力已经在实践中形成并展示出对高质量发展的强劲推动力、支撑力"。①"新质生产力",起点是"新",关键在"质",落脚于"生产力"。生产力是推动社会进步的最活跃、最革命的要素。党的二十大强调,"科技是第一生产力、人才是第一资源、创新是第一动力"。新质生产力有别于传统生产力,涉及领域新、技术含量高,依靠创新驱动是其中的关键。

目前,我国经济已由高速增长阶段转向高质量发展阶段,正处在转变发展方式、优化经济结构、转换增长动力的攻关期。城市作为各类资源要素的集中地,对经济社会的创新发展具有重要的带动作用和辐射效应。同时,城市也是承担社会经济转型的最重要载体,决定着创新驱动发展的广度与深度。在2024年的政府工作报告中,"大力推进现代化产业体系建设,加快发展新质生产力",被列为2024年十大工作任务之首。对城市及城市群而言,发展新质生产力要处理好共性和个性的关系。每个城市和城市群有不同的资源禀赋、产业基础、科研条件和发展优势,必须坚持从实际出发,处理好新兴产业和传统产业的关系,积极促进产业高端化、智能化、绿色化转型,加速新旧动能转换,让新兴产业与传统产业相互促进、相得益彰,形成驱动城市高质量发展的合力。当前,作为新一轮科技革命和产业变革的重要驱动力量,人工智能正在以不可逆转的速度升级迭代,世界开始步入 AI"普惠"时代,AI赋能也掀起了智慧城市建设新篇章。

本课题组于2005年即在国内开创性地发起了"创新型经济评价"工作,出版

---

① 习近平. 发展新质生产力是推动高质量发展的内在要求和重要着力点[J]. 求是,2024(11).

了第一部区域创新型经济评价专著——《2004 浙江省创新型经济蓝皮书》,在国内首次对创新型经济的概念和内涵进行了明确界定,制定了多层次、定量化的创新型经济评价指标体系。此后,基于构建的评价指标体系以及对其不断地优化调整,本课题组每年都会对各省市的创新型经济进行客观评价分析,具体比较当前年度创新型经济的发展情况,针对热点问题展开深度讨论并提出建议。这本《2022—2023 中国城市创新型经济蓝皮书》的评价指标体系由基础设施、创新资源、创新过程和创新产出四个维度共 13 个二级指标、44 个三级指标构成。

本书通过对中国 105 个主要城市的 2021—2022 年各类数据的收集整理,分析得出这些主要城市创新型经济的排名,刻画了当下中国各个城市创新型经济的发展模式并对其成功经验进行讨论和分析,此外,围绕"十四五"期间新旧动能转化的三个重要方面——共同富裕、数字经济、双碳治理,进行了专题讨论,为中国城市的高质量与可持续发展的政策制定和管理提供了重要而切实可靠的参考。

历经 20 年,本课题组一直坚持站在第三方独立研究机构的立场,运用国际前沿的理论和方法,致力于客观、科学地反映创新型经济发展的现状和趋势。本研究旨在为决策者、研究者以及其他利益相关者提供系统的多维度"镜子",能起到"抛砖引玉"的作用即是我们的成就。我们无法"未卜先知"地提出有效的对策和措施,但如果能为影响未来的决策者们提供可靠的前事分析和趋势预判,身为"纸上谈兵"的"事后诸葛亮",亦甚为欣慰。当然,受能力所限,书中的缺陷和错漏在所难免,敬请社会各界对本书的不足给予直率的批评和指正,以使这一具有创新性的研究工作能够不断完善。在此,我们要特别地向一直支持和关心该项研究的领导、各界朋友和同仁们表示最衷心的感谢!

我们将持续改进,为我国的创新型国家建设发展添砖加瓦!

"中国城市创新型经济蓝皮书"课题组

2024 年 5 月

目　录

分析报告

附　录

分析报告

报告摘要

《2022—2023 中国城市创新型经济蓝皮书》建立了中国城市创新型经济评价体系,从基础设施、创新资源、创新过程以及创新产出四个维度对中国 105 个主要城市进行了综合评价。本蓝皮书希望能够为新一轮以创新能力为主要驱动力的中国城市发展提供一把标尺,客观评价中国城市的创新表现,以期为中国城市的创新型经济建设提供参考依据。

收录城市

本书共收录了中国 105 个城市的基础数据,并结合中国城市创新型经济评价指标体系,从各个方面对中国城市创新型经济所表现出的特点进行了分析。考虑到经济发展的平稳性,本蓝皮书在以 2019 年与 2020 年两年 GDP 总量均进入全国排名前 60 作为城市选择标准的同时,基于中华人民共和国科学技术部自 2008 年至 2022 年发布的创新型城市建设名单,最终共有 105 个城市入选(如图 0-1 所示)。进入报告的城市有:上海、北京、深圳、广州、重庆、苏州、成都、杭州、武汉、南京、天津、宁波、青岛、无锡、长沙、郑州、佛山、泉州、济南、合肥、南通、福州、西安、东莞、烟台、常州、徐州、唐山、大连、温州、昆明、长春、沈阳、厦门、扬州、绍兴、盐城、石家庄、潍坊、南昌、嘉兴、泰州、台州、哈尔滨、洛阳、临沂、南宁、金华、襄阳、漳州、济宁、贵阳、宜昌、惠州、镇江、太原、榆林、淮安、岳阳、保定、南阳、芜湖、遵义、淄博、邯郸、衡阳、乌鲁木齐、连云港、宿迁、湖州、柳州、株洲、德州、滁州、威海、新乡、绵阳、东营、兰州、龙岩、呼和浩特、包头、汕头、德阳、湘潭、宝鸡、马鞍山、蚌埠、玉溪、日照、银川、荆门、海口、长治、秦皇岛、黄石、汉中、吉林、西宁、营口、铜陵、新余、萍乡、景德镇、拉萨。

研究方法

数据来源以公开渠道为主,主要包括国家及各地方统计局、统计公报、统计年鉴、政府公开资料,主要有《中国城市统计年鉴 2022》《中国城市建设统计年鉴 2021》《中国火炬统计年鉴 2022》等。同时课题得到了阿里云计算有限公司、G7 易流的重要支持。通过对数据的无量纲化①处理,得出各个城市的创新指数。

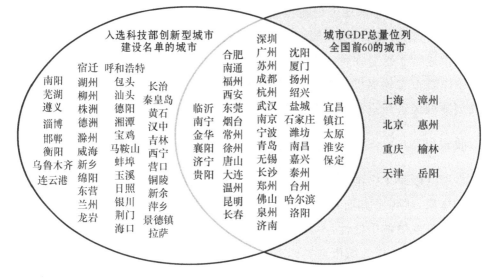

图 0-1　入选科技部创新型城市建设名单与 GDP 总量位列
全国前 60 城市分布情况(不考虑直辖市的城区和县级市)

分析结果

进入本书排名的 105 个城市的创新指数平均得分为 28.35 分。

2022 年中国创新型城市十强为北京、深圳、上海、杭州、南京、广州、苏州、宁波、武汉、西安,创新指数平均得分为 46.50 分。

- 基础设施排名前五的城市为北京、上海、宁波、深圳、重庆。
- 创新资源排名前五的城市为北京、深圳、上海、杭州、武汉。

---

① 采用了不同计量单位的统计指标可以直接进行比较。

- 创新过程排名前五的城市为北京、西安、深圳、南京、广州。
- 创新产出排名前五的城市为东莞、苏州、杭州、无锡、深圳。

与《2021—2022年创新型经济蓝皮书》的榜单相比,49个城市排名提升,51个城市排名下降,5个城市排名维持不变。其中,深圳、广州、杭州、武汉、南京、石家庄和洛阳成为排名最稳定的城市,无论是创新型指数总排名还是一级指标排名相较上一年均保持在±5位。表0-1报告了中国城市创新型经济指数排名情况,表0-2和表0-3则分别展示了相较上一年城市创新型经济指数及各维度排名上升或下降最明显的城市。表0-4展示了2021—2022中国城市创新型经济指数及各维度排名最稳定的城市。

表 0-1　2022—2023 年中国城市创新型经济指数排名

城市	2022—2023 年创新型经济指数得分	2022—2023 年创新型经济指数得分排名	2021—2022 年创新型经济指数得分排名	当年 GDP 总量/亿元	当年 GDP 总量排名
北京市	61.35	1 =	1	40270	2
深圳市	52.20	2 =	2	30665	3
上海市	48.09	3 =	3	43215	1
杭州市	46.23	4 ↑	8	18109	8
南京市	45.54	5 ↑	6	16356	10
广州市	45.12	6 ↓	4	28232	4
苏州市	42.97	7 ↑	9	22718	6
宁波市	42.61	8 ↑	11	14595	12
武汉市	40.92	9 ↓	5	17717	9
西安市	39.95	10 ↓	7	10688	24
成都市	37.75	11 ↓	10	19917	7
天津市	37.43	12 =	12	15695	11
合肥市	35.49	13 ↑	15	11413	19
无锡市	35.35	14 ↑	18	14003	14
青岛市	35.31	15 ↑	16	14136	13

续表

城市	2022—2023年创新型经济指数得分	2022—2023年创新型经济指数得分排名	2021—2022年创新型经济指数得分排名	当年GDP总量/亿元	当年GDP总量排名
东莞市	34.85	16 ↓	13	10855	23
重庆市	34.18	17 ↑	30	27894	5
长沙市	33.94	18 ↓	14	13271	15
温州市	33.84	19 ↑	24	7585	30
厦门市	33.57	20 ↓	17	7034	34
嘉兴市	33.52	21 ↑	32	6355	41
湖州市	33.40	22 ↓	20	3645	70
济南市	32.62	23 ↓	19	11432	18
大连市	32.46	24 ↓	23	7826	29
常州市	31.94	25 ↑	31	8808	25
绍兴市	31.54	26 ↑	35	6795	36
佛山市	31.19	27 ↓	21	12157	17
芜湖市	31.16	28 ↓	25	4303	62
福州市	30.99	29 ↓	26	11324	20
沈阳市	30.18	30 ↓	22	7249	31
扬州市	29.77	31 ↑	37	6696	37
镇江市	29.60	32 ↑	34	4763	56
金华市	29.60	33 ↑	36	5355	47
郑州市	29.56	34 ↓	28	12691	16
威海市	29.29	35 ↑	40	3464	72
连云港市	29.01	36 ↑	57	3728	67
贵阳市	29.01	37 ↑	41	4711	57
泉州市	28.82	38 ↑	50	11304	21
南昌市	28.75	39 ↓	33	6651	38
台州市	28.61	40 ↑	43	5786	43

城市	2022—2023年创新型经济指数得分	2022—2023年创新型经济指数得分排名	2021—2022年创新型经济指数得分排名	当年GDP总量/亿元	当年GDP总量排名
南通市	28.54	41 ↑	42	11027	22
太原市	28.54	42 ↓	29	5122	50
汕头市	28.31	43 ↑	53	2930	83
烟台市	28.12	44 ↓	38	8712	26
马鞍山市	27.46	45 ↓	44	2439	87
惠州市	27.35	46 =	46	4977	55
淄博市	27.05	47 ↑	60	4201	63
绵阳市	26.96	48 ↑	52	3350	76
泰州市	26.82	49 ↑	61	6025	42
宜昌市	26.52	50 ↓	45	5023	54
盐城市	26.32	51 ↑	66	6617	39
兰州市	26.06	52 ↓	39	3231	79
铜陵市	25.97	53 ↑	63	1166	101
拉萨市	25.84	54 ↑	64	742	105
唐山市	25.69	55 ↑	76	8231	27
蚌埠市	25.63	56 ↑	62	1989	94
乌鲁木齐市	25.56	57 ↓	48	3692	69
东营市	25.52	58 ↑	68	3442	73
长春市	25.45	59 ↓	27	7103	33
昆明市	25.44	60 ↓	47	7223	32
龙岩市	25.39	61 ↑	72	3082	81
株洲市	25.24	62 ↓	51	3420	74
徐州市	25.23	63 ↓	56	8117	28
海口市	25.15	64 ↓	55	2057	93
哈尔滨市	25.11	65 ↓	54	5352	48

续表

城市	2022—2023 年创新型经济指数得分	2022—2023 年创新型经济指数得分排名	2021—2022 年创新型经济指数得分排名	当年 GDP 总量/亿元	当年 GDP 总量排名
潍坊市	25.08	66 ↓	65	7011	35
淮安市	25.05	67 ↓	59	4550	58
宿迁市	24.49	68 ↑	79	3719	68
湘潭市	24.40	69 ↓	49	2548	86
洛阳市	24.19	70 ↓	67	5447	45
吉林市	24.08	71 ↑	75	1550	98
柳州市	23.90	72 ↑	74	3057	82
银川市	23.84	73 ↑	81	2263	90
石家庄市	23.67	74 ↑	77	6490	40
景德镇市	23.42	75 ↓	70	1102	104
宝鸡市	23.40	76 ↓	69	2549	85
西宁市	23.27	77 ↓	73	1549	99
榆林市	22.96	78 ↓	71	5435	46
南宁市	22.94	79 ↓	58	5121	51
滁州市	22.91	80 ↑	87	3362	75
德阳市	22.85	81 ↑	95	2657	84
萍乡市	22.70	82 ↑	86	1108	103
黄石市	22.65	83 ↑	89	1866	95
包头市	22.63	84 ↓	78	3293	77
襄阳市	22.62	85 ↓	84	5309	49
新余市	22.61	86 ↓	85	1155	102
保定市	22.61	87 ↑	100	4402	60
日照市	22.60	88 ↓	80	2212	91
呼和浩特市	22.48	89 ↓	82	3121	80
长治市	21.88	90 ↑	101	2311	89

续表

城市	2022—2023年创新型经济指数得分	2022—2023年创新型经济指数得分排名	2021—2022年创新型经济指数得分排名	当年GDP总量/亿元	当年GDP总量排名
济宁市	21.60	91 ↑	98	5070	52
漳州市	21.51	92 ↑	94	5025	53
岳阳市	21.49	93 ↓	91	4403	59
荆门市	21.45	94 ↓	92	2121	92
临沂市	21.38	95 ↑	97	5466	44
德州市	21.29	96 ↑	102	3489	71
秦皇岛市	21.03	97 ↓	83	1844	96
营口市	20.78	98 ↓	96	1403	100
汉中市	20.61	99 ↑	104	1769	97
新乡市	19.95	100 ↓	99	3233	78
衡阳市	19.92	101 ↓	90	3840	66
玉溪市	19.26	102 ↓	88	2352	88
邯郸市	19.22	103 ↑	105	4115	65
南阳市	18.94	104 ↓	103	4342	61
遵义市	17.99	105 ↓	93	4170	64

注:表格单元的灰色深度表示该列指标排名情况。其中:深灰色表示该指标位列前1/3位(第1—35位)或为新入榜;浅灰色表示该指标位列第1/3至第2/3位(第36—70位);白色表示该指标位列后1/3位(第71—105位)。由于"2021—2022年创新型经济指数"榜单入选城市为105个,因此该列指标的1/3位和2/3位分别为第35位、第70位。"↓""↑"和"="分别代表相较于上一年排名的上升、下降和不变。创新型指数得分显示为保留两位小数的结果。

进入本书排名的105个城市的创新指数平均得分为28.35分,排名前10位的城市(北京、深圳、上海、杭州、南京、广州、苏州、宁波、武汉、西安)的创新指数平均得分为46.50分,排名后10位的城市(德州市、秦皇岛市、营口市、汉中市、新乡市、衡阳市、玉溪市、邯郸市、南阳市、遵义市)的创新指数平均得分为19.90分,相差较大。从得分区间来看,40分(含)以上的城市有9个,30分(含)到40分的城市有21个,20分(含)到30分的城市有69个,20分以下的城市有6个。

表 0-2　2022—2023 年中国城市创新型经济指数及各维度排名上升最明显的城市

创新总指数		基础设施		创新资源		创新过程		创新产出	
城市	上升位次	城市	上升位次	城市	上升位次	城市	上升位次	城市	上升位次
唐山	21	台州	34	泰州	18	唐山	69	重庆	55
盐城	15	温州	26	长春	17	泉州	56	天津	34
重庆	13	嘉兴	25	绍兴	15	盐城	36	青岛	19
泉州	12	绍兴	25	常州	14	扬州	26	合肥	16
泰州	12	泰州	17	济宁	12	南通	26	榆林	16
嘉兴	11	襄阳	12	郑州	12	无锡	24	贵阳	14
绍兴	9	金华	11	青岛	11	济宁	18	潍坊	13
济宁	7	宁波	9	金华	9	常州	17	临沂	12
常州	6	佛山	7	徐州	9	贵阳	12	大连	12
扬州	6	长沙	5	嘉兴	8	苏州	11	盐城	10
温州	5			佛山	8	漳州	10	济宁	8
				南宁	8	宁波	9	宜昌	8
				哈尔滨	7	临沂	9	襄阳	7
				重庆	6	昆明	9	东莞	7
				镇江	6	襄阳	8	嘉兴	7
				济南	6	烟台	6	长春	7
						深圳	5	漳州	5
						东莞	5		

注:表格中的城市为创新型经济总排名或单个一级指标维度排名相较于上一年上升 5 位(含)及以上的城市。

表 0-3　2021—2022 年中国城市创新型经济指数及各维度排名下降最明显的城市

创新总指数		基础设施		创新资源		创新过程		创新产出	
城市	下降位次	城市	下降位次	城市	下降位次	城市	下降位次	城市	下降位次
长春	32	济南	34	襄阳	28	佛山	27	北京	42
南宁	21	长春	30	宜昌	21	长春	26	厦门	30
昆明	13	东莞	29	昆明	17	台州	24	郑州	28
太原	13	南宁	19	唐山	16	榆林	24	南宁	21
哈尔滨	11	宜昌	19	盐城	16	绍兴	22	徐州	20
		沈阳	17	长沙	16	惠州	16	上海	18
		烟台	16	东莞	13	温州	13	扬州	16
		潍坊	13	无锡	10	镇江	11	南昌	13
		昆明	12			重庆	10	金华	10
		太原	11			哈尔滨	10		
		南昌	10			嘉兴	10		
		临沂	10						
		常州	10						

注:表格中的城市为创新型经济总排名或单个一级指标维度排名相较于上一年下降 10 位（含）及以上的城市。

表 0-4　2021—2022 年中国城市创新型经济指数及各维度排名最稳定的城市

创新总指数			基础设施			创新资源			创新过程			创新产出		
城市	排名	趋势	城市	排名	趋势	城市	排名	趋势	城市	排名	趋势	城市	排名	趋势
金华	36	↑3	苏州	13	↑3	大连	24	↑3	天津	11	↑3	泰州	21	↑3
台州	43	↑3	无锡	30	↑2	石家庄	74	↑3	大连	23	↑2	沈阳	80	↑3
宁波	11	↑3	石家庄	48	↑2	南京	5	↑3	沈阳	20	↑2	唐山	72	↑2
石家庄	77	↑3	镇江	52	↑2	扬州	31	↑3	杭州	10	↑1	杭州	5	↑2
镇江	34	↑2	南通	44	↑2	成都	11	↑3	广州	6	↑1	太原	45	↑2
苏州	9	↑2	盐城	75	↑1	潍坊	66	↑3	南京	4	=	惠州	23	↑2
漳州	94	↑2	贵阳	26	↑1	温州	19	↑2	北京	1	=	绍兴	17	↑2

续表

创新总指数			基础设施			创新资源			创新过程			创新产出		
城市	排名	趋势	城市	排名	趋势	城市	排名	趋势	城市	排名	趋势	城市	排名	趋势
临沂	97	↑2	漳州	91	↑1	杭州	4	↑2	上海	7	=	烟台	33	↑1
合肥	15	↑2	北京	2	↑1	苏州	7	↑1	合肥	14	=	南京	9	↑1
南通	42	↑1	重庆	5	=	深圳	2	↑1	西安	2	=	苏州	2	=
南京	6	↑1	杭州	7	=	惠州	46	↑1	厦门	21	↓1	石家庄	104	=
青岛	16	↑1	南京	8	↓1	榆林	78	↑1	南昌	57	↓1	温州	24	=
北京	1	=	上海	1	↓1	天津	12	↑1	宜昌	44	↓1	无锡	3	↓1
上海	3	=	深圳	3	↓1	北京	1	=	青岛	13	↓2	常州	6	↓1
深圳	2	=	惠州	63	↓1	广州	6	=	石家庄	72	↓2	泉州	12	↓2
惠州	46	=	广州	4	↓2	上海	3	↓1	成都	9	↓2	宁波	4	↓2
天津	12	=	洛阳	73	↓2	洛阳	70	↓1	郑州	50	↓3	济南	71	↓2
成都	10	=	武汉	24	↓2	武汉	9	↓1	武汉	3	↓3	成都	34	↓2
襄阳	84	↓1				南昌	39	↓1				镇江	11	↓2
大连	23	↓1				宁波	8	↓2				佛山	7	↓2
潍坊	65	↓1				南通	41	↓2				洛阳	93	↓3
广州	4	↓2				合肥	13	↓2				武汉	28	↓3
厦门	17	↓3				福州	29	↓3						
福州	26	↓3				临沂	95	↓3						
洛阳	67	↓3				太原	42	↓3						
西安	7	↓3												
东莞	13	↓3												

注:表格中的城市为创新型经济总排名或单个一级指标维度排名相较于上一年上升或下降均在 3 位(含)范围内的城市。

重要发现

➢ 中国城市的创新型经济发展总体仍处于初级阶段,但城市间差距开始缩小。进入本书排名的 105 个城市的创新指数平均得分仅为 28.35 分,40 分(含)

以上的城市仅有 9 个,大多数城市的创新指数得分集中在 20 分(含)到 30 分这一区间(69 个),甚至有 27 个城市得分不足 20 分。此外,排名第一的北京为61.35 分,排名最后的遵义仅为 17.99 分,排名中后位次的城市的创新型经济发展水平亦与排名靠前城市存在差距(见表 0-1)。

➤ 北、深、沪稳居鳌头,广州"跌出"传统创新型强市队列,宁波成为"后起之秀"。北京、深圳、上海这 3 个传统的一线城市占据创新型经济发展的前 3 名,深圳凭借其在创新资源、创新过程和创新产出方面的均衡发展,在创新型经济发展的综合水平上超越了上海,仅次于北京而位居第 2。杭州(第 4 位)重视创新的投入和产出,凭借其在创新资源(第 4 位)和创新产出(第 3 位)方面的优势,成功超越传统创新强市广州(第 6 位),可见创新投入和产出对于创新型城市发展的重要性。南京(第 5 位)也通过加强知识创造和扩散的力度,持续进步,跻身全国创新型城市前 5 名。苏州(第 7 位)也凭借出色的创新资源投入和产出,仅次于传统创新强市广州(第 6 位)。宁波凭借在基础设施和创新产出的强力发展,从上一年的第 11 名跃升至第 8 名,成为创新型城市排名前十的城市,是 2023 年的"后起之秀"。广州在创新资源和可持续性方面表现欠佳,导致其排名从第 4 位下降至第 6 位。除了创新型经济排名前十的城市外,重庆凭借其在创新产出等方面的进步,相较上一年从第 30 位上升至第 17 名,创新势头强劲。

➤ 基础设施、创新资源、创新过程、创新产出四维均衡发展成为决定城市创新型经济整体表现的重要条件。深圳作为传统创新强市,连续 3 年凭借 4 个维度的全面发展成为仅次于北京的城市,并保持基础设施(第 3 位)、创新资源(第 3位)和创新产出(第 1 位)的领先优势。除此之外,杭州、南京和广州也实现全面发展和多维领先,其创新型经济发展态势向好,并且深圳、南京和杭州成为在一级指标的 4 个维度排名跻身前十的城市。而杭州(第 8 位→第 4 位)受益于四维度齐发力的优势,成为前十城市中进步最为明显的城市。受制于基础设施建设与创新资源投入不足,昆明、兰州、海口与西宁等城市面临低投入低产出的创新型经济发展挑战。如何加快知识的扩散与转移,提升创新转化效率成为各城市普遍面临的重要问题。部分城市(如武汉与杭州)凭借开放度与产业活力,展现出高效的创新转化过程。城市包容性与创新可持续性发展不足掣肘城市创新产出水平提升,从而制约整体创新型经济发展水平(例如西安、石家庄、洛阳与兰州等城市)。

相较于上一年各维度得分排名前十的城市变化:

◇跻身前十的新秀城市　　　　　　◇跌落前十的老牌城市

基础设施:宁波、温州与苏州　　　　基础设施:天津、济南与东莞

创新资源:南京　　　　　　　　　　创新资源:西安

创新过程:天津与汕头　　　　　　　创新过程:长春与成都

创新产出:长沙　　　　　　　　　　创新产出:湖州

➤主要城市群创新型经济发展各具特色,长三角、珠三角地区整体优势明显。长江三角洲城市群具有强大的创新实力和活力,创新型经济发展整体水平领先于其他城市群;长江中游城市群创新型经济总量较大,但城市群内各城市平均发展水平偏低且存在发展不均衡瓶颈;京津冀城市群展现了传统经济圈的创新实力,具有稳健的发展布局但辐射带动作用不显著;珠三角城市群创新型经济指数平均水平领先优势明显,各城市普遍具有较高的创新活力;中原城市群创新产出维度表现优异,但城市群内发展不均衡;成渝城市群创新型经济发展势头良好,充分发挥了头部城市示范带动作用,加快周围城市创新发展;哈长城市群创新型经济发展稳定,创新资源是其主要短板,亟须加强对创新人才等重要创新资源的投入和保护;关中平原城市群创新型经济总量整体较低,并呈现出城市群内极化发展特点;呼包鄂榆城市群、兰州—西宁城市群和北部湾城市群创新型经济水平总体处于中下游,亟须整体规划提升城市群创新实力。

➤"共同富裕""数字经济"与"双碳治理"成为城市高质量发展新的风向标,长三角城市示范作用突出。浙江扎实推动共同富裕,在发展性与共享性双维度均领先的城市中,有超过四成的城市来自浙江,发挥了示范引领、典型带动作用;长三角和珠三角城市数字经济表现亮眼,各城市能够高效兼顾数字化投入以及数字基础与数字创新活力转化效率,推动数字生态城市建设;东莞和泉州成为生态治理创新标杆城市,能在保持创新型经济发展水平的同时,较好地平衡污染源头防治和末端污染治理;其他大部分城市在兼顾创新型经济建设与可持续绿色发展方面仍有短板。

➤总体而言,本书为中国的创新发展带来了以下重要启示。

城市是聚集智慧、推动创新的必要载体,是创新的策源地,是国家战略科技

力量的聚集地。

城市既是创新的牵引者,更是创新驱动高质量发展的发动机。

城市的创新形成各具特色的新型生态体系,形成各有特色的增长极。

通过多维度的分层分类分析,为各主要城市高质量与可持续发展提供了重要的参考。

第 1 章　评价指标

1.1　评价思路

本课题组自 2005 年起持续追踪包括浙江省在内的六省市创新型经济发展，连续多年出版了《浙江省创新型经济蓝皮书》，建立起了一套较为完整的创新型经济评价体系，从创新的角度，科学地、有针对性地对浙江省和具有代表性的省（市）在经济发展中的创新成分进行了跟踪与监测。2022 年，为进一步洞悉中国创新发展的新焦点，本课题组与时俱进地构建了基于"投入—过程—产出"经典框架的中国城市创新型经济评价体系（简称"评价体系"），对中国 105 个城市的创新型经济建设水平进行了分析评价，出版了《2020—2021 中国城市创新型经济蓝皮书》。本蓝皮书沿用该体系架构，并对评价体系进行了完善。

考虑到创新型经济被看作一个由创新引起的动态的社会发展变化过程，良好的生产活动基础设施与充足可用的资本和劳动力资源协同，促进创新型生产结构的形成以及多样化创新活动的开展，驱动着创新型经济的蓬勃发展和社会的进步。本评价体系着重关注我国各主要城市如何充分利用自身的基础设施，并结合教育、技术人力等资源投入，以拓展城市创新发展空间，取得更好的经济绩效，进而保障高质量的人民生活水平和城市的持续发展。本创新型经济评价体系包括 4 个重要的方面，即基础设施、创新资源、创新过程和创新产出，见图 1-1。

课题组以国内外创新型经济及区域创新能力的理论与实证研究为基础，结合美国麻省理工创新研究所的《麻省创新经济年度报告》、世界知识产权组织（WIPO）的《全球创新指数（GII）》等相关世界知名评价体系，从现阶段的基本国

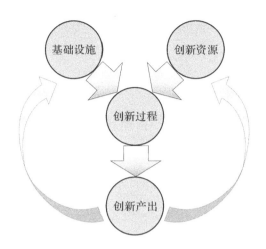

图 1-1 创新型经济评价体系的概念框架

情出发,综合考虑指标的重要程度和可获得性,形成了评价创新型经济的评价体系。随着我国经济环境的不断变化,创新型经济评价的评价体系也与时俱进,既保持了一定的连续性,便于进行纵向比较分析,也需根据每年创新型经济发展的实际情况,进行改进和完善。本评价体系的设计主要从三方面来考虑。

一是理论方面的发展和国内外创新型经济的最新研究成果。课题组参考国内外创新评价体系,并结合本国创新型经济发展的实际情况适当调整指标。

二是我国经济发展的现实情况以及发展方向与趋势。如针对"十四五"规划和"对内对外双循环"的提出,本书也相应地增加了数字经济发展方面的指标。

三是数据层面。本书的数据主要来源于《中国城市统计年鉴》《中国城市建设统计年鉴》《中国火炬统计年鉴》《全国技术市场统计年报》,以及各省市统计年鉴和统计公报等统计资料。综合考虑数据的来源权威性和可获得性,课题组对指标进行适当调整。

基于上述思路,本蓝皮书形成了中国城市创新型经济评价体系。该评价体系由 4 个一级指标组成,即基础设施、创新资源、创新过程和创新产出;每个一级指标包括若干二级指标;二级指标下设三级指标。每一个单独指标既可以充分而直观地说明在此方面各城市创新型经济的表现,也可以清晰、直观地展现出其城市间比较优势。

1.2 评价体系

本蓝皮书将创新型经济视作一个由创新引起的动态的社会发展变化过程，因此通过基础设施、创新资源、创新过程和创新产出 4 个核心要素来描述创新型经济发展。各要素具体含义如下。

1.2.1 基础设施

基础设施指标考察城市支持区域内经济体生产活动的一组基本设施和系统的建设情况[①]，具有先行性、基础性和不可贸易性等特征。信息和通信技术（ICT）、能源、金融、政策等软、硬基础设施是创新经济的支柱，因为其通过促进思想、服务和商品的生产和交流，提高生产力和效率、降低交易成本、创造更好的市场准入条件以及促进各集群之间的合作与协作，为创新体系提供支持[②]。因此，良好的基础设施将提升城市创新绩效[③]。本评价体系具体通过数字基础、交通基础、金融基础和政策基础这 4 个二级指标对城市的基础设施做出评价。

1.2.2 创新资源

创新资源指标考察城市在人力、财力、物力等方面的投入以及保有情况。不同的经济体控制着不同的战略资源，而由于交易成本及转移成本的存在，资源不能被完全模仿、流动，因此异质性被长期维持[④]。同时，资源可转变成独特的能力，成为持久竞争优势的源泉。教育与技术人力、研发投入和创新都是创新价值

---

①　https://en.wikipedia.org/wiki/Infrastructure.

②　Suarez-Villa, L., & Hasnath, S. A. (1993). The effect of infrastructure on invention: Innovative capacity and the dynamics of public construction investment. Technological Forecasting and Social Change, 44 (4), 333−358.

③　Hu, M. C., & Mathews, J. A. (2008). China's national innovative capacity. Research policy, 37 (9), 1465−1479.

④　Teece, D. J., Pisano, G., & Shuen, A. (1997). Dynamic capabilities and strategic management. Strategic management journal, 18(7), 509−533.

链中的重要输入物，是城市创新经济竞争优势的重要来源。本评价体系具体通过人力资源、研发投入和创新机构这 3 个二级指标对城市的创新资源做出评价。

1.2.3　创新过程

创新过程指标考察城市将创新资源有效地转化为经济绩效的动态过程。不同于单纯依靠引进设备和技术，以照搬外来技术为主要推动力的"模仿型经济"，创新型经济是注重培育本国企业和 R&D 机构的创新能力、发展拥有自主知识产权的新技术和新产品、以自主创新为目标和主要推动力的经济。因此，创新知识获取的来源，以及区域经济主体知识创造与知识扩散水平，是区域创新能力的重要表现。本评价体系具体通过知识创造、知识扩散这 2 个二级指标对城市的创新过程做出评价。

1.2.4　创新产出

创新产出指标考察创新对城市经济、社会和环境的最终影响。城市创新的健康发展将在很大程度上提高城市内企业和经济的发展[①]；与此同时，创新经济还追求环境、社会与经济的和谐统一，它会带来居民生活水平的改善，让更广大群众从增长和创新中共同受益。此外，数字化发展水平是在第四次工业革命背景下，城市全要素生产率的重要反映。本评价体系具体通过创新经济效益、数字创新活力、创新包容性、创新可持续性这 4 个二级指标对城市的创新产出做出评价。

图 1-2 表现了中国城市创新型经济指数及其相应的构成指标（一级、二级）的关系。

表 1-1 至表 1-4 列出了构成基础设施、创新资源、创新过程和创新产出具体对应的二级和三级指标。

---

① Johnson, B. (2008). Cities, systems of innovation and economic development. Innovation, 10(2－3), 146－155.

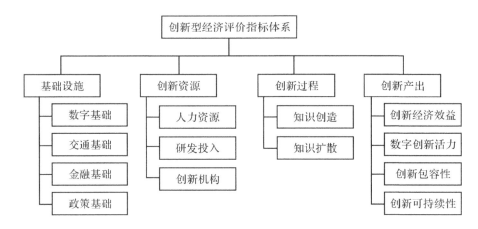

图 1-2　中国城市创新型经济评价体系

表 1-1　基础设施的对应指标

指标类型			原始条目
一级 指标	二级 指标	三级 指标	
1 基础 设施	1.1 数字基础	1.1.1 固网宽带应用渗透率	(固定)互联网宽带接入用户数 常住人口
		1.1.2 移动网络应用渗透率	移动电话年末用户数 常住人口
		1.1.3 工业互联网示范项目数量	工业互联网示范项目数
	1.2 交通基础	1.2.1 公路单位里程运输量	公路货运量 公路客运量 境内公路总里程
		1.2.2 人均快递业务量	快递业务量 常住人口
		1.2.3 城市物流仓储用地面积占城市建设用地总面积比重	城市物流仓储用地面积 城市建设用地面积
		1.2.4 公共汽(电)车运输人次占总人口比重	全年公共汽(电)车客运总量 常住人口

续表

指标类型			原始条目
一级 指标	二级 指标	三级 指标	
1 基础 设施	1.3 金融基础	1.3.1 年末金融机构人民币各项存款余额	年末金融机构人民币各项存款余额
		1.3.2 年末金融机构人民币各项贷款余额	年末金融机构人民币各项贷款余额
		1.3.3 数字金融	数字普惠金融指数
	1.4 政策基础	1.4.1 "人才"类政府文件	政府网站以"人才"为主题、发布机关为本书收录的 105 个城市的政府文件数量
		1.4.2 "创新"类政府文件	政府网站以"创新"为主题、发布机关为本书收录的 105 个城市的政府文件数量

表 1-2　创新资源的对应指标

指标体系			原始条目
一级 指标	二级 指标	三级 指标	
2 创新 资源	2.1 人力资源	2.1.1 普通高等学校教育数量与质量	普通高等学校在校学生数量 常住人口 普通高等学校专任教师数量
		2.1.2 中等职业学校教育数量与质量	中等职业教育学校在校学生数量 常住人口 中等职业教育学校专任教师数量
		2.1.3 一般公共预算教育支出占 GDP 比重	教育支出 地区生产总值(当年价格)
		2.1.4 人才吸引力指数	人才吸引力指数
		2.1.5 高新区企业 R&D 人员所占比重	高新区企业 R&D 人员 高新区企业年末从业人员
	2.2 研发投入	2.2.1 R&D 内部经费占 GDP 的比重	R&D 内部经费支出 地区生产总值(当年价格)

续表

指标体系			原始条目
一级指标	二级指标	三级指标	
2 创新资源	2.2 研发投入	2.2.2 一般公共预算科学技术支出占 GDP 的比重	科学技术支出 地区生产总值（当年价格）
		2.2.3 高新区企业 R&D 经费内部支出占营业收入比重	高新区企业 R&D 经费内部支出 高新区企业营业收入
	2.3 创新机构	2.3.1 文化机构	博物馆个数 常住人口 公共图书馆图书藏量
		2.3.2 国家重点实验室	国家重点实验室个数
		2.3.3 国家创新中心	国家制造业创新中心数量 国家企业技术中心数量

表 1-3　创新过程的对应指标

指标体系			原始条目
一级指标	二级指标	三级指标	
3 创新过程	3.1 知识创造	3.1.1 每十万人发明专利授权数	发明专利授权数 常住人口
		3.1.2 每十万人 WoS 论文数	Web of Science 核心合集论文篇数 常住人口
		3.1.3 每亿元 R&D 内部经费支出所取得的发明专利授权数	发明专利授权数 R&D 内部经费支出
		3.1.4 国际科研合作	Web of Science 核心合集国际合作论文数 Web of Science 核心合集论文篇数
	3.2 知识扩散	3.2.1 输出技术成交额占地区生产总值的比重	输出技术成交额 地区生产总值（当年价格）
		3.2.2 吸纳技术成交额占地区生产总值的比重	吸纳技术成交额 地区生产总值（当年价格）
		3.2.3 国家技术转移机构数	国家技术转移机构数

表 1-4　创新产出的对应指标

指标体系			原始条目
一级 指标	二级 指标	三级 指标	
4 创新 产出	4.1 创新经济 效益	4.1.1 人均地区生产总值	人均地区生产总值
		4.1.2 贸易顺差（逆差）	货物进口额 货物出口额
		4.1.3 人均工业总产值	工业总产值 常住人口
	4.2 数字创新 活力	4.2.1 数字产业活力	"数字经济领域"规上工业企业数 规上工业企业数
		4.2.2 数字消费活力	邮政业务收入 常住人口
		4.2.3 数字政务活力	政务平台月平均每百万人中访问人数 常住人口
		4.2.4 数字文化活力	年度电影票房总量 常住人口
	4.3 创新包 容性	4.3.1 城镇登记失业率	城镇登记失业率
		4.3.2 城乡居民人均可支配收 入比	城镇居民人均可支配收入 农村居民人均可支配收入
		4.3.3 平均房价与人均可支配 收入比	2021 年市辖区平均房价 城镇居民人均可支配收入
	4.4 创新可持 续性	4.4.1 单位 GDP 能耗	煤气、天然气供气总量 液化石油气供气总量 地区生产总值（当年价格）
		4.4.2 废水废物处理能力	污水处理率 生活垃圾无害化处理率
		4.4.3 空气质量指数	AQI 指数年平均数 空气质量达到及好于二级（"良好"及以 上）的天数
		4.4.4 园林绿化覆盖率	园林绿化覆盖率

1.3 指标权重

本蓝皮书各指标的权重系数采用基于专家评分的层次分析法（AHP）确认。课题组邀请了 6 位创新管理领域的权威专家对创新型经济指数指标体系中的 4 个一级指标和 13 个二级指标进行打分，并利用 SPSS 数值计算软件构建目标体系的群组判断矩阵得到权重和向量等结果，并通过一致性检验。具体检验步骤请见附录 2。创新型经济指数指标权重体系如表 1-5 所示。

表 1-5　一、二级指标的层次分析结果汇总

一级指标	二级指标	特征向量	一级权重值	二级权重值
基础设施	—	1.013	25.59%	—
创新资源	—	0.949	24.51%	—
创新过程	—	0.936	24.31%	—
创新产出	—	1.013	25.59%	—
基础设施	数字基础	1.049	6.71%	26.23%
	交通基础	1.01	6.46%	25.25%
	金融基础	0.984	6.29%	24.59%
	政策基础	0.957	6.12%	23.93%
创新资源	人力资源	0.883	7.22%	29.44%
	研发投入	1.066	8.71%	35.53%
	创新机构	1.051	8.58%	35.03%
创新过程	知识创造	0.973	12.04%	49.55%
	知识扩散	1	12.26%	50.45%
创新产出	创新经济效益	0.978	6.26%	24.44%
	数字创新活力	1.022	6.54%	25.56%
	创新包容性	0.948	6.07%	23.70%
	创新可持续性	1.052	6.73%	26.30%

创新型经济指数一、二级指标的权重系数结果汇总见图 1-3。

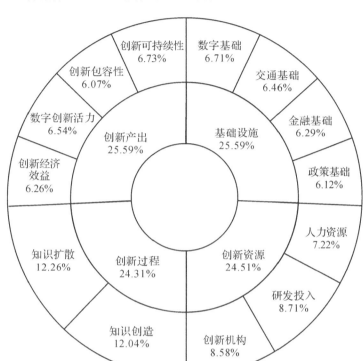

图 1-3 一、二级指标的权重系数结果汇总

第2章　收录城市

　　本蓝皮书共收录了中国 105 个城市的基础数据,并结合中国城市创新型经济评价指标体系,从基础设施、创新资源、创新过程和创新产出等方面对中国城市创新型经济所表现出的特点进行了分析。本蓝皮书沿用了《2021—2022 中国城市创新型经济蓝皮书》的城市选择标准,即 2020 年与 2021 年连续两年 GDP 总量均进入全国排名前 60 的城市以及处于中华人民共和国科学技术部自 2008 年至 2022 年发布的创新型城市建设名单中的城市,一共选了 105 个城市。本蓝皮书收录的 105 个城市具有普遍代表性,2021 年 105 个城市的 GDP 总额为 78.451 万亿元,占当年全国 GDP(114.9237 万亿元)的 68.26%;105 个城市 2021 年城市常住人口总数为 7.38 亿人,占当年全国总人口(14.13 亿人)的 52.22%。

　　蓝皮书收录城市及其 2021 年 GDP 情况如表 2-1 所示。

表 2-1　收录城市及其 2021 年 GDP 情况　　　　　　（单位:亿元）

城市	GDP	城市	GDP	城市	GDP
上海	43215	绍兴	6795	柳州	3057
北京	40270	盐城	6617	株洲	3420
深圳	30665	石家庄	6490	德州	3489
广州	28232	潍坊	7011	滁州	3362
重庆	27894	南昌	6651	威海	3464
苏州	22718	嘉兴	6355	新乡	3233
成都	19917	泰州	6025	绵阳	3350
杭州	18109	台州	5786	东营	3442
武汉	17717	哈尔滨	5352	兰州	3231

续表

城市	GDP	城市	GDP	城市	GDP
南京	16356	洛阳	5447	龙岩	3082
天津	15695	临沂	5466	呼和浩特	3121
宁波	14595	南宁	5121	包头	3293
青岛	14136	金华	5355	汕头	2930
无锡	14003	襄阳	5309	德阳	2657
长沙	13271	漳州	5025	湘潭	2548
郑州	12691	济宁	5070	宝鸡	2549
佛山	12157	贵阳	4711	马鞍山	2439
泉州	11304	宜昌	5023	蚌埠	1989
济南	11432	惠州	4977	玉溪	2352
合肥	11413	镇江	4763	日照	2212
南通	11027	太原	5122	银川	2263
福州	11324	榆林	5435	荆门	2121
西安	10688	淮安	4550	海口	2057
东莞	10855	岳阳	4403	长治	2311
烟台	8712	保定	4402	秦皇岛	1844
常州	8808	南阳	4342	黄石	1866
徐州	8117	芜湖	4303	汉中	1769
唐山	8231	遵义	4170	吉林	1550
大连	7826	淄博	4201	西宁	1549
温州	7585	邯郸	4115	营口	1403
昆明	7223	衡阳	3840	铜陵	1166
长春	7103	乌鲁木齐	3692	新余	1155
沈阳	7249	连云港	3728	萍乡	1108
厦门	7034	宿迁	3719	景德镇	1102
扬州	6696	湖州	3645	拉萨	742

  入选科技部创新型城市建设名单与 GDP 总量位列全国前 60 城市的分布情况见图 2-1。

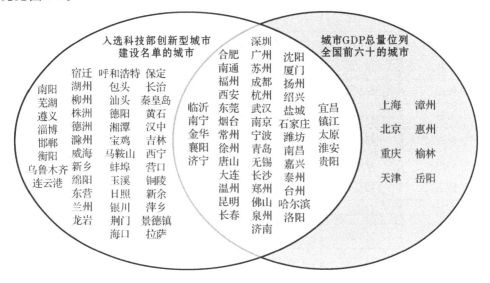

图 2-1 入选科技部创新型城市建设名单与 GDP 总量
位列全国前 60 城市分布情况(不考虑直辖市城区和县级市)

第 3 章　细分指标

当今世界,国家和地区在经济和科技实力维度的竞争愈发激烈,创新型经济发展日益成为促进城市经济持续增长和提高科技竞争力的关键。各城市产业经济结构、战略布局、资源禀赋等方面均有不同,由此在基础设施、创新资源、创新过程、创新产出四方面表现均有较大差异。课题组通过基础设施等 4 个一级指标以及数字基础设施等 13 个二级指标对各城市创新型经济发展表现进行统计、比较和分析,以期为管理者、学者提供中国 105 个城市创新型经济建设与发展情况的全面呈现(见表 3-1)。

表 3-1　创新型经济指数中各细分指标得分情况总览

排名	城市	创新指数得分	基础设施		创新资源		创新过程		创新产出	
			得分	排名	得分	排名	得分	排名	得分	排名
1	北京	61.35	55.50	1	67.00	1	78.69	1	45.31	78
2	深圳	52.20	43.05	4	52.13	2	51.46	3	62.12	5
3	上海	48.09	54.28	2	50.87	3	40.82	7	46.13	71
4	杭州	46.23	41.17	7	43.37	4	36.30	9	63.46	3
5	南京	45.54	34.92	9	38.20	8	49.21	4	59.72	8
6	广州	45.12	41.33	6	37.94	10	44.18	5	56.69	11
7	苏州	42.97	34.82	10	38.27	7	31.05	13	66.94	2
8	宁波	42.61	52.20	3	30.72	16	24.63	24	61.47	6
9	武汉	40.92	26.29	26	42.76	5	41.78	6	52.98	31
10	西安	39.95	27.67	20	35.29	11	56.82	2	40.67	92
11	成都	37.75	27.30	22	38.39	6	32.75	11	52.33	36
12	天津	37.43	29.60	15	33.71	12	37.31	8	48.92	50

续表

排名	城市	创新指数得分	基础设施		创新资源		创新过程		创新产出	
			得分	排名	得分	排名	得分	排名	得分	排名
13	合肥	35.49	20.36	44	38.03	9	29.31	14	54.05	25
14	无锡	35.35	25.82	28	25.77	30	26.57	19	62.39	4
15	青岛	35.31	27.80	18	29.33	18	28.66	15	54.85	20
16	东莞	34.85	21.59	39	21.22	46	27.70	17	67.95	1
17	重庆	34.18	41.72	5	25.54	32	15.79	63	52.38	35
18	长沙	33.94	27.92	17	25.40	33	23.20	27	58.35	10
19	温州	33.84	35.02	8	22.80	38	22.43	30	54.07	24
20	厦门	33.57	27.71	19	32.52	14	24.86	22	48.72	52
21	嘉兴	33.52	31.26	11	27.80	23	17.41	56	56.55	12
22	湖州	33.40	30.50	13	22.25	41	24.75	23	55.20	17
23	济南	32.62	20.48	43	32.61	13	31.24	12	46.07	73
24	大连	32.46	30.85	12	21.64	45	25.22	21	51.32	39
25	常州	31.94	20.22	45	23.49	35	22.23	34	60.99	7
26	绍兴	31.54	26.62	24	28.24	21	14.99	76	55.34	15
27	佛山	31.19	22.06	35	26.51	26	16.73	57	58.56	9
28	芜湖	31.16	16.09	68	31.58	15	22.99	29	53.61	27
29	福州	30.99	22.93	33	25.67	31	22.27	32	52.44	33
30	沈阳	30.18	22.21	34	25.85	29	26.89	18	45.44	77
31	扬州	29.77	16.58	65	20.33	50	28.43	16	53.25	29
32	镇江	29.60	19.32	50	20.68	48	21.25	39	56.36	13
33	金华	29.60	28.51	16	16.46	71	21.50	37	50.97	40
34	郑州	29.56	24.66	29	26.80	25	18.19	53	47.91	59
35	威海	29.29	21.68	38	20.45	49	19.83	44	54.34	23
36	连云港	29.01	26.02	27	28.30	20	11.37	90	49.43	45
37	贵阳	29.01	26.29	25	18.29	59	21.91	36	48.74	51
38	泉州	28.82	19.05	51	13.06	93	26.39	20	55.98	14
39	南昌	28.75	20.84	41	28.19	22	16.68	58	48.68	53

排名	城市	创新指数得分	基础设施		创新资源		创新过程		创新产出	
			得分	排名	得分	排名	得分	排名	得分	排名
40	台州	28.61	27.45	21	19.47	52	12.39	85	53.93	26
41	南通	28.54	20.64	42	17.07	68	21.06	40	54.54	22
42	太原	28.54	24.04	30	22.13	42	17.56	54	49.59	43
43	汕头	28.31	13.69	79	17.77	64	34.57	10	47.08	66
44	烟台	28.12	19.49	48	23.17	36	16.28	61	52.74	32
45	马鞍山	27.46	12.46	86	24.88	34	20.72	41	51.33	38
46	惠州	27.35	16.77	64	21.91	43	15.23	72	54.64	21
47	淄博	27.05	16.96	59	26.47	27	15.72	66	48.46	54
48	绵阳	26.96	17.56	57	29.03	19	13.69	80	46.98	68
49	泰州	26.82	21.85	36	15.70	75	13.66	81	54.95	18
50	宜昌	26.52	15.94	70	17.45	67	19.59	45	52.39	34
51	盐城	26.32	15.21	74	13.64	90	22.21	35	53.49	28
52	兰州	26.06	27.11	23	16.99	69	23.58	26	36.06	105
53	铜陵	25.97	13.80	78	25.86	28	15.74	64	47.96	58
54	拉萨	25.84	19.54	47	18.02	63	17.53	55	47.53	61
55	唐山	25.69	18.13	53	14.86	85	23.02	28	46.18	70
56	蚌埠	25.63	17.04	58	23.15	37	15.72	65	46.04	74
57	乌鲁木齐	25.56	29.72	14	11.30	101	15.39	69	44.73	82
58	东营	25.52	16.18	67	14.69	86	15.32	71	54.91	19
59	长春	25.45	16.04	69	16.31	73	22.41	31	46.50	69
60	昆明	25.44	21.78	37	15.07	84	21.31	38	42.96	87
61	龙岩	25.39	15.61	71	18.70	57	11.04	91	55.20	16
62	株洲	25.24	13.11	83	27.72	24	10.30	97	49.19	48
63	徐州	25.23	14.66	77	19.45	53	20.37	42	45.95	75
64	海口	25.15	23.94	31	12.27	97	18.71	50	44.82	81
65	哈尔滨	25.11	18.08	54	19.21	54	23.80	25	39.04	101
66	潍坊	25.08	15.33	73	21.83	44	15.00	75	47.50	62

续表

排名	城市	创新指数得分	基础设施		创新资源		创新过程		创新产出	
			得分	排名	得分	排名	得分	排名	得分	排名
67	淮安	25.05	16.89	60	18.55	58	18.27	52	45.88	76
68	宿迁	24.49	16.78	63	17.69	65	13.30	84	49.34	46
69	湘潭	24.40	15.37	72	19.55	51	11.71	87	50.13	42
70	洛阳	24.19	15.18	75	30.60	17	10.95	92	39.64	96
71	吉林	24.08	17.91	55	18.16	62	19.00	49	40.75	91
72	柳州	23.90	16.80	61	18.21	61	11.49	89	48.23	56
73	银川	23.84	21.00	40	15.36	79	15.68	67	42.56	89
74	石家庄	23.67	19.59	46	22.34	40	15.08	74	37.18	104
75	景德镇	23.42	12.92	84	20.82	47	10.10	101	49.07	49
76	宝鸡	23.40	14.91	76	15.62	76	19.59	46	42.95	88
77	西宁	23.27	23.10	32	10.40	103	19.29	48	39.56	97
78	榆林	22.96	10.22	98	10.46	102	19.88	43	50.61	41
79	南宁	22.94	18.80	52	16.56	70	16.49	59	39.33	100
80	滁州	22.91	8.63	104	11.97	99	22.24	33	48.30	55
81	德阳	22.85	17.81	56	15.39	78	10.13	100	47.11	65
82	萍乡	22.70	13.54	82	18.75	56	10.15	99	47.59	60
83	黄石	22.65	10.73	94	16.42	72	19.31	47	43.70	85
84	包头	22.63	16.79	62	19.03	55	6.47	105	47.27	64
85	襄阳	22.62	12.35	88	13.62	91	16.39	60	47.42	63
86	新余	22.61	10.48	96	15.31	80	10.74	94	53.00	30
87	保定	22.61	13.69	80	22.64	39	14.88	77	38.83	102
88	日照	22.60	12.61	85	13.71	89	15.21	73	48.11	57
89	呼和浩特	22.48	19.37	49	13.81	88	12.03	86	43.84	84
90	长治	21.88	11.84	91	15.09	83	10.56	96	49.19	47
91	济宁	21.60	10.36	97	15.23	82	15.80	62	44.46	83
92	漳州	21.51	12.13	90	10.14	104	13.40	83	49.49	44
93	岳阳	21.49	11.00	92	12.00	98	10.29	98	51.71	37

排名	城市	创新指数得分	基础设施		创新资源		创新过程		创新产出	
			得分	排名	得分	排名	得分	排名	得分	排名
94	荆门	21.45	10.20	99	13.57	92	14.26	79	47.07	67
95	临沂	21.38	12.17	89	16.09	74	15.33	70	41.40	90
96	德州	21.29	8.73	103	15.29	81	15.45	68	45.15	79
97	秦皇岛	21.03	16.52	66	12.59	95	14.80	78	39.56	98
98	营口	20.78	13.69	81	14.42	87	10.79	93	43.43	86
99	汉中	20.61	10.90	93	12.95	94	18.47	51	39.68	95
100	新乡	19.95	9.91	100	17.51	66	13.65	82	38.31	103
101	衡阳	19.92	7.91	105	15.51	77	10.69	95	44.91	80
102	玉溪	19.26	9.06	101	12.48	96	8.57	104	46.10	72
103	邯郸	19.22	12.38	87	11.57	100	11.69	88	40.53	94
104	南阳	18.94	8.87	102	18.27	60	8.75	103	39.34	99
105	遵义	17.99	10.72	95	9.96	105	10.02	102	40.54	93

注:表格单元的灰色深度表示该列指标在 105 个城市中排名情况。其中:深灰色表示该指标位列前 1/3 位(第 1—35 位);浅灰色表示该指标位列第 1/3 至第 2/3 位(第 36—70 位);白色表示该指标位列后 1/3 位(第 71—105 位)。

3.1　基础设施

在基础设施方面,北京(55.50①)、上海(54.28)、宁波(52.20)、深圳(43.05)、重庆(41.72)、广州(41.33)、杭州(41.17)、温州(35.02)、南京(34.92)、苏州(34.82)表现最佳,表明以上十大城市有着良好的基础设施配置,从而能够为当地的创新发展提供良好支撑。对比创新型经济指数得分排名与基础设施指标得分排名的差异,可以看出马鞍山、芜湖、汕头、扬州与合肥的负向偏差较大,基础设施指标得分排名比创新型经济指数得分排名分别落后了 41、40、36、34、31 位,表明这些城市在创新发展过程中基础设施相对落后;而西宁、乌鲁木齐、呼和浩

---

① 　此数值为得分,下同。

特、银川与海口表现出较大的正向偏差，基础设施指标得分排名比创新型经济指数得分排名分别上升 45、43、40、33、33 位，表明这些城市在创新发展过程中基础设施相对发达。基础设施包含数字、交通、政策与金融 4 个方面，单项指标排名位居前十的城市如表 3-2 至表 3-5 所示。北京、南京与湖州的数字基础建设较为完善；乌鲁木齐、西宁与大连的交通基础排名靠前；上海、北京与深圳的金融基础发展完备；宁波、重庆与上海的政策基础较为领先。

表 3-2	数字基础得分前十	
排名	城市	得分
1	北京	72.34
2	南京	67.14
3	湖州	59.04
4	上海	57.11
5	重庆	54.88
6	苏州	53.89
7	无锡	50.19
8	德阳	50.08
9	杭州	47.23
10	广州	47.04

表 3-3	交通基础得分前十	
排名	城市	得分
1	乌鲁木齐	49.16
2	西宁	45.92
3	大连	44.82
4	深圳	43.38
5	贵阳	40.91
6	温州	40.24
7	兰州	37.40
8	厦门	33.88
9	北京	32.59
10	广州	30.11

表 3-4	金融基础得分前十	
排名	城市	得分
1	上海	91.44
2	北京	95.28
3	深圳	78.24
4	广州	65.43
5	苏州	50.47
6	成都	53.77
7	杭州	63.91
8	武汉	46.47
9	南京	52.00
10	天津	45.32

表 3-5	政策基础得分前十	
排名	城市	得分
1	宁波	100.00
2	重庆	53.24
3	上海	42.83
4	嘉兴	42.13
5	杭州	40.36
6	台州	38.21
7	金华	36.42
8	绍兴	34.45
9	连云港	32.29
10	温州	25.34

3.2　创新资源

在创新资源方面,北京(67.00)、深圳(52.13)、上海(50.87)、杭州(43.37)、武汉(42.76)、成都(38.39)、苏州(38.27)、南京(38.20)、合肥(38.03)、广州(37.94)表现最佳,表明以上十大城市有着丰富的创新资源,从而能够为当地的创新发展提供良好支撑。对比创新型经济指数得分排名与创新资源指标得分排名的差异,可以看出泉州、乌鲁木齐、盐城、金华与海口的负向偏差较大,创新资源指标得分排名分别落后55、44、39、38、33位,表明这些城市在创新发展过程中创新资源储备相对落后;而洛阳、保定、南阳、株洲、新乡与石家庄表现出较大的正向偏差,创新资源指标得分排名分别上升53、48、44、38、34、34位,表明这些城市在创新发展过程中创新资源较为丰富。创新资源包括人力资源、研发投入与创新机构三个方面,单项指标排名位居前十的城市如表3-6至表3-8所示。北京、南京与深圳的人力资源最为丰富;深圳、北京与芜湖的研发投入最多;北京、上海与武汉的创新机构建设较完备。

表 3-6　人力资源得分前十

排名	城市	得分
1	北京	55.42
2	南京	49.51
3	深圳	48.35
4	杭州	47.03
5	济南	46.86
6	南昌	46.86
7	武汉	46.80
8	广州	44.85
9	西安	44.11
10	苏州	43.86

表 3-7　研发投入得分前十

排名	城市	得分
1	深圳	70.54
2	北京	59.81
3	芜湖	56.14
4	绵阳	54.22
5	杭州	49.81
6	合肥	49.27
7	苏州	48.00
8	连云港	47.68
9	上海	45.19
10	成都	44.97

表 3-8　创新机构得分前十

排名	城市	得分
1	北京	84.03
2	上海	64.62
3	武汉	42.83
4	南京	36.66
5	深圳	36.62
6	天津	35.86
7	杭州	33.76
8	广州	30.88
9	西安	29.83
10	成都	29.03

3.3　创新过程

在创新过程表现方面,北京(78.69)、西安(56.82)、深圳(51.46)、南京(49.21)、广州(44.18)、武汉(41.78)、上海(40.82)、天津(37.31)、杭州(36.30)与汕头(34.57)表现最佳,表明以上十大城市创新转化过程顺畅,从而能够为当地的创新发展提供良好支撑。对比创新型经济指数得分排名与创新过程指标得分排名的差异,可以看出连云港、绍兴、重庆、台州、株洲的负向偏差较大,创新过程指标得分排名分别落后 54、50、46、45、35 位,表明这些城市在创新发展过程中创新转化效率相对落后;而汉中、滁州、哈尔滨、黄石与榆林表现出较大的正向偏差,创新过程指标得分排名分别上升 48、47、40、36、35 位,表明这些城市在创新发展过程中创新转化效率相对较高。创新过程包含知识的创造与扩散两个方面,单项指标排名位居前十的城市如表 3-9 和表 3-10 所示。南京、北京与深圳的知识创造水平走在前列;北京、西安与深圳的知识扩散水平最高。

<table>
<tr><td colspan="3">表 3-9 知识创造得分前十</td></tr>
<tr><td>排名</td><td>城市</td><td>得分</td></tr>
<tr><td>1</td><td>南京</td><td>61.11</td></tr>
<tr><td>2</td><td>北京</td><td>58.75</td></tr>
<tr><td>3</td><td>深圳</td><td>56.00</td></tr>
<tr><td>4</td><td>汕头</td><td>50.36</td></tr>
<tr><td>5</td><td>杭州</td><td>48.21</td></tr>
<tr><td>6</td><td>苏州</td><td>47.77</td></tr>
<tr><td>7</td><td>武汉</td><td>47.14</td></tr>
<tr><td>8</td><td>广州</td><td>46.18</td></tr>
<tr><td>9</td><td>泉州</td><td>44.48</td></tr>
<tr><td>10</td><td>扬州</td><td>44.39</td></tr>
</table>

表 3-10 知识扩散得分前十		
排名	城市	得分
1	北京	98.27
2	西安	72.14
3	深圳	47.01
4	广州	42.22
5	上海	38.87
6	南京	37.52
7	武汉	36.51
8	天津	35.63
9	成都	34.43
10	济南	29.06

3.4 创新产出

在创新产出方面,深圳(74.63)、苏州(62.24)、无锡(62.12)、宁波(61.44)、杭州(60.01)、常州(59.09)、佛山(59.08)、东莞(58.69)、南京(58.63)、湖州(57.48)表现最佳,表明以上十大城市有着良好的创新效益。对比创新型经济指数得分排名与创新产出指标得分排名的差异,可以看出西安、北京、上海、兰州与济南的负向偏差较大,创新产出指标得分排名分别落后 82、77、68、54、50 位,表明这些城市在创新发展过程中创新产出的表现相对差劲;而新余、岳阳、漳州、龙岩与长治表现出较大的正向偏差,创新产出指标得分排名分别提升 56、56、48、45、43 位,表明这些城市在创新发展过程中创新产出表现优异。创新产出包括创新经济效益、数字创新活力、创新包容性与创新可持续性 4 个方面,单项指标排名位居前十的城市如表 3-11 至表 3-14 所示。苏州、无锡与榆林的创新经济效益较高;杭州、深圳与东莞的数字创新活力排名靠前;长沙、湖州与嘉兴的创新包容性最好;景德镇、新余与龙岩的创新可持续性表现最好。

表 3-11　创新经济效益得分前十

排名	城市	得分
1	苏州	89.75
2	无锡	89.02
3	榆林	84.71
4	东营	82.48
5	深圳	82.27
6	常州	80.33
7	宁波	80.22
8	南京	76.29
9	佛山	73.83
10	镇江	73.02

表 3-12　数字创新活力得分前十

排名	城市	得分
1	杭州	55.02
2	深圳	49.88
3	东莞	47.39
4	北京	41.16
5	苏州	34.58
6	重庆	33.19
7	广州	32.18
8	成都	31.41
9	上海	31.21
10	天津	30.75

表 3-13　创新包容性得分前十

排名	城市	得分
1	长沙	83.93
2	湖州	83.81
3	嘉兴	82.81
4	东莞	82.12
5	长治	80.67
6	台州	79.68
7	岳阳	79.65
8	连云港	79.61
9	宿迁	78.57
10	常州	77.27

表 3-14　创新可持续性得分前十

排名	城市	得分
1	景德镇	87.15
2	新余	86.91
3	龙岩	84.59
4	漳州	83.16
5	贵阳	82.14
6	昆明	81.94
7	厦门	81.68
8	海口	81.20
9	福州	80.62
10	东莞	80.37

第 4 章　领先城市

在创新型经济发展的过程中,我国部分城市已经取得了一定成效,并形成了独特各异的发展模式,对其他城市创新型经济建设具有示范、引领、带动作用。课题组通过对创新型经济综合排名前十城市的发展模式进行了分析,以期为管理者、学者提供创新型经济建设与发展方面的有益参考。

创新创新型经济指数排名前十的城市分别为北京、深圳、上海、杭州、南京、广州、苏州、宁波、武汉、西安,各个城市的基本信息见表 4-1、发展模式见图 4-1。

表 4-1　中国创新型经济排名前十的城市总体情况

2022—2023创新型经济指数得分排名	2021—2022创新型经济指数得分排名	城市	区域	GDP总量/亿元	GDP总量排名	人均GDP/万元	人均GDP排名	基础设施指标得分排名	创新资源指标得分排名	创新过程指标得分排名	创新产出指标得分排名
1	1＝*	北京	京津冀城市群	40270	2	18.40	2	1	1	1	78
2	2＝	深圳	珠三角城市群	30665	3	17.37	5	4	2	3	5
3	3＝	上海	长江三角洲城市群	43215	1	17.36	6	2	3	7	71
4	8↑	杭州	长江三角洲城市群	18109	8	14.99	12	7	4	9	3
5	6↑	南京	长江三角洲城市群	16356	10	17.45	4	9	8	4	8
6	4↓	广州	珠三角城市群	28232	4	15.04	10	6	10	5	11
7	9↑	苏州	长江三角洲城市群	22718	6	17.75	3	10	7	13	2
8	11↑	宁波	长江三角洲城市群	14595	12	15.39	9	3	16	24	6
9	5↓	武汉	长江中游城市群	17717	9	13.53	18	26	5	6	31
10	7↓	西安	关中平原城市群	10688	24	8.37	63	20	11	2	92

* 注:"↑""↓"和"＝"分别代表相较于上一年排名的上升、下降和不变。

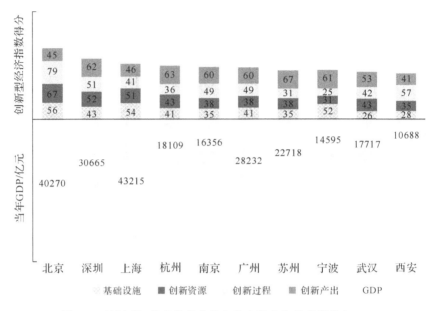

图 4-1　创新型经济指数得分排名前十城市各维度得分与 GDP

　　排名前十的城市主要分布在沿海发达地区,其中长江三角洲城市群 5 个、珠三角城市群 2 个、京津冀城市群 1 个、长江中游城市群 1 个和关中平原城市群 1 个。排名位列前十的城市的总 GDP 约为 24.21 万亿元,占当年全国所有城市 GDP 总量的 30.92%。各城市的 GDP 均超过 1 万亿元,其中北京、上海的 GDP 超过 4 万亿元,深圳、广州与苏州的 GDP 超过 2 万亿元。此外,除西安外,各城市人均 GDP 都在 10 万元人民币以上,北京、深圳、上海、南京、广州、苏州、宁波人均 GDP 均超过 15 万元。

　　2022 年 Top10 榜单整体变动幅度不大,其中除了宁波(从第 11 位上升至第 8 位)新进入榜单,其余 9 个城市连续两年进入前十。杭州(从第 8 位升至第 4 位)、南京(从第 6 位升至第 5 位)和苏州(从第 9 位升至第 7 位)排名有所提升,而广州(从第 4 位降至第 6 位)、武汉(从第 5 位降至第 9 位)和西安(第 7 位降至第 10 位)排名略有下降;北京、深圳、上海的排名则维持不变,分别为全国的第 1、2、3 位。

4.1　北京

图 4-2 所示为北京的创新型经济发展模式。

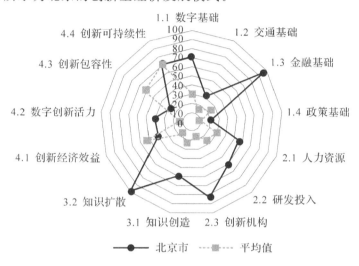

图 4-2　北京创新型经济发展模式

北京在基础设施、创新资源和创新过程这三个一级指标中均位列全国首位，而在创新产出方面的表现相对较弱（排名 78）。

在基础设施方面，北京在金融基础（得分 95.28，排名 1）和数字基础（得分 72.34，排名 1）方面表现远超平均水平，同时交通基础（得分 32.59，排名 9）和政策基础（得分 20.35，排名 14）方面表现良好。具体而言，北京优异的金融基础得益于其充足的人民币各项存款余额（得分 100.00，排名 1）和人民币各项贷款余额（得分 97.49，排名 2），以及优越的数字金融（得分 88.34，排名 9）。在交通基础方面，北京的公路单位里程运输量（得分 8.16，排名 6）和公共汽（电）车运输人次占总人口比重（得分 73.47，排名 6）位于前列，而人均快递业务量（得分 4.04，排名 30）和城市物流仓储用地面积占城市建设用地总面积比重（得分 44.71，排名 28）相对较低。在政策基础方面，地方政府发布的以"创新"为主题的政策文件数量（得分 28.65，排名 9）位于前列，并且地方政府发布的以"人才"为主题的政策文件数量(得分 12.06,排名 17)得分也较好。北京的数字基础总体水平良好,但固网宽带应用渗透率(得分 20.83,排名 74)相对其他城市而言不佳,而在移动网络应用渗透率(得分 96.18,排名 2)这类新型网络接入方面表现良好,工业互联网示范项目数量(得分 100,排名 1)领先。

在创新资源方面,北京在人力资源(得分 55.42,排名 1)和创新机构(得分 84.03,排名 1)方面均表现突出,且研发投入(得分 59.81,排名 2)也具有优势。在研发投入方面,北京在 R&D 内部经费占 GDP 的比重(得分 91.23,排名 2)和一般公共预算科学技术支出占 GDP 的比重(得分 67.31,排名 4)方面表现良好,使得其在科学投资资源方面领先于其他城市;而高新区企业 R&D 经费内部支出占营业收入比重(得分 20.89,排名 51)相比其他城市较低。在创新机构方面,北京的国家重点实验室以及国家创新中心(国家制造业创新中心、国家企业技术中心)得分均位于首位,在文化机构(图书馆、博物馆)总量(得分 52.09,排名 10)方面也表现良好,为创新及其传播奠定了良好的文化氛围。此外,在人力资源方面,北京在普通高等学校教育数量与质量(得分 46.38,排名 7)、人才吸引力指数(得分 100,排名 1)和中等职业学校教育数量与质量(得分 50,排名 10)方面均表现优异,但一般公共预算教育支出占 GDP 比重(得分 30.41 ,排名 22)和高新区企业 R&D 人员所占比重(得分 50.33,排名 31)处于入选城市的中上游水平。

在创新过程方面,北京在知识创造(得分 58.75,排名 2)和知识扩散(得分 98.27,排名 1)方面的排名领先。在知识创造方面,北京的每十万人 WoS 论文数(得分 100.00,排名 1)领先于全国,每十万人发明专利授权数(得分 57.24,排名 9)和国际科研合作(得分 73.55,排名 11)处于入选城市的中上游水平,但在每亿元 R&D 内部经费支出所取得的发明专利授权数(得分 4.20,排名 100)方面排名落后。在知识扩散方面,北京的输出技术成交额、吸纳技术成交额占地区生产总值的比重(得分 100.00,排名 1;94.80,排名 2)以及国家技术转移机构数(得分 100.00,排名 1)均位于全国最前列,表现出极强的技术市场活力。

在创新产出方面,北京在以数字产业、数字消费、数字政务、数字文化衡量的数字创新活力(得分 41.16,排名 4)方面位于前列,然而,在创新可持续性(得分 71.60,排名 48)方面排名处于中游,在创新经济效益(得分 39.04,排名 84)和创新包容性(得分 27.09,排名 105)方面却处于入选城市的末流。这一方面是由于北京的人均工业增加值(得分 19.41,排名 80)以及贸易顺差(得分 0.00,排名 105)①较低,城乡居民人均可支配收入比(得分 22.52,排名 95)和平均房价与人均可支配收入比(得分 12.82,排名 103)表现较差,以及单位 GDP 能耗(得分 66.95,排名 99)、废水废物处理能力(得分 77.56,排名 59)、空气质量指数(得分 51.93,排名 67)排名较低所致。

4.2 深圳

图 4-3 所示为深圳的创新型经济发展模式。

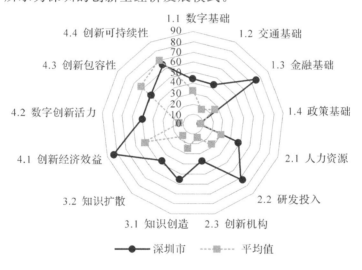

图 4-3 深圳创新型经济发展模式

深圳在创新资源(得分 52.13,排名 2)、基础设施(得分 43.05,排名 4)、创新过程(得分 51.46,排名 3)和创新产出(得分 62.12,排名 5)方面的表现均处于领先地位。

在基础设施方面,深圳在交通基础(得分 43.38,排名 4)、金融基础(得分 78.24,排名 3)方面的表现均远高于全国城市的平均水平,数字基础(得分

---

① 注:北京的贸易顺差指标存在一定的特殊性。

43.78,排名 14)和政策基础(得分 5.75,排名 23)稍微逊色却也处于全国上游水平。其中,移动网络应用渗透率(得分 83.21,排名 4)和工业互联网示范项目数量(得分 30.00,排名 5)处于全国领先水平,而固网宽带应用渗透率(得分 18.13,排名 86)表现较为落后。同时,深圳的公路单位里程运输量(得分 84.68,排名 1)、人均快递业务量(得分 14.12,排名 5)以及公共汽(电)车运输人次占总人口比重(得分 55.47,排名 8)处于领先地位,而城市物流仓储用地面积占城市建设用地总面积比重(得分 19.25,排名 73)处于全国城市中下游水平,综合反映出其具有较强的交通基础设施。深圳在金融基础方面的表现仅次于北京、上海,而在政策基础方面,深圳地方政府发布的以"创新"为主题的政策文件数量(得分 9.38,排名 19)和地方政府发布的以"人才"为主题的政策文件数量(得分 2.13,排名 33)处于入选城市的上游水平。

在创新资源方面,依靠在人力资源(得分 48.35,排名 3)、研发投入(得分 70.54,排名 1)和创新机构(得分 36.62,排名 5)的优势,深圳在资源类指标的排名中位列入选城市的第 2 位(得分 52.13)。尽管深圳的普通高等学校教育数量与质量(得分 17.58,排名 58)和中等职业学校教育数量与质量(得分 30.74,排名 90)得分较低,但一般公共预算教育支出占 GDP 比重(得分 36.73,排名 15)处于入选城市的中上游水平;同时深圳通过极高的人才吸引力指数(得分 87.70,排名 3)保证了创新人力资源。此外,深圳具有高研发人员比重(高新区企业 R&D 人员所占比重,得分 69.01,排名 15),保证了创新资源的充足。深圳在 R&D 内部经费占 GDP 的比重(得分 76.50,排名 3)、一般公共预算科学技术支出占 GDP 的比重(得分 75.59,排名 3)以及高新区企业 R&D 经费内部支出占营业收入比重(得分 59.53,排名 2)在全国城市中排名领先,在研发中投入充分。在创新机构方面,深圳的国家创新中心(得分 50.18,排名 5)以及文化机构(得分 59.69,排名 3)为其提供了良好的基础,尽管在国家重点实验室(得分 0.00)方面表现欠佳。

在过程类指标中,深圳在知识创造(得分 56.00,排名 3)和知识扩散(得分 47.01,排名 3)方面的表现均处于全国领先。具体表现为深圳每十万人发明专利授权数(得分 100.00,排名 1)位于全国前列,而每十万人 WoS 论文数(得分 24.36,排名 19)与研发投入的效率方面(每亿元 R&D 内部经费支出所取得的发

明专利授权数,得分 9.23,排名 63)排名处于中游水平,国际科研合作(得分
90.42,排名 3)排名处于上游水平。深圳的输出技术成交额占地区生产总值的
比重(得分 30.57,排名 8)、吸纳技术成交额占地区生产总值的比重(得分 90.08,
排名 3)以及国家技术转移机构数(得分 20.37,排名 9)均表现良好。

在产出类的各个指标中,深圳在创新经济效益(得分 82.27,排名 5)和数字
创新活力(得分 49.88,排名 2)方面领先,但在创新包容性(得分 50.70,排名 86)
和创新可持续性(得分 65.59,排名 86)方面表现欠佳。具体来看,深圳的人均生
产总值(得分 90.79,排名 5)、人均工业增加值(得分 63.33,排名 10)和贸易顺差
(得分 92.68,排名 6)处于全国领先;同时,深圳的数字产业活力(得分 100.00,排
名 1)处于全国首位,数字文化活力(得分 40.23,排名 4)处于领先地位。然而,在
包容性方面,尽管深圳的城镇登记失业率较低(得分 70.41,排名 30),但深圳居
民住房压力极大,居全国首位。同时,在创新可持续性方面,深圳的单位 GDP 能
耗(得分 48.89,排名 102)、废水废物处理能力(得分 70.05,排名 94)以及园林绿
化覆盖率(得分 58.39,排名 76)排名处于全国的下游水平,但空气质量指数(得
分 85.02,排名 15)排名处于全国领先水平。

4.3　上海

图 4-4 所示为上海创新型经济发展模式。

上海在基础设施(得分 54.28,排名 2)、创新资源(得分 50.87,排名 3)方面
表现突出,在创新过程(得分 40.82,排名 7)方面也位于领先地位,然而在创新产
出(得分 46.13,排名 71)方面的表现仅处于中游水平。

在基础设施方面,上海的金融基础表现仅次于北京(得分 91.44,排名 2),其
中年末金融机构人民币各项存/贷款余额(得分 85.15;得分 100.00)表现分别处
于全国第 2 和第 1 位,数字金融(得分 89.16,排名 8)也处于前列。上海的政策
基础也处于上游水平(得分 42.83,排名 23)。在交通基础(得分 26.01,排名 15)
方面上海处于上游水平,其中公路单位里程运输量(得分 4.81,排名 15)、公共汽
(电)车运输人次占总人口比重(得分 40.38,排名 20)、人均快递业务量(得分

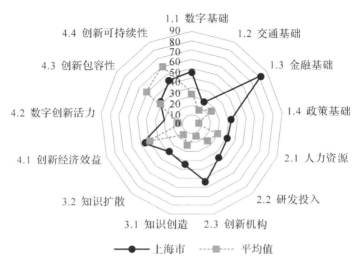

图 4-4 上海创新型经济发展模式

6.13,排名 17)和城市物流仓储用地面积占比(得分 52.71,排名 16)均位于前列。上海的数字基础(得分 57.11,排名 4)总体水平在固网宽带应用渗透率(得分 27.87,排名 63)表现一般的情况下,却在移动网络应用渗透率(得分 93.47,排名 3)和工业互联网示范项目数量(得分 50.00,排名 3)这类新型网络接入中表现较为突出。

在创新资源方面,上海在人力资源(得分 41.36,排名 14)、研发投入(得分 45.19,排名 9)方面表现优异,并且在创新机构(得分 64.62,排名 2)方面表现突出。尽管上海一般公共预算教育支出占 GDP 比重(得分 20.88,排名 46)排名处于中上游水平,且具有众多国内外知名高校,普通高等学校教育数量与质量(得分 31.24,排名 28)得分排名也较为靠前,但其职业技术人才的培养(中等职业学校教育数量与质量,得分 35.52,排名 71)较为薄弱。上海拥有全国最多的图书馆数量,同时博物馆、国家重点实验室以及国家制造业创新中心数量均仅次于北京,位列全国城市的第 2 位。

在过程类指标中,上海在知识创造(得分 42.82,排名 11)和知识扩散(得分 38.87,排名 5)方面排名位于全国城市上游水平。上海在每十万人发明专利授权数(得分 45.31,排名 14)方面具有良好的表现,并且在知识创造的源头——科技论文发表数量(每十万人 WoS 论文数,得分 44.07,排名 5)方面具有优异的表现。同时,领先的输出技术成交额占地区生产总值的比重(得分 33.81,排名 6)、吸纳技术成交额占地区生产总值的比重(得分 36.49,排名 23)以及国家技术转移机构数(得分 46.30,排名 2),表现出上海具有极强的技术转移能力和活力。

在创新产出维度上,上海整体表现相较于其他头部城市较为薄弱。其中,上海的数字创新活力(得分 31.21,排名 9)领先于国内大多数城市,然而在创新经济效益(得分 57.03,排名 33)、创新包容性(得分 42.97,排名 99)和创新可持续性(得分 53.34,排名 104)方面较为薄弱。上海作为全球大都市,人均地区生产总值位列全国第 6(得分 90.74),同时数字消费活力(得分 8.43,排名 9)和数字文化活力(得分 44.28,排名 3)位于全国前列。然而,上海的包容度和低碳发展水平还有待提升,其城镇登记失业率(得分 58.67,排名 46)水平靠后,城乡居民生活质量差距较大(城乡居民人均可支配收入比,得分 42.39,排名 66)、房价与年工资比极高(平均房价与人均可支配收入比,得分 27.86,排名 102)。此外,上海的废水废物处理能力(得分 27.44,排名 105)处于全国城市的底端,而且有着入选城市中极低的园林绿化覆盖率(得分 34.81,排名 103)。

4.4　杭州

图 4-5 所示为杭州创新型经济发展模式。

杭州在创新经济产出(得分 63.46,排名 3)和创新资源(得分 43.37,排名 4)方面表现突出,并在基础设施(得分 41.17,排名 7)以及创新过程(得分 36.30,排名 9)方面也位于领先地位。

从基础设施上看,杭州的数字基础(得分 47.23,排名 9)、金融基础(得分 63.91,排名 5)和政策基础(得分 40.36,排名 5)处于领先位置,而交通基础(得分 13.51,排名 54)仅处于入选城市的中游。固网宽带应用渗透率(得分 44.60,排名 28)处于上游水平,移动网络应用渗透率(得分 77.10,排名 7)排名非常靠前,可见"中国数字经济第一城"具有扎实的网络基础。在衡量交通基础的 4 个维度中,杭州的人均快递业务量(得分 12.51,排名 6)、公路单位里程运输量(得分 4.02,排名 18)和公共汽(电)车运输人次占总人口比重(得分 35.62,排名 25)排

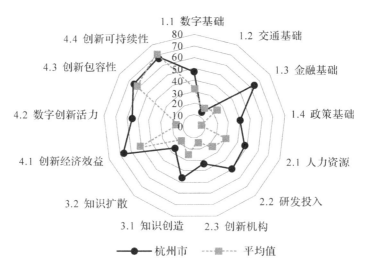

图 4-5　杭州创新型经济发展模式

名相对靠前,而城市物流仓储用地面积占城市建设用地总面积比重(得分 1.88,排名 102)落后于大多数入选城市。

从创新资源上看,杭州的创新资源实力较为均衡,其中人力资源排名 4(得分 47.03)、研发投入排名 5(得分 49.81)、创新机构排名 7(得分 33.76)。尽管杭州本土的人才培养并不突出(普通高等学校教育数量与质量排名 26,中等职业学校教育数量与质量排名 68,教育支出占 GDP 比重排名 38),但其人才吸引力指数(得分 73.10)排名位列全国第 5。在研发投入和创新机构的维度上,杭州表现出均衡的实力,各三级指标均位列全国城市前 20 位。

在过程性指标中,杭州的知识创造(得分 48.21,排名 5)和知识扩散(得分 24.60,排名 11)也均位于全国前列,且实力均衡。在知识创造方面,和其他领先城市类似,杭州拥有较高的每十万人发明专利授权数(得分 63.34,排名 6)和每十万人 WoS 论文数(得分 43.96,排名 6),但研发投入的效率(每亿元 R&D 内部经费支出所取得的发明专利授权数,得分 10.60,排名 52)相对较低。同时,杭州的吸纳技术成交额占地区生产总值的比重(得分 40.01,排名 21)和输出技术成交额占地区生产总值的比重(得分 13.42,排名 25)排名尽管处于中上游,但和技术活力较高的北京、上海、广州比有较大的差距。

在产出性指标方面,杭州在数字创新活力表现(得分 55.02,排名 1)上居全国领先水平,在创新经济效益(得分 66.76,排名 14)和创新包容性(得分 64.79,排名 44)方面表现也较好,然而其创新可持续性(得分 67.40,排名 77)排名处于入选城市的中下游水平。杭州在数字文化活力(得分 38.93,排名 5)和数字消费活力(得分 100.00,排名 1)方面表现突出。在包容性方面,尽管杭州的城镇登记失业率(得分 67.86,排名 35)和城乡居民人均可支配收入比(得分 67.56,排名 15)表现良好,但平均房价与人均可支配收入比(得分 58.94,排名 98)低于大多数入围城市,体现出较大的生活压力。在创新可持续性方面,除了空气质量指数(得分 57.92,排名 54)表现良好外,杭州在园林绿化覆盖率(得分 48.35,排名 93)、单位 GDP 能耗(得分 87.25,排名 76)、废水废物处理能力(得分 76.09,排名 77)方面表现一般。

4.5　南京

图 4-6 所示为南京创新型经济发展模式。

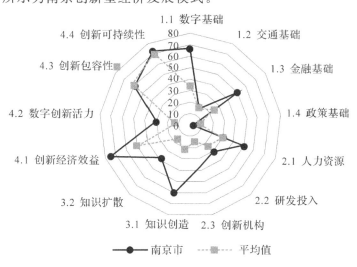

图 4-6　南京创新型经济发展模式

南京在创新过程(得分 49.21,排名 4)方面表现突出,同时在基础设施(得分 34.92,排名 9)、创新资源(得分 38.20,排名 8)、创新产出(得分 59.72,排名 8)方面表现较为均衡,处于领先位置。

在基础设施指标方面,南京的数字基础(得分 67.14,排名 2)和金融基础(得分 52.00,排名 7)建设水平处于全国领先地位,而交通基础(得分 15.66,排名 42)和政策基础(得分 2.37,排名 40)处于入选城市的中游水平。从金融水平上看,南京的年末金融机构人民币各项存款余额(得分 22.02,排名 8)及贷款余额(得分 47.71,排名 8)均位于全国前十位,在数字金融(得分 86.27,排名 13)方面也具有比较优势。

在创新资源方面,南京在人力资源(得分 49.51,排名 2)和创新机构(得分 36.66,排名 4)两个维度上表现突出,其研发投入(得分 30.36,排名 26)有较为均衡的表现。南京在普通高等学校教育数量与质量(得分 49.01,排名 5)和中等职业学校教育数量与质量(得分 52.35,排名 7)方面处于全国领先水平。在研发投入方面,南京的整体表现也具有优势,其中高新区企业 R&D 经费内部支出占营业收入比重(得分 33.82,排名第 19),以及一般公共预算科学技术支出占 GDP 的比重(得分 38.47,排名 22)都有良好的表现,而 R&D 内部经费占 GDP 的比重(得分 18.78,排名 78)处于中下游水平。在创新机构方面,南京的文化机构(得分 64.78,排名 2)和国家重点实验室(得分 35.71,排名 3)均位于全国领先水平,国家创新中心(得分 9.47,排名 26)也处于中上游水平。

在过程类指标中,南京在知识创造(得分 61.11,排名 1)和知识扩散(得分 37.52,排名 6)方面都具有优势。其中,南京的论文产出率表现突出(每十万人 WoS 论文数,得分 85.72,排名 2),同时每十万人发明专利授权数(得分 61.56,排名 8)也处于领先地位,但每亿元 R&D 内部经费支出所取得的发明专利授权数占地区生产总值的比重(得分 22.39,排名 17)仅处于中上游水平。在以输出技术成交额占地区生产总值的比重(得分 25.11,排名 14)、吸纳技术成交额(得分 54.13,排名 6)和国家技术转移机构数(得分 33.33,排名 3)衡量的知识转移维度方面,南京的表现也具有优势。

在产出类指标中,南京的创新经济效益(得分 76.29,排名 8)和数字创新活力(得分 30.40,排名 11)具有领先优势,然而在创新包容性(得分 59.76,排名 60)和创新可持续性(得分 72.77,排名 39)维度却相对处于中游水平。南京的人均地区生产总值仅次于无锡、苏州和北京,位居全国第 4 位。然而,在创新包容

性的 3 个维度中,南京的表现相对落后。南京的城镇登记失业率低于大多数入
选城市(得分 84.95,排名 12),但南京的城乡居民人均可支配收入比(得分
35.25,排名 75)以及平均房价与人均可支配收入比(得分 59.07,排名 97)表现较
差,体现出较大的城乡差距和居民生活压力。

4.6　广州

图 4-7 所示为广州创新型经济发展模式。

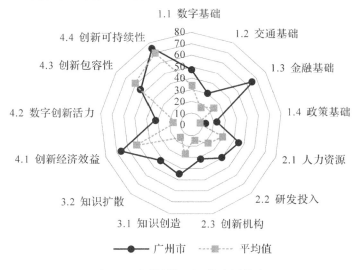

图 4-7　广州创新型经济发展模式

　　广州在 4 个创新型经济的发展维度上表现相对均衡,其中基础设施(得分
41.33)与创新资源(得分 37.94)排名第 6 和第 10、创新过程(得分 44.18)和创新
产出(得分 56.69)则分别位于入选城市的第 5 及第 11 位。

　　在基础设施方面,广州的交通基础(得分 30.11,排名 10)、金融基础(得分
65.43,排名 4)、数字基础(得分 47.04,排名 10)以及政策基础(得分 22.14,排名
13)均较为完备,为创新型经济奠定了良好的基础。在交通基础上,广州具有位
列全国第 4 的公路单位里程运输量(得分 10.14)、位列全国第 3 的人均快递业务
量(得分 23.83)以及位列全国第 10 的公共汽(电)车运输人次占总人口比重(得

分 49.11),保证了创新的必要条件。然而,在政策基础方面,广州在地方政府发布的以"创新"为主题的政策文件数量(得分 18.75,排名 15)和地方政府发布的以"人才"为主题的政策文件数量(得分 25.53,排名 9)方面处于领先地位。

在创新资源方面,广州作为粤港澳大湾区的中心城市之一,在创新人力资源(得分 44.85,排名 8)、研发投入(得分 39.17,排名 15)、创新机构(得分 30.88,排名 8)也均处于领先地位。值得注意的是,广州的普通高等学校教育数量与质量(得分 42.66),位列全国第 11 位;而在职业技术人才培养方面位列全国第 98 位(中等职业学校教育数量与质量,得分 28.26)。

在过程性指标中,广州的知识创造(得分 46.18,排名 8)和知识扩散(得分 42.22,排名 4)也均位于全国前列。在知识创造方面,广州表现出与北京、深圳相似的特征,在每十万人发明专利授权数(得分 63.56,排名 5)和每十万人 WoS 论文数(得分 37.82,排名 7)方面得分较高,然而在研发投入的效率方面(每亿元 R&D 内部经费支出所取得的发明专利授权数,得分 11.95,排名 40)则处于入选城市的中游水平。同时,广州领先的输出技术成交额占地区生产总值的比重(得分 47.57,排名 3)、吸纳技术成交额占地区生产总值的比重(得分 56.86,排名 4)以及国家技术转移机构数(得分 22.22,排名 7),表现出很强的技术转移活力和能力。

在产出性指标方面,广州的创新经济效益(得分 65.05,排名 17)、数字创新活力(得分 32.18,排名 7)处于全国的第一梯队,创新可持续性(得分 74.88,排名 31)处于中游水平,而创新包容性(得分 54.31,排名 74)仅处于入选城市的中下游水平。在创新经济效益的 3 个维度中,广州的人均地区生产总值(得分 75.18,排名 10)和贸易顺差(得分 87.05,排名 12)相对领先,而人均工业增加值(得分 32.92,排名 46)则处于全国中游。广州的创新型经济的数字文化活力(得分 33.61,排名 7)、数字产业活力(得分 28.57,排名 11)和数字政务活力(得分 63.35,排名 8)处于第一梯队,数字消费活力(得分 3.18,排名 34)处于中游水平。在包容性方面,广州具有中等的失业率(城镇登记失业率,得分 70.92,排名 29),但是较高的城乡居民人均可支配收入比(得分 41.41,排名 67)和极高的平均房价与人均可支配收入比(得分 50.60,排名 101),反映出广州较高的城乡差距和较大的居民住房压力。

在创新可持续性方面,广州在废水废物处理能力(得分 82.33,排名 20)方面具有良好的表现,在空气质量指数(得分 67.17,排名 36)和园林绿化覆盖率(得分 65.87,排名 32)方面的表现处于中等水平,而在单位 GDP 能耗(得分 84.15,排名 83)方面表现欠佳,部分反映出较高的创新经济效益是以环境为代价的。

4.7 苏州

图 4-8 所示为苏州创新型经济发展模式。

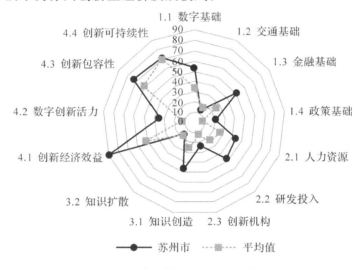

图 4-8 苏州创新型经济发展模式

苏州在创新产出(得分 66.94,排名 2)方面表现突出,在基础设施(得分 34.82,排名 10)、创新资源(得分 38.27,排名 7)和创新过程(得分 31.05,排名 13)3 个维度上也具有较强的实力。

在基础设施维度上,苏州的数字基础(得分 53.89,排名 9)和金融基础(得分 50.47,排名 5)建设远超入选城市的平均水平,但在交通基础(得分 13.62,排名 54)方面表现平平。在以固网宽带应用渗透率(得分 57.74,排名 6)、移动网络应用渗透率(得分 73.92,排名 11)和工业互联网示范项目数量(得分 30.00,排名 5)衡量的数字基础方面,苏州均表现良好,超越大部分入选城市。

在资源维度上,苏州在人力资源(得分 43.86,排名 4)、研发投入(得分 48.00,排名 5)和创新机构(得分 23.69,排名 7)方面均具有优势。苏州的 R&D 内部经费占 GDP 的比重、一般公共预算科学技术支出占 GDP 的比重以及高新区企业 R&D 经费内部支出占营业收入比重处于入选城市的前列,均排名在前 20 位。

在过程类指标中,苏州的知识创造(得分 47.77,排名 5)和知识扩散(得分 14.64,排名 11)具有一定的优势。苏州知识产出数量大,每十万人发明专利授权数(得分 91.12,排名 2)和国际科研合作(得分 74.22,排名 10)处于领先地位,而每十万人 WoS 论文数(得分 12.48,排名 30)和每亿元 R&D 内部经费支出所取得的发明专利授权数(得分 13.26,排名 32)却低于入选城市的平均水平。从知识转移的维度上看,苏州的输出技术成交额占地区生产总值的比重(得分 8.95,排名 46)、吸纳技术成交额占地区生产总值的比重(得分 25.71,排名 44)和国家技术转移机构数(得分 9.26,排名 25)均处于入选城市的中上游水平。

在产出类指标中,苏州的数字创新活力(得分 34.58,排名 1)处于全国城市的第 1 位,创新经济效益(得分 89.75,排名 14)和创新包容性(得分 73.29,排名 44)也处于领先地位,而可持续性(得分 71.46,排名 77)处于入选城市的下游水平。苏州的人均地区生产总值(得分 93.36)、贸易顺差(得分 98.46)和人均工业增加值(得分 77.41)均处于全国城市的前 5 位,足见苏州雄厚的经济和工业发展实力。在包容性维度中,类似于其他领先城市,苏州的城镇登记失业率(得分 82.91,排名 14)和城乡居民人均可支配收入比(得分 60.88,排名 26)都较小,然而平均房价与人均可支配收入比(得分 76.07,排名 79)处于下游水平。在创新可持续性方面,苏州的单位 GDP 能耗(得分 94.94,排名 16)表现良好,空气质量指数(得分 55.62,排名 61)和园林绿化覆盖率(得分 61.75,排名 57)也处于中游水平,然而其废水废物处理能力(得分 73.54,排名 83)较差。

4.8　宁波

图 4-9 所示为宁波创新型经济发展模式。

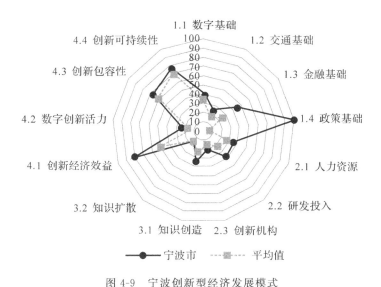

图 4-9　宁波创新型经济发展模式

　　宁波在基础设施(得分 52.20,排名 3)方面具有优势,仅次于北京和上海,在创新资源(得分 30.72,排名 16)、创新过程(得分 24.63,排名 24)和创新产出(得分 61.47,排名 6)方面均表现优异。

　　在基础设施维度上,宁波的政策基础(得分 100.00,排名 1)领先于所有入选城市,数字基础(得分 41.23,排名 19)、交通基础(得分 25.42,排名 16)和金融基础(得分 44.89,排名 11)建设也具有一定优势。在数字基础建设方面,宁波的固网宽带应用渗透率(得分 48.86,排名 16)以及移动网络应用渗透率(得分 74.81,排名 9)处于入选城市的前列。在交通基础方面,宁波的人均快递业务量(得分 6.56,排名 16)、公路单位里程运输量(得分 4.63,排名 16)和城市物流仓储用地面积占城市建设用地总面积比重(得分 71.70,排名 7)表现良好,而公共汽(电)车运输人次占总人口比重(得分 18.80,排名 51)相对较差。在金融基础方面,宁波的年末金融机构人民币各项存款/贷款余额(得分 12.92;31.40)排名均处于第 14 位。

　　在资源维度上,宁波在人力资源(得分 35.00,排名 27)、创新机构(得分 20.47,排名 18)和研发投入(得分 37.29,排名 17)方面均具有良好的表现。宁波在中等职业教育学校教育数量与质量(得分 42.97,排名 27)和人才吸引力指数(得分 44.90,排名 17)方面处于入选城市的中上水平。同时,在研发资金投入方面,宁波的地方研发与科学技术投入均处于全国前列,并且企业的研发投入也具有优势(高新区企业 R&D 经费内部支出占营业收入比重,得分 27.49,排名 31)。

在过程类指标中,宁波的知识创造(得分 34.99,排名 23)和知识扩散(得分 14.45,排名 38)具有一定的优势。在知识创造维度上,宁波的每十万人发明专利授权数(得分 47.73,排名 11)处于上游水平,然而每十万人 WoS 论文数(得分 10.90,排名 36)和知识创造的投入产出比(每亿元 R&D 内部经费支出所取得的发明专利授权数,得分 12.25,排名 36)却处于入选城市的中上游。从知识扩散的维度上看,宁波在输出技术成交额占地区生产总值的比重(得分 8.78,排名 48)和国家技术转移机构数(得分 11.11,排名 22)这两个指标上均有优异的表现。

在产出类指标中,宁波的表现处于入选城市的前列。其中,数字创新活力(得分 23.32,排名 19)、创新经济效益(得分 80.22,排名 7)以及创新可持续性(得分 75.82,排名 26)表现优异,创新包容性(得分 67.38,排名 36)处于入选城市的中上游。在衡量创新包容性的指标中,宁波的城乡居民人均可支配收入比(得分 69.48,排名 14)和城镇登记失业率(得分 68.82,排名 34)方面表现较好,但平均房价与人均可支配收入比较高(得分 64.03,排名 96)。在创新可持续性指标中,宁波的废水废物处理能力(得分 84.29,排名 13)、空气质量指数(得分 71.14,排名 26)表现良好,但单位 GDP 能耗(得分 87.83,排名 68)和园林绿化覆盖率(得分 60.00,排名 66)处于入选城市的中下游水平。

4.9　武汉

图 4-10 所示为武汉创新型经济发展模式。

武汉在创新资源(得分 42.76,排名 5)和创新过程(得分 41.78,排名 6)方面表现优异,在基础设施(得分 26.29,排名 26)和创新产出(得分 52.98,排名 31)方面表现相对较为一般。

在基础设施类指标中,武汉在金融基础(得分 46.47,排名 9)方面的表现大幅超过全国平均水平,在交通基础(得分 22.85,排名 21)、数字基础(得分 31.24,

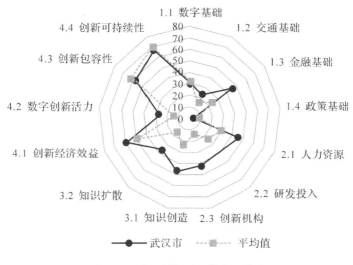

图 4-10　武汉创新型经济发展模式

排名 58)和政策基础(得分 3.74,排名 32)方面的表现处于中上游水平。在交通基础方面,武汉的人均快递业务量(得分 4.74,排名 26)、城市物流仓储用地面积占城市建设用地总面积比重(得分 39.14,排名 36)、公共汽(电)车运输人次占总人口比重(得分 44.55,排名 13)和公路单位里程运输量(得分 2.97,排名 28)均处于入选城市中的中上位次。从金融水平上看,武汉的年末金融机构人民币各项存款余额(得分 16.53,排名 11)、贷款余额(得分 43.87,排名 11)均处于全国领先地位,而数字金融(得分 79.01,排名 25)建设水平相对较低。

在资源维度上,武汉的创新机构(得分 42.83,排名 3)、研发投入(得分 39.34,排名 14)和人力资源(得分 46.80,排名 7)为武汉的创新型经济提供了重要的保障。武汉拥有 14 个国家重点实验室和 2 个国家级制造业创新中心,均是创新的主要源泉。同时,武汉在创新经费投入上具有优势,其一般公共预算科学技术支出占 GDP 的比重(得分 64.61,排名 6)、高新区企业 R&D 经费内部支出占营业收入比重(得分 40.91,排名 7)均名列前茅。而武汉的人力资源在多个指标上具有较大的差距。其中,普通高等学校教育数量与质量(得分 46.68,排名 6)领先,而人才吸引力指数(得分 51.00,排名 9)位于中上游水平,但一般公共预算教育支出占 GDP 比重(得分 6.61,排名 86)和中等职业学校教育数量与质量(得分 29.73,排名 95)均低于全国平均水平。

　　在过程类指标中,武汉在知识创造(得分 47.14,排名 7)和知识扩散(得分 36.51,排名 7)方面都具有优势。武汉知识产出数量大,每十万人 WoS 论文数(得分 47.37,排名 3)处于领先地位,每十万人发明专利授权数(得分 39.75,排名 22)处于中上游水平。从知识转移的维度上看,武汉的输出技术成交额占地区生产总值的比重(得分 35.82,排名 5)、吸纳技术成交额占地区生产总值的比重(得分 44.08,排名 12)和国家技术转移机构数(得分 29.63,排名 5)都具有优异的表现。

　　在产出类指标中,武汉的创新经济效益(得分 59.04,排名 28)和数字创新活力(得分 26.43,排名 16)相对领先,而创新可持续性(得分 68.21,排名 74)和创新包容性(得分 58.46,排名 61)均处于中游水平。在创新经济效益方面,武汉的人均地区生产总值处于全国前列(得分 65.05,排名 18),但贸易顺差(得分 81.40,排名 34)和人均工业增加值(得分 30.68,排名 51)均处于相对较低水平。同时,尽管武汉作为全国领先城市,却有着较高的城镇登记失业率(得分 53.06,排名 60)、较大的城乡差距(城镇居民人均可支配收入与农村居民人均可支配收入比,得分 49.33,排名 57),平均房价与人均可支配收入比(得分 73.01,排名 89)也较高。

4.10　西安

　　图 4-11 所示为西安创新型经济发展模式。

　　西安在创新资源(得分 35.29,排名 11)和创新过程(得分 56.82,排名 2)方面表现突出,在基础设施(得分 27.67,排名 20)方面也位于领先地位,然而在创新产出(得分 40.67,排名 92)方面的表现却处于下游水平。

　　在基础设施方面,西安的金融基础(得分 41.13,排名 13)表现良好,其中年末金融机构人民币各项存/贷款余额(得分 13.90;32.10)指标得分排名处于全国第 12 和 13 位,数字金融(得分 77.38,排名 26)排名也处于前列。西安在交通基础(得分 27.10,排名 14)方面处于上游水平,其中公路单位里程运输量(得分 3.36,排名 24)、公共汽(电)车运输人次占总人口比重(得分 44.00,排名 15)和城

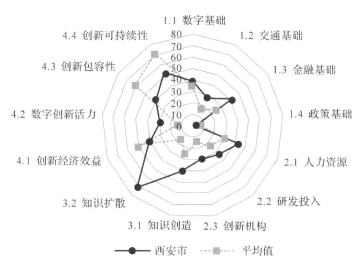

图 4-11　西安创新型经济发展模式

市物流仓储用地面积占城市建设用地总面积比重(得分 58.68,排名 11)排名均位于前列,而人均快递业务量(得分 2.35,排名 52)相对较低。西安的数字基础(得分 38.71,排名 24)总体水平处于上游,在固网宽带应用渗透率(得分 45.54,排名 22)和移动网络应用渗透率(得分 70.59,排名 24)方面表现出一定的优势。

在创新资源方面,西安在人力资源(得分 44.11,排名 9)、创新机构(得分 29.83,排名 9)方面表现突出,并且在研发投入(得分 33.37,排名 23)方面表现优异。尽管西安一般公共预算教育支出占 GDP 比重(得分 20.65,排名 48)处于中游水平,普通高等学校教育数量与质量(得分 41.62,排名 12)排名较为靠前,但在职业技术人才培养方面较为薄弱(中等职业学校教育数量与质量,得分 42.97,排名 28)。

在过程类指标中,西安在知识创造(得分 41.21,排名 13)和知识扩散(得分 72.14,排名 2)方面位于全国城市领先水平。西安在每十万人发明专利授权数(得分 31.19,排名 30)方面具有良好的表现,并且在知识创造的源头——科技论文发表数量方面具有优异的表现(每十万人 WoS 论文数,得分 46.07,排名 4)。同时,领先的输出技术成交额占地区生产总值的比重(得分 88.66,排名 2)、吸纳技术成交额占地区生产总值的比重(得分 100.00,排名 1)以及国家技术转移机构数(得分 27.78,排名 6),表现出西安具有极强的技术转移能力和活力。

在创新产出维度上,西安的数字创新活力(得分 28.28,排名 12)领先于国内大多数城市,然而在创新经济效益(得分 41.14,排名 78)、创新包容性(得分 39.44,排名 101)和创新可持续性(得分 53.37,排名 103)方面较为薄弱。西安的人均地区生产总值(得分 30.51,排名 63)处于中游水平,在数字产业活力(得分 21.40,排名 17)和数字政务活力(得分 60.98,排名 13)方面表现良好。然而,西安的包容度和低碳发展水平还有待提升,其城镇登记失业率(得分 35.71,排名 87)排名靠后,城乡居民生活质量差距较大(城乡居民人均可支配收入比,得分 6.31,排名 104)、房价与年工资比极高(平均房价与人均可支配收入比,得分 76.30,排名 78)。此外,西安的单位 GDP 能耗(得分 77.88,排名 90)、废水废物处理能力(得分 73.18,排名 85)、空气质量指数(得分 0.00,排名 105)、园林绿化覆盖率(得分 62.42,排名 51)得分均处于全国城市的中下游水平。

第 5 章　城市群分析

城市群是指在一定地域范围内,不同性质、类型和等级规模的若干城市通过密切的内部联系构成的城市集合体。自"十一五"以来,城市群就被作为推进我国新型城镇化的主体形态,在"十三五"以及"十四五"规划中,推进城市群建设的步伐进一步加大。《全国国土资源规划纲要(2016—2030 年)》指出,我国的新型城镇化要把城市群作为主体形态;"十三五"规划纲要则首次明确了我国城市群建设的总体规划——建设 19 个城市群,其中将京津冀、长三角及珠三角 3 个城市群打造为世界级城市群。2021 年发布的"十四五"规划纲要多次强调城市群的重要性,并指出城市群分级发展战略:优化提升京津冀、长三角、珠三角、成渝、长江中游等城市群,发展壮大山东半岛、粤闽浙沿海、中原、关中平原、北部湾等城市群,培育发展哈长、辽中南、山西中部、黔中、滇中、呼包鄂榆、兰州—西宁、宁夏沿黄、天山北坡等城市群。

本章将重点分析我国 3 个世界级城市群,以及截至 2023 年 9 月 1 日国务院已批复同意城市群发展规划的 8 个主要城市群,共计 11 个城市群。各城市群的范围及相应战略定位可参考本书附录 3-1。在本蓝皮书中,11 个城市群中入选的城市达 71 个,占本书研究的所有城市数量的三分之二以上,因此具有典型性和代表性(见表 5-1)。同时,我国经济圈的发展各有特色,对城市群之间的发展差异进行比较有重要意义。并且,各城市群内部的城市发展展示出了不同的模式,因此对城市群内的城市横向对比也十分必要。

5.1　主要城市群比较

在本节中,我们将根据数据对 11 个城市群的特点分别进行讨论。具体而言,我们对 11 个城市群中入选城市的数量进行了统计,如表 5-1 所示。此外,考虑到:(1)城市群的创新型经济发展水平不仅取决于其发展总量,同时也取决于城市群内城市的平均发展水平;(2)城市群的创新经济总分或平均分会受到城市群本身城市总数以及入选条件(GDP、国家创新型城市名单)的影响,本节将结合各城市群的创新型经济总分及各城市群入选城市的平均分进行综合分析。入选城市群的创新型经济指数总分、加权平均分及其排名如表 5-2 所示。

表 5-1 主要城市群创新型经济入选城市

城市群名称	入选城市总数	入选城市
长江三角洲城市群	23	上海、南京、杭州、苏州、宁波、合肥、无锡、湖州、温州、芜湖、常州、嘉兴、镇江、绍兴、金华、扬州、南通、台州、马鞍山、泰州、铜陵、盐城、滁州
长江中游城市群	14	武汉、长沙、南昌、宜昌、湘潭、株洲、景德镇、襄阳、新余、萍乡、黄石、衡阳、岳阳、荆门
京津冀城市群	7	北京、天津、唐山、石家庄、秦皇岛、保定、邯郸
珠三角城市群	5	深圳、广州、东莞、佛山、惠州
中原城市群	7	郑州、蚌埠、洛阳、新乡、长治、南阳、邯郸
成渝城市群	4	成都、重庆、绵阳、德阳
哈长城市群	3	长春、哈尔滨、吉林
呼包鄂榆城市群	3	榆林、包头、呼和浩特
关中平原城市群	2	西安、宝鸡
兰州—西宁城市群	2	兰州、西宁
北部湾城市群	2	海口、南宁

表 5-2 主要城市群创新型经济指数得分及排名

城市群名称	创新型经济指数总分	排名	创新型经济指数平均分	排名
长江三角洲城市群	767.27	1	33.36	2
长江中游城市群	356.63	2	25.47	6
京津冀城市群	210.99	3	30.14	5
珠三角城市群	190.71	4	38.14	1
中原城市群	159.38	5	22.77	10

城市群名称	创新型经济指数总分	排名	创新型经济指数平均分	排名
成渝城市群	121.73	6	30.43	4
哈长城市群	74.64	7	24.88	7
呼包鄂榆城市群	68.08	8	22.69	11
关中平原城市群	63.34	9	31.67	3
兰州—西宁城市群	49.33	10	24.67	8
北部湾城市群	48.10	11	24.05	9

注：由于各城市群包含的城市数量和入选本书的城市数量存在差异，本书同时考虑创新型经济指数总分和平均分，对各城市群创新型经济发展进行对比分析。

长江三角洲城市群是入选城市数量最多的，共有 23 个。同时，该城市群在创新经济总分上明显领先于其他城市群，占据绝对领先地位。其创新型经济指数总分远高于其他城市群，平均得分也较高。这表明长三角在创新资源集聚、科技转化以及产业升级等方面拥有显著优势，是全国创新型经济发展的龙头。

珠三角城市群紧随其后，但平均得分更高。珠三角城市群的总分虽然低于长三角城市群，但其平均得分却是最高的。这表明珠三角城市群在创新效率和创新质量方面更具优势；虽然整体规模不如长三角，但每个参与城市单位的创新能力更强。

京津冀和成渝城市群表现良好。京津冀和成渝城市群的平均得分相对较高，显示出这两个城市群在创新方面也具备一定实力，但成渝城市群的总分相对较低，表明参与城市数量或城市规模可能影响了其整体排名。

此外，中部和西部城市群发展相对滞后。中原、兰州—西宁、呼包鄂榆和北部湾城市群的总分和平均得分均相对较低，表明这些地区在创新型经济发展方面仍有较大提升空间，需要加大科技投入、优化产业结构、加强人才培养等方面的力度。其中，中原城市群和呼包鄂榆城市群的平均分最低，显示其创新能力需要重点关注。

图 5-2 提供了 11 个中国主要城市群在创新型经济发展 4 个关键维度——基础设施、创新资源、创新过程和创新产出上的得分。通过分析，我们可以对这些城市群的创新能力进行更细致的比较。

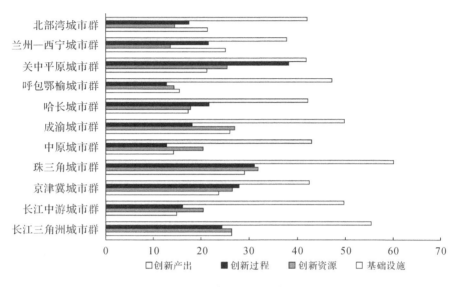

图 5-1　主要城市群创新型经济指数 4 个关键维度平均得分比较

　　具体来看,珠三角城市群在基础设施、创新资源、创新过程和创新产出 4 个指标上均取得了较高的分数,展现了其在创新型经济发展方面的综合实力,这与其发达的产业基础、优越的地理位置以及高效的市场机制密不可分。长三角城市群在基础设施和创新资源方面优势明显,显示其拥有完善的基础设施网络和丰富的创新资源,例如高校、科研机构和高科技企业;但其在创新过程和创新产出方面略逊于珠三角,可能需要进一步提升创新效率和转化能力。京津冀城市群创新产出指标得分最高,这可能与其雄厚的科研实力和技术积累有关,但基础设施指标得分相对较低。中部和西部城市群存在明显短板。中原、哈长、呼包鄂榆、关中平原、兰州—西宁和北部湾城市群在多个维度上得分相对较低,这表明这些地区在基础设施建设、创新资源积累、创新机制完善和创新成果转化方面仍有较大提升空间。其中,中原城市群在创新过程方面得分较低,而呼包鄂榆城市群在创新资源和创新过程中得分均较低,显示出其创新体系的整体薄弱。关中平原城市群在创新过程中得分相对较高,但创新产出得分较低,表明其创新成果转化率有待提高。

　　各城市群的优势和劣势各有不同,具体体现在多个方面,这不仅反映了其发展阶段的不同,也显示出各自独特的资源禀赋和市场环境。比如,一些城市群可能在科技创新和研发投入上具有显著优势,能够吸引高端人才和新兴企业,形成良好的创新生态,而另一些城市群虽然在传统产业方面表现较强,但在新兴技术的应用和转型升级上依然面临挑战。这种差异性意味着,各城市群在推动创新型经济发展时,无法一味复制成功经验,而需要充分认识自身的优势与劣势。制定有针对性的发展策略尤为关键。

因此,面对不同的经济发展现状,各城市群应当开展深入的自我分析,明确发展目标,结合实际情况,制定出符合自身特点的创新型经济发展战略,这样才能更好地适应快速变化的市场环境,实现可持续发展。

5.2　长江三角洲城市群

长江三角洲城市群是我国经济活动最为活跃、开放程度最高、创新能力最强的地区之一,既是全国经济发展的重要引擎,也是全球经济网络中的关键节点。这一地区凭借独特的地理位置、发达的交通网络和丰富的人才储备,为各类产业的发展提供了良好的基础。在国家现代化建设和全面开放的大背景下,长江三角洲城市群凭借其深厚的经济基础、广阔的市场潜力和强大的科技创新能力,已占据着重要的战略地位。城市群的一体化发展,不仅有助于资源的高效配置和优化,也为区域内的产业协同发展创造了更广阔的空间。2018 年 11 月 5 日,习近平总书记在首届中国国际进口博览会上宣布,支持长江三角洲区域一体化发展,并上升为国家战略。[①] 习近平总书记亲自策划、部署与推动的发展战略,正在长三角这片面积达 35.8 万平方公里的土地上汇聚起强大的力量,形成了多方联动、齐心协力的发展局面。各城市之间通过交通、信息、经济等多个领域的深度融合,推动了区域内的综合竞争力不断提升。

根据本书的分析,长江三角洲城市群的创新经济总量远超其他城市群,稳居首位,充分展现出其卓越的创新实力。这一成果的背后,是长江三角洲在教育、科研、产业转型等多方面的持续投入与优化。区域内高等院校和研究机构众多,

---

① 中共中央、国务院. 长江三角洲区域一体化发展规划纲要[Z].2019.

形成了科学研究与技术转移的良性互动;同时,政策的支持和资金的倾斜也为企业的创新提供了保障。未来,随着长江三角洲城市群一体化进程的不断加快,其创新能力和经济活力将继续提升,为全国的经济发展贡献更多力量。

本书分析的长江三角洲城市群包括上海、南京、杭州、苏州等 23 个城市,入选城市数量在所有城市群中名列第一(详见表 5-3、图 5-2 和图 5-3)。在这 23 个城市中,江苏省有 9 个城市上榜,浙江省有 8 个城市入围,安徽省则有 6 个城市入围。从地理分布来看,绝大多数城市集中在以上海为中心的区域,主要分布在江苏南部和浙江北部。同时,安徽省的创新型经济水平较上年有显著提升,表明长江三角洲一体化战略对区域整体创新发展的推动作用已初步显现。

表 5-3   长江三角洲城市群基本情况与创新型经济指数得分排名

城市	省(市)	GDP 总量(亿元)	创新型经济指数排名	基础设施排名	创新资源排名	创新过程排名	创新产出排名
上海	上海	43215	3	2	3	7	71
合肥	安徽	11413	13	44	9	14	25
马鞍山	安徽	2439	45	86	34	41	38
铜陵	安徽	1166	53	78	28	64	58
芜湖	安徽	4303	28	68	15	29	27
滁州	安徽	3362	80	104	99	33	35
苏州	江苏	22718	7	10	7	13	2
南京	江苏	16356	5	9	8	4	8
南通	江苏	11027	41	42	68	40	22
无锡	江苏	14003	14	28	30	19	4
常州	江苏	8808	25	45	35	34	7
扬州	江苏	6696	31	65	50	16	29
盐城	江苏	6617	51	74	90	35	28
泰州	江苏	6025	49	36	75	81	18
镇江	江苏	4763	32	50	48	39	13
杭州	浙江	18109	4	7	4	9	3
宁波	浙江	14595	8	3	16	24	6

城市	省(市)	GDP 总量 (亿元)	创新型 经济指 数排名	基础设 施排名	创新资 源排名	创新过 程排名	创新产 出排名
温州	浙江	7585	19	8	38	30	24
绍兴	浙江	6795	26	24	21	76	15
嘉兴	浙江	6355	21	11	23	56	12
台州	浙江	5786	40	21	52	85	26
金华	浙江	5355	33	16	71	37	40
湖州	浙江	3645	22	13	41	23	17

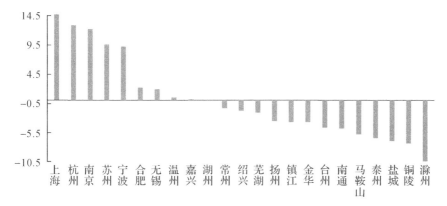

图 5-2　长江三角洲城市群各城市创新型经济指数相对得分

注:图中各城市得分为其创新型经济指数得分与该城市群平均得分之差。

从图 5-2 中可以看到,各城市的创新型经济指数相对得分表现出明显差异。在创新型经济指数上,上海领先于其他城市,显示出其在创新能力和经济活力方面的显著优势。紧随其后的是杭州、南京和苏州,这些城市的创新能力同样强劲,反映了它们在科技、教育和基础设施方面的投入。相比之下,低得分的城市,如滁州和盐城,则表明其在创新方面面临较大挑战,可能存在基础设施较差、创新资源不足、科技人才缺乏等问题。

在细分指标方面,图 5-3 中的得分进一步明确了各城市在基础设施、创新资源、创新过程和创新产出 4 个方面的实力差异。在基础设施方面,上海和宁波的基础设施指标得分领先,表明它们在交通、信息、能源等方面的建设较为完备,这

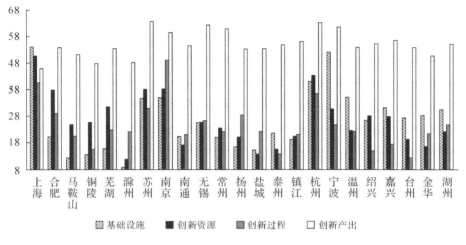

图 5-3　长江三角洲各城市创新型经济细分指标得分

为创新型经济的发展提供了良好的支撑。滁州的低得分则显示出其基础设施建设亟待改善。在创新资源方面,杭州和南京在创新资源指标上的得分较高,说明它们在科技研发、人才聚集和资金投入等方面具有较强优势。相对而言,南通和滁州的得分则显示出创新资源的短缺。在创新过程方面,南京和苏州创新过程指标的得分较高,表明它们在创新活动的实施和管理上相对成熟。而泰州和台州则创新过程指标的得分较低,可能意味着其创新成果转化效率不高。苏州在创新产出方面得分最高,显示了其强大的产出效能和市场竞争力;而金华和铜陵则在创新产出方面表现相对稳健,证明其在产品和服务上的创新能够产生一定的经济效益。

　　综合来看,创新型经济指数相对得分高的城市在细分指标上的得分普遍也较高,表明这些城市在基础设施、创新资源、创新过程和创新产出方面相互促进。通过以上分析,我们可以看出长江三角洲城市群的城市在创新经济方面的差异性,这会对区域一体化和协同发展产生深远影响。

5.3　长江中游城市群

　　长江中游城市群横跨湖北、湖南和江西三省,地理位置承东启西、连南接北,具有非常重要的战略意义。该城市群不仅是长江经济带发展的一部分,更是促进中部地区崛起的关键力量。由于其独特的地理位置和交通优势,长江中游城市群在连接东部发达地区与西部潜力市场之间发挥着桥梁作用,有效促进了区域内的人流、物流和信息流的交流。

本书中分析的长江中游城市群包括长沙、武汉、南昌等 14 个城市,这些城市在所有城市群中排名第 2 位(详见表 5-4、图 5-4 和图 5-5)。其中,湖北省、湖南省各有 5 个城市入围,而江西省则有 4 个,3 个省份的发展水平相对接近。虽然长江中游城市群在创新总量上取得了显著成果,但整体的平均创新水平仅位列全国第 6。

表 5-4　长江中游城市群基本情况与创新型经济指数得分排名

城市	省份	GDP 总量（亿元）	创新型经济指数排名	基础设施排名	创新资源排名	创新过程排名	创新产出排名
武汉	湖北	17717	9	26	5	6	31
襄阳	湖北	5309	85	88	91	60	63
宜昌	湖北	5023	50	70	67	45	34
黄石	湖北	1866	83	94	72	47	85
荆门	湖北	2121	94	99	92	79	67
长沙	湖南	13271	18	17	33	27	10
岳阳	湖南	4403	93	92	98	98	37
衡阳	湖南	3840	101	105	77	95	80
株洲	湖南	3420	62	83	24	97	48
湘潭	湖南	2548	69	72	51	87	42
南昌	江西	6651	39	41	22	58	53
景德镇	江西	1102	75	84	47	101	49
萍乡	江西	1108	82	82	56	99	60
新余	江西	1155	86	96	80	94	30

在长江中游城市群中,武汉的 GDP 遥遥领先于其他城市,显示出其作为湖北省省会、国家中心城市的经济实力和影响力。其次是长沙,同样表现不俗。其

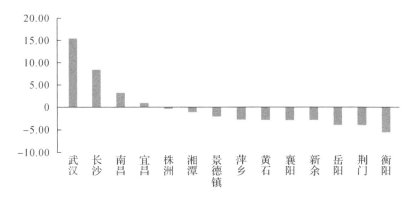

图 5-4　长江中游城市群各城市创新型经济指数相对得分

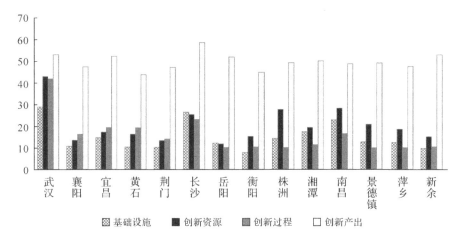

图 5-5　长江中游城市群各城市创新型经济细分指标得分

他城市如南昌、宜昌、襄阳的 GDP 较低,显示出整体经济结构仍需要进一步优化。

从创新的各个方面分析,武汉在创新指数中排名第9,表现出较强的创新能力,这与其高校、研究机构和产业基础的结合密切相关。然而,它在具体的细分指标中存在一定的短板,尤其是在创新产出指标得分排名和基础设施指标得分排名上,分别为第31和第26,显示出在将创新成果转化为经济效益及基础设施配套方面仍需努力。长沙市的创新指数指标得分排名第18,其基础设施指标得分排名(17)和创新产出指标得分排名(10)情况均较好,显示了长沙在创新资源整合与应用上的优势。此外,其他城市的排名差距较大,襄阳、黄石、荆门等城市的创新指数指标得分排名都较靠后,尤其是襄阳排名第 85,说明其经济发展中的创新活力不足,政策支持与资源投入可能较弱。相比之下,南昌的创新指数指标得分排名 39,显示其在创新能力方面的潜力,但仍有提升空间,特别是在创新过程排名上。

在基础设施方面,武汉的基础设施指标得分排名第 26,虽然不算理想,但在长江中游城市群中仍相对较好。提升基础设施的现代化程度,对促进创新和经济发展至关重要。其他城市如岳阳、黄石、荆门等的基础设施指标得分排名均靠后,显示出其基础设施建设亟待提升。

在创新资源方面,武汉、南昌和株洲的创新资源指标得分排名相对靠前,这说明这几个城市在创新资金、技术和人才培养方面有较好的优势。相较而言,黄石、襄阳等城市的创新资源指标得分排名非常靠后,要加强对研发和人才的投入。

创新过程与产出的指标得分排名情况则显示了各城市在科技成果转化和市场竞争力方面的差异。例如,长沙在创新产出指标得分排名上位居第 10,表明其成功地将创新成果转化为经济效益。相反,黄石在这些排名中表现较差,反映出创新的实际产出水平与过程管理存在明显短板,这可能会影响到当地经济的持续增长。

5.4　京津冀城市群

京津冀城市群主要由北京、天津及河北省的石家庄、廊坊、保定、秦皇岛、唐山、邯郸等 8 个地市组成。该区域面积广阔,涵盖了超过 21 万平方千米,经济基础扎实,具备建设世界级城市群的独特潜力。作为中国的政治中心,北京不仅是全国的文化、科技和教育中心,也代表着国家的最高行政管理机构,拥有强大的创新能力和丰富的人才资源。其次,天津作为直辖市,凭借其发达的港口经济和工业基础,为区域内的经济发展提供了有力支撑。

本书分析的京津冀城市群包括 7 个城市,其中包含北京、天津以及来自河北省的 5 个城市(详见表 5-5、图 5-6 和图 5-7)。总体而言,北京与天津在创新方面发挥着重要的引领作用,而河北的唐山、石家庄、秦皇岛、保定和邯郸五个城市的创新型经济指数得分水平均位于中后部,它们在创新经济发展的水平上相对接近。从创新经济的不同发展维度来看,京津冀城市群在基础设施和资源方面具备良好的发展基础。北京在创新型经济指数得分排名中名列第1,显示出其强大的科技创新能力和丰富的创新资源。北京的创新过程和创新资源指标得分排名均为第1,进一步体现了北京在研发、人才引进及科技转化等方面的卓越实力。天津的排名虽然不及北京,但其在基础设施和创新资源指标得分上同样表现出色,展现了强大的发展潜力。这两座城市在城市基础设施建设上处于行业领先地位,对经济发展和创新活动的支撑作用明显。唐山显示出一定的创新能力,特别是其创新过程指标得分情况相对较好,说明唐山在技术转化和应用上具有一定的优势。石家庄尽管在创新资源指标得分排名较靠前,但整体表现依然较为逊色,特别是在创新产出方面处于较低水平,需要改进。保定、邯郸和秦皇岛的创新型经济指数得分排名较低,表明其在创新发展上面临较大挑战。较高的创新资源水平能够大幅提升一个地区的创新能力和经济产出。河北省各城市的创新资源指标得分排名普遍较靠后,特别是唐山和秦皇岛,说明这些城市在科研投入与人才培养等方面需要加强。

表 5-5　京津冀城市群基本情况与创新型经济指数得分排名

城市	省份	GDP 总量(亿元)	创新型经济指数排名	基础设施排名	创新资源排名	创新过程排名	创新产出排名
北京	北京	40270	1	1	1	1	78
天津	天津	15695	12	15	12	8	50
唐山	河北	8231	55	53	85	28	70
石家庄	河北	6490	74	46	40	74	104
保定	河北	4402	87	80	39	77	102
秦皇岛	河北	1844	97	66	95	78	98
邯郸	河北	4115	103	87	100	88	94

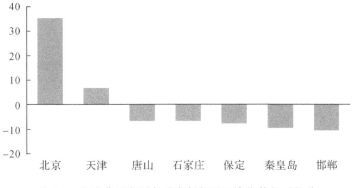

图 5-6　京津冀城市群各城市创新型经济指数相对得分

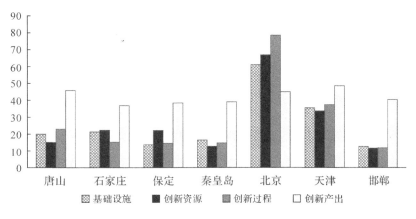

图 5-7　京津冀城市群各城市创新型经济细分指标得分

5.5　珠三角城市群

　　珠江三角洲城市群是中国改革开放的先行地区,过去 30 年,珠三角坚持改革开放,快速实现了以工业化为主体的经济腾飞,成为全球重要的制造业基地之一,现已发展成中国重要的经济区域及制造业中心。

　　在本书中,珠三角城市群共有 5 个城市入选,分别是深圳、广州、东莞、佛山以及惠州(见表 5-6、图 5-8 和图 5-9)。尽管珠三角城市群创新型经济指数总分位列所有城市群的第 4 位,但其各城市创新型经济指数的平均得分居于首位。

除惠州的创新型经济指数得分排名位于第 46 位,属于"二区"外,其他 4 个城市的创新型经济指数得分排名均处于"一区"。

表 5-6　珠三角城市群基本情况与创新型经济指数得分排名

城市	省份	GDP 总量（亿元）	创新型经济指数排名	基础设施排名	创新资源排名	创新过程排名	创新产出排名
深圳	广东	30665	2	4	2	3	5
广州	广东	28232	6	6	10	5	11
东莞	广东	10855	16	39	46	17	1
佛山	广东	12157	27	35	26	57	9
惠州	广东	4977	46	64	43	72	21

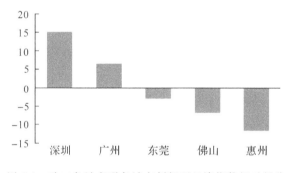

图 5-8　珠三角城市群各城市创新型经济指数相对得分

从创新发展的各个维度看,珠三角城市群的在创新产出方面取得了优异的成绩,所有城市均处于"一区"。同时,由于珠三角城市群近 30 年良好的发展基础,除了惠州外,其他城市在创新资源和创新过程方面也表现良好,体现出该区域极强的创新活力和资源转换能力。相较而言,该城市群在基础设施方面的表现相对不够突出。因此,在下一发展阶段,珠江三角洲城市群需要进一步优化资源要素配置,带动区域内更多城市创新发展;此外,可进一步加强区域内的基础设施建设,以使创新型经济的发展具有更为坚实的基础。

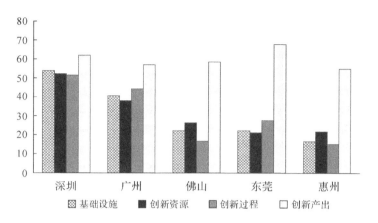

图 5-9　珠三角城市群各城市创新型经济细分指标得分

5.6　中原城市群

中原城市群位于全国城市化战略格局的关键交汇点,连接着"两横三纵"城市化通道及京广通道。这一地理位置不仅为中原城市群的发展提供了便捷的交通网络,也赋予了其在全国经济布局中的重要战略地位。该区域的交通便利性使得物流、信息流和资金流的高效流动成为可能,推动了区域内各城市之间的经济合作和资源共享。

当前,中原城市群正处于提质升级和快速崛起的关键时期。随着国家对中部地区发展的重视,加上区域内基础设施的不断完善、产业结构的转型升级和政策环境的不断优化,这一片土地展现出显著的发展潜力。尤其是在新兴技术、绿色经济和产业创新等领域,中原城市群拥有良好的发展基地,能为产业升级提供强有力的支撑。

在本书中,被纳入分析的中原城市群包括 7 个城市(见表 5-7、图 5-10 和图 5-11),其整体发展水平位于中游,但各城市在创新经济方面的表现并不突出。具体来说,这些城市包括来自河南省的郑州、洛阳、新乡和南阳,以及安徽省的蚌埠、河北省的邯郸和山西省的长治。其中,郑州的创新型经济指数得分在全国排名第 34,而蚌埠与洛阳则分别处于中等水平,其余 4 个城市的创新型经济指数得

表 5-7　中原城市群基本情况与创新型经济指数得分排名

城市	省份	GDP 总量（亿元）	创新型经济指数排名	基础设施排名	创新资源排名	创新过程排名	创新产出排名
郑州	河南	12691	34	29	25	53	59
洛阳	河南	5447	70	75	17	92	96
南阳	河南	4342	104	102	60	103	99
新乡	河南	3233	100	100	66	82	103
邯郸	河北	4115	103	87	100	88	94
蚌埠	安徽	1989	56	58	37	65	74
长治	山西	2311	90	91	83	96	47

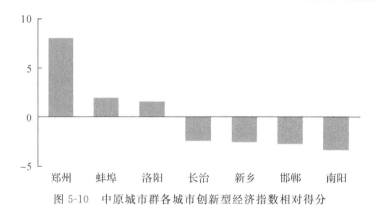

图 5-10　中原城市群各城市创新型经济指数相对得分

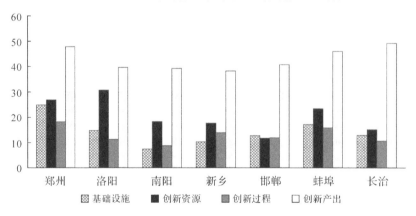

图 5-11　中原城市群各城市创新型经济细分指标得分

排名在全国城市中位于 90 至 104 位,属于末流水平。通过对数据分析可以看出,郑州虽然在河南省内相对较强,但在全国范围内仍然处于中游水平,而其他城市如洛阳、南阳、新乡、邯郸、蚌埠和长治等则普遍表现较弱。这一现象反映了中部及北方城市在经济升级、创新能力和基础设施建设等方面面临的困难。此外,数据表明了创新与经济的关联性。创新能力强的城市往往具有更高的GDP 和更好的经济竞争力。例如,郑州的创新资源及基础设施指标得分排名相对较好。不过,尽管郑州的 GDP 较高,但仍需要大力发展创新驱动型经济,以增强其综合竞争力。

5.7　成渝城市群

成渝城市群位于全国"两横三纵"城市化战略框架中,正值长江通道与包昆通道的交会位置,是西部地区经济基础最为牢固、实力最强的区域之一。推动成渝城市群的发展,既得益于西部大开发政策的深入落实,也因"一带一路"和长江经济带战略的实施而迎来了新的机遇。

在本书中,共有 4 个城市在成渝城市群中被纳入分析(见表 5-8、图 5-12 和图 5-13)。尽管这 4 个城市的数量在 11 个大城市群中位于中下游,创新型经济指数总分却排名第 6。其中,成都在创新和基础设施建设上具有显著优势,是全国创新中心之一,相对较高的排名表明其在高新技术、研发和人才能吸引方面有强劲的表现。重庆的创新型经济指数得分显示出其在基础设施及创新能力方面的强劲实力。虽然重庆的创新资源指标得分排名较靠后,但凭借良好的基础设施,重庆能够为企业发展提供良好的环境。此外,尽管绵阳的创新资源指标得分排名相对较靠前,但在整体创新能力和基础设施建设方面仍有改进空间。而德阳的创新型经济指数得分显示出其在创新与发展方面的不足,亟须加强相关投资和发展方向。

表 5-8　成渝城市群基本情况与创新型经济指数得分排名

城市	省份	GDP 总量（亿元）	创新型经济指数排名	基础设施排名	创新资源排名	创新过程排名	创新产出排名
成都	四川	19917	11	22	6	11	36
绵阳	四川	3350	48	57	19	80	68
德阳	四川	2657	81	56	78	100	65
重庆	重庆	27894	17	5	32	63	35

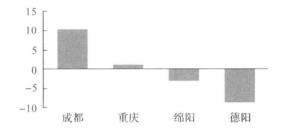

图 5-12　渝城市群各城市创新型经济指数相对得分

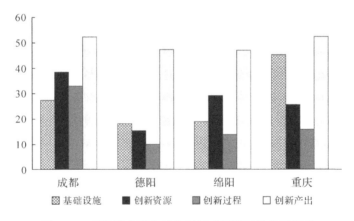

图 5-13　成渝城市群各城市创新型经济细分指标得分

　　通过数据分析可以看出，重庆和成都在西南地区经济和创新能力的双重表现上均出色，反映了这两个城市在经济转型、科技创新和高质量发展上的成功。虽然成都和重庆表现抢眼，但绵阳和德阳的经济规模及创新能力相对较弱，表明这些城市仍需在经济结构升级、创新资源吸引和基础设施建设等方面加大力度，以追赶兄弟城市的步伐。

5.8　哈长城市群

哈长城市群是指中国东北地区以哈尔滨市、长春为中心，辐射两翼大庆、吉林、齐齐哈尔等地的经济带，其主要范围包括东北中北部一带的地区。该城市群是东北地区城市群重要组成区域，也是东北地区加快新型城镇化进程和经济高质量发展的重要推动力量。

在本书中，哈长城市群共有 3 个城市入选，分别是吉林省的长春和吉林、黑龙江省的哈尔滨（见表 5-9、图 5-14 和图 5-15）。

表 5-9　哈长城市群基本情况与创新型经济指数得分排名

城市	省份	GDP 总量（亿元）	创新型经济指数排名	基础设施排名	创新资源排名	创新过程排名	创新产出排名
长春	吉林	7103	59	69	73	31	69
哈尔滨	黑龙江	5352	65	54	54	25	101
吉林	吉林	1550	71	55	62	49	91

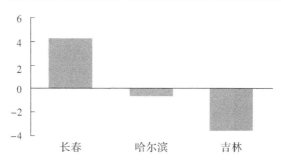

图 5-14　哈长城市群各城市创新型经济指数相对得分

哈尔滨虽然在创新过程上表现相对较强，但整体竞争力受限，特别是在创新产出方面表现不佳，需要引入更多的高新技术和人才；长春在创新能力方面表现一般，同时基础设施建设较为滞后；整体来看，吉林市的创新能力和资源配置相

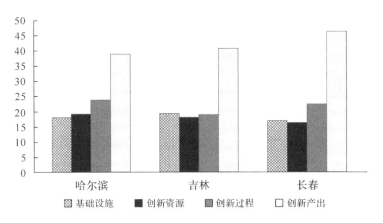

图 5-15　哈长城市群各城市创新型经济细分指标得分

对较低,仍需通过改进创新环境和提升产出效率来推动经济发展。

从数据中可以看出,哈尔滨、长春和吉林在全国的经济总量和创新能力方面均处于较低水平。特别是吉林市的经济和创新能力最弱,反映出东北地区在经济结构调整和产业升级方面面临的挑战。哈长城市群各城市的基础设施建设与创新资源配置普遍较为陈旧,影响了其吸引投资和人才的能力。因此,对于这些城市来说,创新与经济发展亟须通过基础设施的改善和创新环境的优化来推动。

在接下来的发展阶段,哈长城市群应重视对现有资源的保持,同时通过结构调整和技术创新来提升全要素生产率。

5.9　呼包鄂榆城市群

呼包鄂榆城市群位于全国"两横三纵"城市化战略格局中包昆通道纵轴的北端,在推进形成西部大开发新格局、推进新型城镇化和完善沿边开发开放布局中具有重要地位。

在本书中,呼包鄂城市群共有 3 个城市入选,分别是山西省的榆林以及内蒙古自治区的包头和呼和浩特(见表 5-10、图 5-16 和图 5-17)。

表 5-10　呼包鄂榆城市群基本情况与创新型经济指数得分排名

城市	省份	GDP 总量（亿元）	创新型经济指数排名	基础设施排名	创新资源排名	创新过程排名	创新产出排名
榆林	陕西	5435	78	98	102	43	41
包头	内蒙古	3293	84	62	55	105	64
呼和浩特	内蒙古	3121	89	49	88	86	84

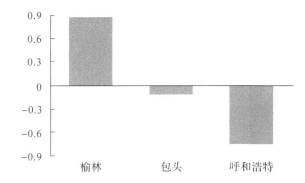

图 5-16　呼包鄂榆城市群各城市创新型经济指数相对得分

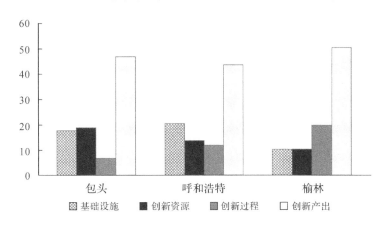

图 5-17　呼包鄂榆城市群各城市创新型经济细分指标得分

　　数据表明包头在创新能力和产出方面处于劣势,尤其是在创新过程上排名较靠后,表明存在较大的提升空间。呼和浩特在基础设施方面排名第 49,相对较好,说明其在交通、通信和公共服务等领域有一定的建设基础,这对经济发展有利。榆林的创新型经济指数得分排名第78,虽然在各方面的排名都不算太高,但在创新产出上表现较好,显示出一定的创新能力和成果,需要加强基础设施的改善来支持经济及创新发展。

整体来看,包头和呼和浩特的经济总量和创新能力均显得不足,在全国的竞争力不强;榆林虽相对较好,但仍面临许多挑战,尤其是在创新资源的配置和基础设施的改善方面。该城市群需在创新体制、政策引导和资源配置方面进行改革,激发市场活力,提升创新能力和实际产出。同时,鼓励企业与科研机构的合作,推动技术转化和成果转化。建议地方政府加大对基础设施的投资,改善交通、信息化和公共服务设施,提升城市的综合服务能力,为经济发展和创新提供支撑。此外,呼包鄂榆城市群内部可加强区域合作,推动资源共享,形成联合发展的合力,提高区域在全国经济格局中的竞争力。

5.10 关中平原城市群

关中平原城市群地处我国内陆中心,是亚欧大陆桥的重要支点,是西部地区面向东中部地区的重要门户。该城市群规划范围包括陕西省西安、宝鸡、咸阳等5个城市,山西省运城、临汾市尧都区、侯马等。

在本书中,关中平原城市群仅有2个陕西省的城市入选,分别是西安和宝鸡,而山西省的城市并未有入选(见表5-11、图5-18和图5-19)。该城市群入选的两个城市在创新型经济发展水平上有较大的差异。在创新型经济指数得分上西安位列第10,而宝鸡仅位于第76。

表 5-11 关中平原城市群基本情况与创新型经济指数得分排名

城市	省份	GDP总量(亿元)	创新型经济指数排名	基础设施排名	创新资源排名	创新过程排名	创新产出排名
西安	陕西	10688	10	20	11	2	92
宝鸡	陕西	2549	76	76	76	46	88

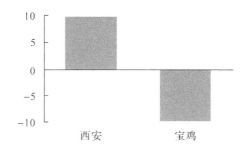

图 5-18　关中平原城市群各城市创新型经济指数相对得分

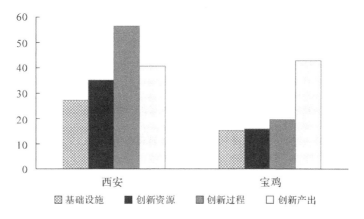

☒基础设施　■创新资源　▨创新过程　□创新产出

图 5-19　关中平原城市群各城市创新型经济细分指标得分

　　从创新的各维度来看,西安显示出其在科技创新、人才培养和产业转型等方面的突出表现。特别是在创新资源和创新过程上,西安显示出优势,说明这个城市在推动科技创新的过程中具有良好的制度和环境保障。然而,其创新产出指标得分排名相对较靠后,表明西安在将创新成果转化为实际经济效益方面仍然存在瓶颈,需要进一步加强科技成果的转化机制和产业化程度。宝鸡的创新型经济指数得分排名相对靠后,显示出其在创新方面面临挑战。宝鸡在这些方面的发展与西安相比差距较大,创新能力较弱。

　　西安作为关中平原城市群的核心城市,其经济总量和创新能力在全国范围内都有较强的竞争力。宝鸡作为该城市群的重要组成部分,经济总量和创新表现则相对较弱,这种差距可能影响到城市群的整体发展,因此需要加强合作与协同。宝鸡可以借鉴西安的成功经验,在科技、教育和产业发展方面寻求合作,以实现资源的共享和优势互补。政府应支持宝鸡在创新政策、资金投入和人才培养等方面做出更多努力,鼓励企业和科研机构之间的合作,提升整体创新能力。此外,宝鸡需要加大对基础设施的投资,特别是在交通、信息化和公共服务等领域,以提升城市的吸引力和综合竞争力。

5.11 兰州—西宁城市群

兰州—西宁城市群是我国西部重要的跨省区城市群,人口和城镇相对比较密集,水土资源条件相对较好,自古以来就是国家安全的战略要地。

在本书中,兰州—西宁城市群有 2 个城市入选,分别是甘肃省的兰州和青海省的西宁(见表 5-12、图 5-20 和图 5-21)。这两座城市也是该城市群建设的核心城市。和两座城市的经济发展水平相似,兰州的创新型经济发展水平优于西宁。

表 5-12 兰州—西宁城市群基本情况与创新型经济指数得分排名

城市	省份	GDP 总量(亿元)	创新型经济指数排名	基础设施排名	创新资源排名	创新过程排名	创新产出排名
兰州	甘肃	3231	52	23	69	26	105
西宁	青海	1549	77	32	103	48	97

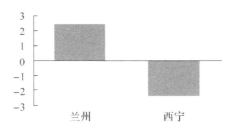

图 5-20 兰州—西宁城市群各城市创新型经济指数相对得分

兰州的创新型经济指数得分在全国范围内处于中等位置,说明该城市在创新、技术研发和人才培养等方面还有提升的空间;兰州的基础设施指标得分排名第 23,表明其基础设施建设相对健全,为经济发展和创新活动提供了较好的支持;然而,兰州的创新资源和创新产出指标得分排名较靠后,显示出兰州在科技

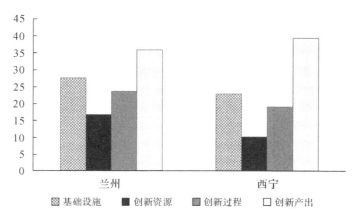

图 5-21　兰州—西宁城市群各城市创新型经济细分指标得分

资源的投入和创新成果的产出上存在显著短板,制约了其创新能力的全面提升。西宁的创新型经济指数得分明显低于兰州,显示出其在技术创新、产业升级和人才引进等方面的困难;虽然西宁的基础设施指标得分相对较高,但整体仍有待加强;而西宁的创新资源和创新产出指标得分排名靠后,则反映了西宁在科技投入和创新成果转化方面的不足,这在很大程度上影响了其经济整体活力。

　　兰州—西宁城市群的两个城市在经济总量和创新能力方面的表现均未达预期,体现了该区域在更广阔的全国市场中相对薄弱的竞争地位。兰州作为城市群的核心,虽然在基础设施和创新过程方面具有优势,但仍需加强创新资源的投入和产出能力。而西宁在整体发展方面则需更加努力提升经济总量和创新水平。兰州和西宁之间应加强资源共享与合作,形成合力,推动经济发展与创新能力的提升。可以通过设立联合发展基金,鼓励科技企业和科研机构的合作。此外,政府应积极引导和支持高新技术企业发展,引进更多的科研机构,培养创新人才,同时鼓励企业加大研发和科技创新的投资力度。

5.12　北部湾城市群

　　北部湾城市群地跨广西、广东、海南三个省区,背靠大西南,毗邻粤港澳,面向东南亚,是海上丝绸之路的重要枢纽,在西部大开发战略格局和国家对外开放大局中具有独特地位。

在本书中,北部湾城市群有 2 个城市入选,分别是海南省的省会海口和广西壮族自治区的省会南宁(见表 5-13、图 5-22 和图 5-23)。

表 5-13 北部湾城城市群基本情况与创新型经济指数

城市	省(市)	GDP 总量 (亿元)	创新型 经济指 数排名	基础设 施排名	创新资 源排名	创新过 程排名	创新产 出排名
南宁	广西	5121	79	52	70	59	100
海口	海南	2057	64	31	97	50	81

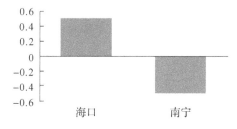

图 5-22 北部湾城市群各城市创新型经济指数相对得分

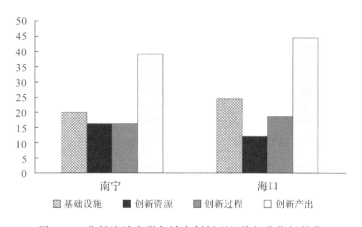

图 5-23 北部湾城市群各城市创新型经济细分指标得分

南宁作为广西的省会城市,在全国经济总量上显示出相对较强的实力。该市在西南地区具有重要的经济地位,尤其是在连接东南亚的战略中发挥着桥梁作用。海口作为海南省的省会,其经济总量相对南宁较低,这反映出海口的经济规模较小,尤其是在与南宁相比时,面临一定的经济发展压力。尽管海口以旅游业和现代服务业为主要经济支柱,但在整体经济体量上与南宁仍有显著差距。

　　南宁在全国范围内的创新能力较为一般,尚有较大提升空间。在各项细分指标排名中,南宁的基础设施指标得分排名第52,反映出南宁的基础设施相对较好,这为经济和创新发展奠定了基础。然而,其靠后的创新资源与创新产出指标得分排名则揭示出南宁在科技资源的获取与利用,以及从创新活动中实现有效产出方面均需加强。海口在创新能力方面的相对优势得益于其特殊的经济特区地位和政策优惠。海口因此吸引了部分高新技术企业,促进了创新环境的形成。尽管海口在基础设施建设方面成效显著,但在科技预算投入、人才引进和创新成果转化等方面仍显不足。

第6章 专题分析

自党的十九大以来,我国高度重视构建人与自然和谐共生的现代化建设,坚定不移地推动绿色低碳发展。党的二十大擘画了全面建设社会主义现代化国家、以中国式现代化全面推进中华民族伟大复兴的宏伟蓝图。共同富裕是指全体人民在经济发展中均衡受益,实现更公平的财富分配和生活质量提升。分析城市在共同富裕方面的情况,可以评估社会公平性,了解不同社会群体的收入差距、公共服务的覆盖率和质量,提供数据支持,帮助政府制定更有针对性和有效的社会福利和扶贫政策,从而缩小贫富差距,提升社会和谐度,减少社会矛盾和冲突。数字经济指通过数字技术和互联网驱动的经济活动。研究城市在数字经济方面的表现,可以评估城市的科技创新能力和产业升级状况,促进新兴产业的发展,从而通过数字化手段改进城市治理和公共服务,提高政府的工作效率和居民生活便利度,帮助传统产业向数字化、智能化方向转型,提高整体经济的生产力和可持续发展能力。绿色发展强调在经济发展的同时保护环境,实现可持续发展。分析城市在绿色发展方面的进展,评估城市的环境质量、能源消耗和污染排放情况,推动环保措施的落实,旨在确保经济发展不会以牺牲环境为代价,促进资源的循环利用和生态保护,从而改善城市的环境质量,提高居民的生活质量和健康水平,吸引更多的人才和投资。

本章将分别从"共同富裕""数字经济"和"绿色发展"的角度,对105个入选城市进行专题分析,旨在为各城市"立足新发展阶段、贯彻新发展理念、构建新发展格局、推动高质量发展"提供借鉴意义。

6.1　共同富裕

共同富裕作为一种社会理念和发展目标,强调通过公平的资源分配和社会政策措施,实现社会的整体繁荣和公正。其重要意义在于多方面的影响和长远的社会效益。

首先,共同富裕可以有效减少贫富差距。在许多社会中,财富和资源的不均衡分配导致少数人富裕而大多数人生活困难。政府可以通过税收政策、社会福利措施和教育投资等手段,推动共同富裕,确保资源更加公平地分配给社会的各个阶层和群体,从而减少贫富差距,增强社会公正感和社会凝聚力。其次,共同富裕有助于促进经济的稳定和可持续发展。贫富差距过大可能导致社会不稳定、经济增长不均衡,长期来看会对整体经济的发展造成负面影响。通过实现共同富裕,可以扩大中低收入群体的消费能力,刺激内需,促进经济的全面增长。此外,更均衡的财富分配也有助于降低社会风险,增强经济的抗风险能力。最后,共同富裕有助于提升社会的整体幸福感和生活质量。当社会各个层面的人们都能分享到经济发展的成果时,个体的幸福感和生活满意度会显著提升。这不仅体现在经济收入的提高和财富的增加,还包括更好的教育、医疗和基础设施服务,以及更强的社会安全感和归属感。

共同富裕不仅仅是经济发展的问题,更是社会公正、稳定和可持续发展的关键路径之一。它不仅有助于减少社会不平等和贫困现象,还能促进经济的全面发展,提升社会的整体幸福感和生活质量,推动社会向更加和谐、稳定和可持续的方向迈进。因此,共同富裕理念在当今社会发展中具有重要的现实意义和深远的长远影响。

6.1.1　内涵与构成

中国提出的共同富裕行动纲领,是马克思主义指导下对社会主义本质要求的系统性、长远性、战略性制度设计。区别于其他国家,中国以高质量发展为核心,正确处理公平与效率关系,动态调整政府与市场互动,避免发展失衡①。本专题结合本蓝皮书"创新型经济评价体系"指标构成,以客观性、可量化性、可获得性为标准,确立以发展性与共享性为主要评价维度,分别以富裕度、共同度和教育、社会保障、住房、公共基础设施、公共文化、数字应用为子维度来考察收录城市在共同富裕方面的表现情况(见图 6-1)。

图 6-1 "共同富裕"维度构成

发展性维度用以反映社会总体财富、人民收入的增长情况和物质基础建设水平,衡量的是群体、代际、城乡、区域之间的贫富差距。

富裕是实现共同富裕的前提。同时,共同富裕要求在群体之间实现发展成果的收敛。因此,发展性维度包含富裕度和共同度 2 个子维度。具体地,以"城镇居民人均可支配收入"和"农村居民人均可支配收入"作为发展阶段和财富总量的标准线,衡量其是否富裕;以"城乡居民人均可支配收入比"衡量城乡、区域之间的贫富差距。

共享性维度用以反映改革发展成果是否公平地惠及全体人民,从教育、医

---

① 王鹏翔.共同富裕的中国逻辑与深化路径[J].甘肃开放大学学报,2024(5):19－26.

疗、社保、精神等方面衡量人民对美好生活的期待与现有发展之间的差距。

共同富裕是物质富裕和精神富裕的统一。依据学有所教、劳有所得、住有所居等全生命周期民生需求，共享性维度下设教育、社会保障、住房、公共基础设施、公共文化（精神富足）、数字应用等 6 个子维度。具体地，以"普通高等学校教育数量与质量""中等职业学校教育数量与质量""一般公共预算教育支出占GDP 比重"作为反映国民总体平均受教育水平，衡量教育资源可及性、教育资源分配均等化的重要依据；以"数字政务活力""城镇登记失业率""数字金融"反映社会保障的普惠性以及群众、企业办事的便利度；以"平均房价与人均可支配收入比"衡量居民的住房条件；以"公共汽（电）车运输人次占总人口比重"和"废水废物处理能力"反映公共基础设施完善水平；以"文化机构"和"数字文化活力"反映公众享受公共文化服务水平和精神富足状况；以"固网宽带应用渗透率"和"移动网络应用渗透率"衡量信息化发展程度。

本书在共同富裕各维度的计算与合成过程中，与本蓝皮书的"创新型指标评价体系"一致，进行无量纲化处理。在对具体指标进行标准化处理的基础上通过平均加权求和进行指数的合成，计算各维度得分。

6.1.2　评价比较

1.总体水平

本蓝皮书依据发展性和共享性 2 个维度的得分情况，分别对本书收录的105个城市进行排名。图 6-2 刻画了各个城市在共同富裕的两个重要维度上的表现，即各个城市在这两个维度上的排名情况。其中，横轴反映了发展性水平，纵轴反映了共享性水平。

具体来看，在 105 个收录城市中，上海、北京、深圳、广州、苏州、成都、杭州、武汉、南京、天津、宁波、无锡、长沙、郑州、合肥、东莞、常州、温州、嘉兴、台州、湖州、绍兴这 22 个城市综合表现出色，在发展性和共享性维度上的排名均位于前三分之一处（前 35 位）。从区位来看，这些城市主要分布在长三角经济圈，其中，有较多的城市位于浙江省和江苏省。总体上，这些城市能够较好地兼顾经济效益和社会效益，其在提升收入和财富水平、缩小不同收入分配差距、扩大共享公共服务范围等方面的举措具有重要借鉴意义。

此外,扬州、漳州、衡阳、宿迁、株洲、马鞍山、荆门、营口这 8 个城市在发展性维度上有出色的表现,但对共享性维度兼顾不足。重庆、西安、昆明、贵阳、太原、柳州、兰州、海口、西宁、拉萨这 10 个城市在共享性维度上有出色的表现,但对发展性维度兼顾不足。洛阳、临沂、榆林、岳阳、保定、南阳、遵义、邯郸、滁州、新乡、宝鸡、玉溪、秦皇岛、黄石、汉中这 15 个城市综合表现有待提高,在发展性和共享性维度上均位于末三分之一处(末 35 位)。

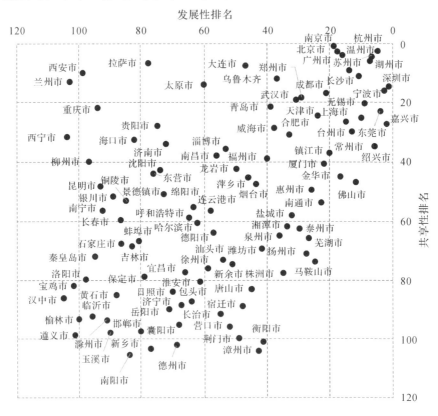

图 6-2　共同富裕发展性与共享性维度排名分布

2.发展性水平

在发展性维度得分上,排名位列前 1/3(前 35 位)的城市分别为深圳、嘉兴、宁波、东莞、杭州、绍兴、苏州、湖州、无锡、上海、长沙、佛山、常州、温州、台州、广州、金华、北京、南京、镇江、成都、厦门、南通、天津、马鞍山、惠州、芜湖、扬州、郑州、泰州、武汉、盐城、合肥、湘潭和株洲。各城市发展性维度得分及其分布如表6-1、图 6-3 所示。

表 6-1　各城市发展性维度得分

城市	得分	城市	得分	城市	得分
深圳	87.45	常州	67.49	马鞍山	51.33
嘉兴	82.65	温州	67.37	惠州	50.71
宁波	81.69	台州	66.52	芜湖	50.28
东莞	81.55	广州	64.14	扬州	50.12
杭州	81.26	金华	62.75	郑州	50.11
绍兴	81.07	北京	60.56	泰州	49.58
苏州	79.03	南京	59.78	武汉	48.74
湖州	78.35	镇江	58.20	盐城	48.72
无锡	75.18	成都	54.04	合肥	48.32
上海	72.96	厦门	53.44	湘潭	45.94
长沙	72.37	南通	53.21	株洲	45.35
佛山	70.14	天津	51.47		

本蓝皮书选取发展性维度得分处于前三分之一的城市,对其子维度富裕度和共同度进行进一步分析。深圳市是典型的高发展与高富裕城市,其富裕度表明当地居民收入水平普遍较高,同时其发展性也维持在高水平。随着其不断发展,深圳在高科技和金融等行业不断壮大。东莞市展现了贫富差距的平衡,其富裕度水平虽然相对较低,但伴随着高共同度且没有极端的贫富分化,有助于整体社会稳定。广州和上海的富裕度相对较高,但共同度却非常低,显示其在快速发展的同时,继而导致了贫富差距加大,这可能会影响社会稳定和长期经济发展。此外,像郑州等城市,在发展水平较低的同时,贫富差距相对较大,是需要改善与提升的地区。

数据显示,中国城市在发展性、富裕度以及贫富差距方面差异明显,尤其是经济较为发达的城市,通常面临更大的贫富差距。对于贫富差距大的城市,建议政府采取措施,例如优化土地政策、完善税收制度、增设社会福利等,以促进财富再分配,缩小贫富差距。鼓励发展水平相对较低但共同度较高的城市,通过引导投资、高新技术发展和教育提升,提高居民收入水平的同时,保持社会公平与均衡,实现可持续发展。强化区域间合作,利用发达城市的资源与技术,帮助发展较慢城市实现跨越式发展,形成资源共享、包容性增长的良好格局。

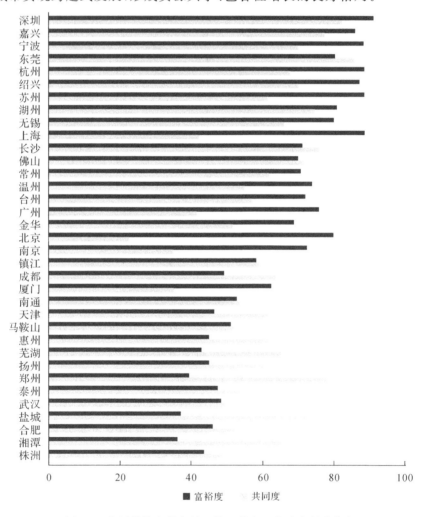

图 6-3　发展性维度排名处于前三分之一的城市得分分布

3. 共享性水平

在共享性维度得分上,排名位列前三分之一(前 35 位)的城市分别为南京、北京、杭州、广州、苏州、湖州、拉萨、大连、温州、西安、长沙、乌鲁木齐、兰州、太原、深圳、宁波、成都、郑州、武汉、无锡、青岛、重庆、东莞、天津、上海、台州、嘉兴、贵阳、威海、常州、合肥、西宁、海口、济南和绍兴。各城市共享性维度得分如表 6-2 所示。

表 6-2　各城市共享性维度得分

城市	得分	城市	得分	城市	得分
南京	59.19	兰州	49.65	上海	46.95
北京	54.80	太原	49.30	台州	46.23
杭州	54.60	深圳	48.68	嘉兴	45.94
广州	52.73	宁波	48.68	贵阳	45.91
苏州	52.16	成都	48.67	威海	45.74
湖州	52.04	郑州	48.44	常州	45.69
拉萨	51.54	武汉	48.30	合肥	45.59
大连	51.17	无锡	48.12	西宁	44.99
温州	50.56	青岛	48.06	海口	44.59
西安	50.43	重庆	48.00	济南	44.52
长沙	50.00	东莞	47.60	绍兴	44.33
乌鲁木齐	49.94	天津	46.99		

本蓝皮书选取共享性维度位列前三分之一的城市,对其子维度教育、社会保障、住房、公共基础设施、公共文化和数字应用进行进一步分析,得分如图 6-4 所示。

不同城市在共享性及其子维度上表现迥异。经济发达城市如南京和北京,在教育、社会保障等方面具备优势,而在住房和公共基础设施方面表现相对薄弱。南京居第一,这表明南京在共享性和居民生活质量方面处于领先地位。但是该城市教育评分在前 10 名城市中并不突出,显示出该市虽然在共享性上表现

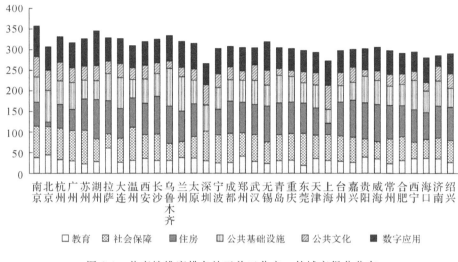

图 6-4　共享性维度排名处于前三分之一的城市得分分布

优秀,但在教育资源分配上仍需改善。北京和杭州分别位居第 2 和第 3,分数相近,显示出这些城市在福利和社会资源的可达性上的较高水平。在社会保障方面,温州在该子维度上得分最高,虽然整体共享性平均分排名较低,但该市在社会保障体系建设上表现突出。湖州在数字应用上的表现出色,表明其在信息化建设上较为领先,能够有效地利用数字技术提升居民的生活质量。此外,一些城市如济南在数字应用方面相对落后,需加强数字化转型,提升智能服务水平。

通过针对性的政策措施,城市可以在各个维度上实现更好的共享性,为居民创造更高质量的生活环境和更平等的机会。第一,城市应增强教育资源的投入,尤其是经济发展较快的城市,确保教育公平,提高整体共享性。第二,城市应强化社会保障网络,特别是加强对低收入家庭和弱势群体的支持,减少社会不平等。针对房价高企的城市,如深圳,为居民提供更多的保障性住房。第三,在基础设施与公共文化建设方面,城市应促进公共基础设施的持续投资与公共文化服务的普及,为居民创造更好的生活环境。最后,应该鼓励城市加速数字转型,利用数字技术提升各项公共服务的效率与质量。

6.1.3　青岛:强信心起好步,向共同富裕进发

青岛作为中国东部沿海的重要城市,凭借其优越的地理位置和雄厚的经济

基础,正致力于推动高质量发展,从而为实现共同富裕提供强大支持。作为一个重要的港口城市,青岛不仅享有得天独厚的地理优势,还有着丰富的自然资源和便捷的交通网络,这使其在国家经济体系中占据了重要地位。青岛拥有现代化的港口设施和广泛的国际贸易往来,这使其成为国内外投资者关注的焦点。

在经济基础方面,青岛拥有坚实的工业基础和快速发展的服务业。青岛的制造业涵盖了钢铁、机械、电子、化工等多个领域,形成了以海洋经济为特色的多元化产业结构。同时,青岛的金融业、信息技术业以及旅游业也在不断壮大,为城市的发展注入了新的活力。通过大力推动创新驱动,青岛市正在积极转型升级,推动高新技术产业的发展,以提升经济的质量和效益。

在实现共同富裕方面,青岛市政府紧密结合高质量发展的目标,制定了一系列政策措施。这些措施包括推动科技创新、优化产业结构、提高居民收入水平、缩小城乡差距等,旨在确保经济发展的成果能够惠及全体市民。青岛还注重基础设施建设和社会服务的改善,以提升居民的生活质量和幸福感。例如,青岛市通过提升教育资源配置、增强医疗保障能力、加强社会福利体系等措施,来缩小社会各阶层之间的收入差距,推动公平和包容性发展。

1. 青岛市:探索更可持续的发展路径

青岛在推进共同富裕方面,采取了多项具体措施,旨在实现经济发展成果的普惠和公平分配。

缩小城乡差距:青岛市着力缩小城乡收入差距,通过提高农村居民的收入水平来实现共同富裕。政策包括推动农村经济多元化发展、支持农业产业化经营、提升农民的技能培训和就业机会。优化公共服务:青岛市提升公共服务的覆盖面和质量。青岛的政策文件指出,将增加对教育、医疗、社会保障等公共服务领域的投入,提高服务的可及性和公平性。例如,在教育方面,加大对贫困地区学校的资金支持,提升教育资源的分配公平性;在医疗方面,扩大基本医疗保险覆盖范围,降低医疗费用对低收入家庭的影响。住房保障:青岛市积极推进保障性住房建设。青岛的政策文件提到,将扩大保障性住房的供应,改善低收入家庭的住房条件。通过政策支持,降低购房门槛,提供更多的租赁住房选择,确保所有市民都能享有基本的居住权利。推动区域协调发展:青岛市致力于促进区域之间的协调发展,通过政策扶持和资金投入,推动经济欠发达地区的发展,缩小区域之间的发展差距,例如,支持青岛周边地区的基础设施建设,促进区域经济的联动发展。

据悉,青岛市严格落实"四个不摘"要求,这一政策核心是确保脱贫攻坚成果的稳固性和可持续性,重点关注巩固脱贫成果、拓展脱贫成效、衔接后续保障三个关键环节,确保不返贫底线任务的全面实现[①]。在这一过程中,青岛市凝心聚力,加强组织领导,确保各项脱贫政策和措施得到有效执行。强化监测预警是青岛市落实不返贫底线任务的关键环节。市政府建立了完善的监测系统,确保能够早发现、早干预、早帮扶,及时掌握脱贫人口的动态变化。通过数据分析和定期排查,青岛市能够及时识别潜在的返贫风险,并采取针对性的措施进行干预,从而防止任何脱贫户因经济波动或其他原因重新陷入贫困。

在增加脱贫户收入方面,青岛市将提升脱贫户的经济收入作为主攻方向,实施了一系列实效举措。对符合条件的脱贫人口,青岛市将其纳入低保兜底保障范围,确保每位脱贫户能够享有必要的基本生活保障。具体措施包括将农村低保标准提高至每人每月791元,显著提升了脱贫户的生活保障水平,为他们提供了稳定的经济支持。

为了持续提升脱贫成效,青岛市在提高脱贫人口收入方面取得了显著成绩。全市2.1万名脱贫人口的人均纯收入已提升至16251元,显示了脱贫政策的成效和贫困人口经济状况的改善。此外,青岛市还不断提升"三保障"即基本医疗、教育和住房保障及饮水安全保障水平,确保脱贫人口的基本生活需求得到满足,并且在生活质量上得到持续改进。

通过上述措施,青岛市不仅致力于巩固脱贫成果,还不断拓展和提升脱贫工作的深度和广度。市政府将继续强化政策执行,确保所有脱贫户都能享有长期稳定的经济支持和生活保障,从而实现全面脱贫和共同富裕的目标。

2."青岛生态林":协作甘肃定西、陇南以及省内帮扶菏泽

在青岛市的协作战略中,推动乡村振兴和巩固脱贫成果是核心目标之一。青岛市围绕黄河流域生态保护合作项目,持续推进"青岛生态林"的建设,并根据

---

① 开局之年,青岛强信心起好步 | 青岛:向着共同富裕进发[N]. 青岛日报,2023-02-23.

协作地的资源优势,致力于帮助延链补链,以此推动当地经济的全面发展。与此同时,青岛市还加大了对教育和医疗人才的"组团式"帮扶,增强了协作地在这些关键领域的支持力度,确保乡村振兴工作能够得到有效落实。

青岛市实施的"青岛生态林"项目不仅是协作定西贯彻"绿水青山就是金山银山"理念的具体体现,也是推动定西乡村振兴的惠民工程。生态林的建设是青岛市与定西市携手合作的重要成果,展示了绿色发展与脱贫攻坚相结合的实践效果。这一项目不仅改善了定西市的生态环境,还大力促进了当地的经济发展。自生态林建设以来,共吸纳了 4.5 万余个用工机会,直接惠及了 1002 户农户,为他们发放了 501.9 万元的劳务补助,真正实现了脱贫攻坚成果的巩固与生态建设的"双赢"。

在过去两年里,青岛市在东西部协作中取得了显著成效。青岛市为定西和陇南安排了 712 个财政资金援助项目,总投入显著。社会各界也积极参与,共累计捐款捐物达到 2.2 亿元,这为定西和陇南的脱贫攻坚工作提供了强有力的资金支持。青岛市还派遣了 1044 名技术人员前往甘肃,开展"传、帮、带"活动,累计培训了 9334 名甘肃脱贫人口,帮助 5254 人次的脱贫人口成功到山东(青岛)就业。同时,青岛市还致力于培训乡村振兴干部 14183 人次、专业技术人才 32782 人次,进一步提升了协作地的综合能力和发展水平。

对菏泽市的援助也是青岛市协作工作的一个重要方面。青岛市在两年内投入了 3.32 亿元资金,新实施了 86 个帮扶项目,并持续推进产业合作。青岛市在菏泽市的企业数量已经达到 55 家,其中青啤集团、兆明针织、即发集团等 20 余家企业的新投资近 3 亿元。这些投资不仅为菏泽市带来了经济增长的新动力,也为当地提供了更多的就业机会和发展空间。

青岛市通过持续推进生态保护、产业合作和人才培训等多方面措施,不仅推动了协作地的经济社会发展,也为全面实现乡村振兴和脱贫攻坚目标奠定了坚实基础。这些举措体现了青岛市在东西部和省内协作工作中的积极作为和战略布局,为其他地区提供了有益的经验和借鉴。

3. 城阳区:70% 以上的财力用于民生,高分入选示范区

近年来,城阳区持续将 70% 以上的财力用于民生,创新实施三个"由市民说

了算"(即民生资金往哪花? 由市民说了算;民生实事干哪些? 由市民说了算;干部作风效率怎么样? 由市民说了算),开展"政府工作怎么干"金点子征集,2022年吸收采纳 4641 条,列入民生项目实事 81 条,2023 年新征集建议 1.1 万条,经过梳理纳入政府各项工作计划。到 2023 年底,年初确定的 9 件 24 项区办实事基本完成,当年见效,高分入选山东省共同富裕先行示范区、绿色低碳高质量发展先行区综合性区域试点[①]。

城阳区正在实施一系列城市更新措施,旨在让市民的生活更加宜居和便利。通过将城阳和流亭街道全域纳入主城区管理,青岛市系统推进了"12＋10＋8＋5"路域环境整治计划,覆盖了主要交通干道和街区,着力创建 30 条精品道路。这一整治计划的重点之一是靖城路的改造,该项目因其卓越的规划和实施效果获评为山东省示范项目。此外,青春足球场周边的环境也有了精彩蝶变,显著提升了区域的环境品质。青岛西高速口的改造则有力塑造了青岛市的门户形象,提升了城市的整体面貌和吸引力。

为了进一步提升城市的宜居性,青岛市专门拨出 1000 万元专项资金,按照城市社区的标准对农村社区进行改造。这一举措使得农村人居环境整治提升进入了全市前列,共建成了 28 个美丽乡村。其中,棉花社区和青峰社区被成功创建为首批全国美丽宜居村庄,这不仅提高了农村居民的生活质量,还为其他地区的农村社区改造提供了宝贵的经验。此外,青岛市大力推进公共服务设施建设,致力于让民生福祉得到显著提升。2023 年,青岛市新建的 9 所学校全部于 9 月份顺利开学,创下历年之最。这些新建学校的投入使用大大缓解了教育资源不足的问题。区内公办高中数量也历史性地增加到了 5 所,显著提升了教育资源的供给能力和质量。这一系列举措不仅满足了日益增长的教育需求,还为学生提供了更优质的学习环境,推动了教育公平和社会进步。

4. 泊里镇、海青镇:获评青岛市共同富裕先行先试特色乡镇

近日,青岛市发展改革委公布共同富裕先行先试特色乡镇(街道)名单,涉及8 项促共富模式,涵盖 10 个镇街。其中,西海岸新区泊里镇发展质效提升促共富模式和海青镇乡村振兴赋能促共富模式榜上有名,获评青岛市共同富裕先行

---

① 高分入选山东省共同富裕先行示范区 青岛市城阳区持续答好民生答卷.齐鲁网,2023-11-30.

先试特色乡镇[①]。

　　泊里镇凭借强大的产业发展实力,致力于港产城融合的战略布局,成功打造了以冶金化工、海洋装备、新材料和新能源为核心的优势产业集群。这些产业集群不仅支撑了地方经济的强劲增长,也为区域经济的持续发展奠定了坚实基础。2023 年,泊里镇的规上工业企业产值达 655.4 亿元,标志着镇域经济在全省范围内取得了领先地位,展示了其在工业化和经济增长方面的显著成就。

　　在产业发展之外,泊里镇还非常注重土地资源的集约利用。通过有效推进土地清腾和搬迁工作,确保了重点项目能够顺利落地,进一步推动了区域经济的高质量发展。镇政府在土地利用上的策略有效优化了资源配置,提升了土地使用效率,为新兴产业的发展腾出了宝贵的空间。此外,泊里镇积极发展数字经济,推动消费提质升级,成功打造了网红经济名片,吸引了大量的消费者和投资者。数字经济的发展不仅促进了地方商业活动的繁荣,也在提升居民收入水平方面发挥了积极作用。

　　海青镇则通过深入推进三产融合、产镇融合和茶旅融合,开辟了一条具有独特特色的乡村振兴之路。海青镇以茶产业为核心,制定了高质量的发展策略,全面提升了茶产业的附加值。通过全链条的产业发展模式,从茶叶种植、加工到销售,形成了完整的茶产业发展集群。这种模式不仅提高了产品的市场竞争力,也为当地经济注入了新的活力。

　　为了进一步推动共同富裕,海青镇成立了共富公司,积极撬动各类资金用于共富项目建设。共富公司致力于推动共富茶食工坊和共富生态茶园等项目,这些项目不仅增强了地方经济的多样性,还带动了就业和收入增长,为共同富裕注入了新的活力。共富项目的实施不仅改善了居民的生活条件,还促进了地方经济的可持续发展,为乡村振兴战略的成功实施提供了有力支持。

　　泊里镇和海青镇通过各自特色的发展模式,展示了区域经济和乡村振兴的多样化路径。这些成功经验不仅为本地经济发展提供了有效的解决方案,也为其他地区提供了有益的借鉴。

---

① 西海岸新区:新区两个镇获评青岛市共同富裕先行先试特色乡镇[N].西海岸新区,2024-06-12.

6.2 数字经济

2023 年全国两会期间,习近平总书记指出,要大力发展战略性新兴产业,加快发展数字经济。政府工作报告也明确,要大力发展数字经济,提升常态化监管水平,支持平台经济发展。同时,新组建的国家数据局将统筹推进数字中国、数字经济、数字社会规划和建设等。这表明,数据要素的作用将进一步凸显,数字经济有望步入发展快车道,释放更强劲动能。国家统计局、工信部等发布的最新数据显示,2023 年工业互联网核心产业规模达 1.35 万亿元,工业互联网覆盖全部工业大类;5G 应用融入 97 个国民经济大类中的 71 个,2023 年 5G 直接带动经济总产出 1.86 万亿元,比 2022 年增长 29%;云计算、大数据等技术创新能力位于世界第一梯队,人工智能企业数量超过 4000 家;数字经济核心产业销售收入同比增长 8.7%,较 2022 年提高 2.1 个百分点。此外,在多地公布的 2024 年发展路线图中,数字经济也多被作为发展着力点之一。

到 2023 年底,从 ChatGPT 横空出世,到带动海内外众多大模型产品加快布局,再到大语言模型技术更新,从文字、图文、多模态到最新的视频内容生成等一系列技术迭代和产业布局风暴,生成式 AI 已经引起了新一轮的技术变革,逐渐推动新的技术范式转变。以 ChatGPT 为代表的人工智能大模型技术的巨大跃升将掀起一场新的工业革命,这也表明数字经济已经成为一场"无法逃避的变革",对我国加速实现从追赶到超越追赶这一战略进程具有重要意义。

基于这一认识,本蓝皮书结合已有创新型经济评价体系,选取代表性指标,考察本书收录的城市在数字经济方面的表现情况。

6.2.1 内涵与构成

自 2015 年我国提出"国家大数据战略"以来,推进数字经济发展和数字化转型的政策不断深化和落地。2017 年以来,"数字经济"已经被五度写入政府工作报告,其内涵也在不断演化。2017 年,政府工作报告提出要"促进数字经济加快成长";2018 年的政府工作报告虽然没有提及"数字经济",但首次提出了"数字中国"建设,这被解读为"数字经济"的进一步延伸;2019年的政府工作报告指出要"壮大数字经济";2020年则明确提出"全面推进'互联网＋',打造数字经济新优势";2021年,"数字经济"和"数字中国"在政府工作报告中同时出现,增加了"数字产业化和产业数字化""数字社会""数字政府""数字生态"等内容;2022年的政府工作报告再次提出,"加强数字中国建设整体布局。建设数字信息基础设施,逐步构建全国一体化大数据中心体系,推进5G规模化应用,促进产业数字化转型,发展智慧城市、数字乡村。加快发展工业互联网,培育壮大集成电路、人工智能等数字产业,提升关键软硬件技术创新和供给能力。完善数字经济治理,培育数据要素市场,释放数据要素潜力,提高应用能力,更好赋能经济发展、丰富人民生活。"2023年,政府工作报告强调,大力发展战略性新兴产业,加快发展数字经济。政府工作报告也明确提出,大力发展数字经济,提升常态化监管水平,支持平台经济发展。同时,新组建的国家数据局将统筹推进数字中国、数字经济、数字社会规划和建设等。这表明,数据要素的作用将进一步凸显,数字经济有望步入发展快车道,释放更强劲动能。

本蓝皮书基于投入—产出逻辑,以客观性、可量化性、可获得性为标准,确立以数字基础和数字创新活力为评价维度。

数字基础评价维度用以反映信息网络等新型基础设施建设情况。该维度包含3项三级指标。具体地,以"固网宽带应用渗透率"和"移动网络应用渗透率"作为衡量该城市在信息传播扩散方面的基础设施投入能力以及信息交流的即时性、互动性;以"工业互联网示范项目数量"衡量该城市数字技术渗透融合的程度。

数字创新活力评价维度用以反映数字城市建设成果,即数字产业化和产业数字化、数字社会建设和数字政府建设水平。该维度包含4项三级指标。具体地,以"数字产业活力"衡量一个城市以数据赋能为主线,对产业链上下游的全要素数字化升级、转型和再造的水平;以"数字消费活力"反映数字技术在日常消费中的渗透程度,从而衡量数字社会建设程度;以"数字政务活力"衡量地方政府智普惠化、便捷化、智能化服务的能力;以"数字文化活力"衡量人民群众通过数字技术或手段满足精神文化需要的程度。

6.2.2　评价比较

1. 总体水平

本蓝皮书依据数字基础和数字创新活力两个维度的得分情况,分别对本书收录的 105 个城市进行排名。图 6-5 刻画了各个城市在数字经济两个重要维度上的表现,即各个城市在两个维度的排名情况。其中,横轴反映了"数字基础"水平,纵轴反映了"数字创新活力"水平。

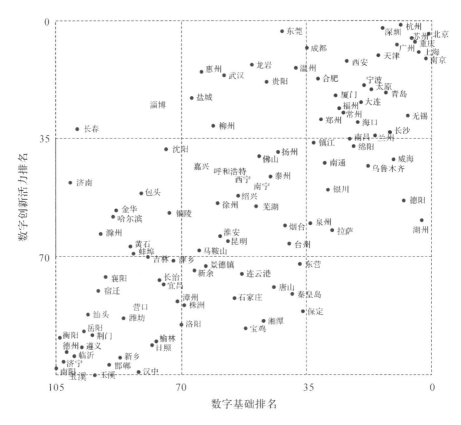

图 6-5　城市数字基础和数字创新活力排名分布

具体来看,在 105 个收录城市中,北京、上海、深圳、广州、重庆、苏州、成都、杭州、南京、天津、宁波、青岛、无锡、长沙、郑州、合肥、福州、西安、常州、大连、厦门、南昌、太原、兰州、海口这 25 个城市综合表现出色,在数字基础和数字创新活力维度的排名均位列前三分之一(前 35 位)。从区位来看,这些城市主要分布在长三角和珠三角经济圈,其中,有 16％的城市属于江苏省,8％的城市属于浙江省,8％的城市属于广东省,8％的城市属于福建省。这些城市在以网络通信、大数据、云计算、区块链、人工智能、量子科技、物联网以及工业互联网等数字技术为主要应用的新型基础设施建设方面有较高水平,同时能够高效地促进数字技术在产业、消费、政务、社会等方面的应用,推动数字生态城市建设。

此外,德阳和湖州这 2 个城市在数字基础维度有出色的表现,但对数字创新活力维度兼顾不足。长春和淄博这 2 个城市在数字创新活力维度有出色的表现,但对数字基础维度兼顾不足。潍坊、洛阳、临沂、襄阳、漳州、济宁、宜昌、榆林、岳阳、南阳、遵义、邯郸、衡阳、宿迁、德州、新乡、汕头、玉溪、日照、荆门、长治、汉中、吉林、营口、萍乡这 25 个城市综合表现有待提高,在数字基础和数字创新活力维度均位列末三分之一(末 35 位)。

从创新效率来看,数字基础与数字创新活力之间呈现出正相关关系,即数字基础设施水平能够促进数字创新活力水平。具体来看,东莞、龙岩、武汉、惠州、盐城、淄博、长春和济南虽然在数字基础维度有待提高,但其数字基础设施投入转化为数字创新活力的效率较高(图 6-5 阴影上方圆圈);德阳、湖州、秦皇岛、保定、湘潭、宝鸡和汉中虽然在数字基础维度投入较多,但其转化为数字创新活力产出的效率较低(图 6-5 阴影下方圆圈)。

2. 数字基础水平

在数字基础维度得分上,排名位列前三分之一(前 35 位)的城市分别为北京(72.34 分)、南京(67.14 分)、湖州(59.04 分)、上海(57.11 分)、重庆(54.88 分)、苏州(53.89 分)、无锡(50.19 分)、德阳(50.08 分)、杭州(47.23 分)、广州(47.04 分)、威海(45.81 分)、长沙(44.73 分)、青岛(44.11 分)、深圳(43.78 分)、天津(42.96 分)、兰州(42.87 分)、太原(42.51 分)、乌鲁木齐(42.02 分)、宁波(41.23 分)、大连(40.74 分)海口(40.68 分)、绵阳(40.59 分)、南昌(40.38 分)、西安(38.71 分)、常州(38.68 分)、福州(38.27 分)、厦门(38.15 分)、拉萨(37.65 分)、银川(37.41 分)、南通(37.25 分)、郑州(37.09 分)合肥(36.9 分)、镇江(36.74 分)、泉州(36.62 分)和成都(35.97 分)。各城市数字基础维度得分如表 6-3 所示。

表 6-3　各城市数字基础维度得分

城市	得分	城市	得分	城市	得分
北京	72.34	保定	35.90	漳州	27.90
南京	67.14	东营	35.78	萍乡	27.46
湖州	59.04	温州	35.75	铜陵	27.37
上海	57.11	秦皇岛	35.35	沈阳	27.28
重庆	54.88	台州	35.20	宜昌	27.14
苏州	53.89	烟台	34.82	长治	26.96
无锡	50.19	东莞	34.71	榆林	26.23
德阳	50.08	扬州	34.43	日照	26.02
杭州	47.23	唐山	34.28	吉林	25.85
广州	47.04	泰州	34.12	淄博	25.70
威海	45.81	贵阳	33.98	包头	25.60
长沙	44.73	湘潭	33.89	汉中	25.30
青岛	44.11	佛山	33.27	蚌埠	25.11
深圳	43.78	芜湖	33.25	黄石	24.83
天津	42.96	龙岩	33.13	营口	24.68
兰州	42.87	南宁	33.13	潍坊	24.50
太原	42.51	宝鸡	32.90	新乡	24.02
乌鲁木齐	42.02	连云港	32.26	金华	23.81
宁波	41.23	绍兴	32.25	哈尔滨	23.63
大连	40.74	石家庄	32.07	邯郸	23.62
海口	40.68	西宁	31.70	襄阳	23.22
绵阳	40.59	昆明	31.65	滁州	22.98
南昌	40.38	武汉	31.24	宿迁	22.92
西安	38.71	淮安	31.07	玉溪	22.79
常州	38.68	徐州	31.04	荆门	22.70
福州	38.27	柳州	30.95	汕头	22.69

城市	得分	城市	得分	城市	得分
厦门	38.15	呼和浩特	30.93	岳阳	22.25
拉萨	37.65	景德镇	30.89	遵义	21.76
银川	37.41	惠州	30.87	长春	21.60
南通	37.25	马鞍山	30.33	临沂	21.59
郑州	37.09	新余	30.33	济南	21.00
合肥	36.90	盐城	29.65	德州	20.89
镇江	36.74	嘉兴	29.34	济宁	20.25
泉州	36.62	株洲	29.08	衡阳	20.02
成都	35.97	洛阳	28.29	南阳	17.26

3. 数字创新活力水平

在数字创新活力维度得分上,排名位列前三分之一(前 35 位)的城市分别为杭州(55.02 分)、深圳(49.88 分)、东莞(47.39 分)、北京(41.16 分)、苏州(34.58分)、重庆(33.19 分)、广州(32.18 分)、成都(31.41 分)、上海(31.21 分)、天津(30.75 分)南京(30.4 分)、西安(28.28 分)、龙岩(28.23 分)、温州(27.67 分)、惠州(27.51 分)、武汉(26.43 分)、合肥(25.54 分)、贵阳(23.38 分)、宁波(23.32分)、太原(23.29 分)、青岛(23.2 分)、厦门(22.2 分)、盐城(21.78 分)、大连(21.5 分)、淄博(21.47 分)、福州(20.03 分)、常州(18.69 分)、无锡(17.91 分)、郑州(17.86 分)、海口(16.51 分)、柳州(16.06 分)、长春(15.73 分)、长沙(14.42分)、兰州(14.29 分)和南昌(13.15 分)。各城市数字创新活力维度得分如表 6-4所示。

表 6-4　各城市数字创新活力维度得分

城市	得分	城市	得分	城市	得分
杭州	55.02	镇江	12.93	萍乡	6.67
深圳	49.88	绵阳	12.32	东营	6.57
东莞	47.39	沈阳	11.82	景德镇	6.49

续表

城市	得分	城市	得分	城市	得分
北京	41.16	扬州	11.67	新余	6.45
苏州	34.58	佛山	11.52	连云港	6.44
重庆	33.19	威海	11.31	襄阳	6.33
广州	32.18	南通	11.05	长治	6.12
成都	31.41	乌鲁木齐	10.78	宜昌	6.08
上海	31.21	嘉兴	10.52	唐山	5.96
天津	30.75	呼和浩特	10.47	宿迁	5.80
南京	30.40	泰州	10.12	秦皇岛	5.78
西安	28.28	西宁	10.06	石家庄	5.66
龙岩	28.23	济南	10.03	漳州	5.55
温州	27.67	南宁	9.83	株洲	5.36
惠州	27.51	银川	9.69	营口	5.23
武汉	26.43	包头	9.67	保定	5.12
合肥	25.54	绍兴	9.26	汕头	5.01
贵阳	23.38	德阳	9.15	潍坊	4.87
宁波	23.32	徐州	8.91	湘潭	4.84
太原	23.29	芜湖	8.57	洛阳	4.71
青岛	23.20	金华	8.48	宝鸡	4.69
厦门	22.20	铜陵	8.43	岳阳	4.47
盐城	21.78	哈尔滨	8.39	荆门	4.20
大连	21.50	湖州	8.20	衡阳	4.14
淄博	21.47	泉州	8.07	榆林	4.14
福州	20.03	烟台	7.99	日照	3.90
常州	18.69	拉萨	7.97	遵义	3.90
无锡	17.91	滁州	7.74	德州	3.67
郑州	17.86	淮安	7.73	临沂	3.60

续表

城市	得分	城市	得分	城市	得分
海口	16.51	昆明	7.56	新乡	3.56
柳州	16.06	台州	7.42	济宁	3.46
长春	15.73	黄石	7.13	邯郸	3.25
长沙	14.42	马鞍山	7.03	南阳	3.14
兰州	14.29	蚌埠	6.90	汉中	2.98
南昌	13.15	吉林	6.70	玉溪	2.08

　　本蓝皮书选取该维度位列前三分之一的城市,对数字创新活力维度下的"数字产业活力""数字消费活力""数字政务活力""数字文化活力"进行进一步分析,得分如图 6-6 所示。

　　在数字产业活力方面,深圳(100 分)得分遥遥领先,反映了这个城市在数字产业化和产业数字化方面表现相对较好。在数字消费活力方面,杭州(100 分)得分稳居第一,反映了这个城市具有较强的数字消费潜力。在数字政务活力方面,重庆(100 分)和成都(77.85 分)表现突出,反映了其政务领域的数字化进入较高水平,居民可以享受到数字化政务的便利。在数字文化活力方面,龙岩(100分)在该指标得分排名入选城市第一,反映数字文化已经成为大众文化消费和信息消费的主流形态,深刻渗透着大众的生活方式、社交方式和表达方式。

6.2.3　杭州:"数字之城",奔赴未来

　　加快发展数字经济是我国把握新一轮科技革命和产业变革新机遇的战略选择,是我国建设现代化产业体系、推动经济高质量发展的战略部署,也是今后 5 年我国经济工作的重点任务。专家认为,受政策、投资、技术、市场等多重利好因素驱动,我国数字经济迎来前所未有的发展机遇。赛智产业研究院院长赵刚分析,支持数字经济发展的政策工具将组合发力。按照《数字中国建设整体布局规划》,5G 网络、千兆光网、算力中心等一批数字基础设施重大项目将加快投资和建设,并吸引和带动更多社会投资,促进数字经济快速发展。随着集成电路、人工智能、量子信息等技术的创新突破,以及数字技术与经济、政治、文化、社会、生

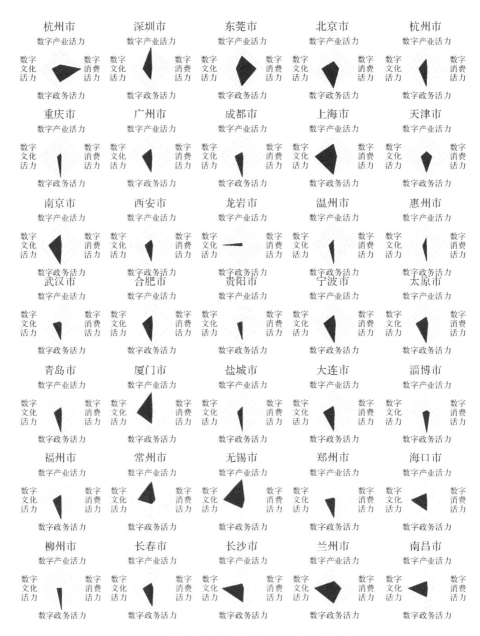

图 6-6　数字创新活力维度前 1/3 城市得分分布

态文明建设的深度融合,数字经济将涌现更多新业态新应用,也将激发出市场对数字产品和服务的更大需求。

2023 年,面对复杂严峻的国内外形势,杭州信心满满,GDP 一举跃上 2 万亿元新台阶,拉长了一路向好的延长线。这背后,有数字赋能高质量发展,驱动新经济滚滚向前。2023 年,杭州实现数字经济核心产业增加值 5675 亿元,对 GDP 的贡献进一步提升,占比提升至 28.3%。杭州数字化动能展现出澎湃动力。

1. 乘风——在复杂经济周期里绽放"数字之花"

杭州,因"数"而兴。在日新月异的数字技术里,感受杭州数字经济的硬核支撑力。数字时代,新型算力中心等"新基建",以及软件信息产业、集成电路产业是发展数字经济的必要物质基础和关键支撑。在这些方面,杭州都具备先发优势和长效积累。在算力方面,浙江算力中心、之江实验室智算资源等一批先进算力设施正在杭州逐步落地建设;中国(杭州)算力小镇已落地启用,以算力企业为支撑、算力赋能为特色的数字科技产业体系正在加快形成;此外,杭州还拥有全球排名第三的云厂商阿里云。在数据方面,杭州已在全国率先通过城市大脑建设打通政府间数据孤岛;同时,杭州布局建设"中国数谷",率先成立杭州数据交易所,为数据要素改革和数据产业发展按下"快进键"。

杭州软件信息服务产业发展迅猛。2023 年,杭州以信息软件业为主体的营利性服务业增加值增长 9.3%,比上年加快 7.7 个百分点,为数字经济稳中有进贡献了强大动力。数字经济核心制造业发展也渐入佳境。2023 年,杭州数字经济核心产业制造业增加值增长 4.5%。

2. 破浪——在创新融合中迸发破局力量

杭州,因"数"而强。在恢复向好的数字产业里,平台经济、电商经济再次发力引领,发展态势稳健向好,成为引领杭州数字经济发展的重要引擎。据不完全统计,杭州目前有百余家平台企业,已形成以阿里巴巴、海康威视、新华三等为龙头,上市公司和独角兽企业为中坚,"双创"为支撑的雁形平台企业群。过去的一年里,杭州先后与阿里巴巴、吉利、网易、新华三等大厂签订战略合作协议。在"龙头们"的带动下,以平台经济、电商经济为牵引,推动数字经济逆势而上、跃升提质。

在扩面提质的数实融合场景里,感受杭州数字经济的创新动能,数字化正在催生各类新应用、新场景、新体验,赋能千行百业。当下的杭州工厂车间,数字化改革风吹正劲。在这些工厂里,你可以看见 5G、人工智能、区块链、数字孪生等新兴数字技术与先进制造业技术的前瞻应用、完美融合。"智能工厂""数字化车间""未来工厂"……一个个"新名词"背后,是一家家工厂的华丽转身。加"数"奔跑,杭州制造正乘势而上,向"新"而行,为发展数字经济打开更大发展空间。

3.向未来——在更大力度的进军中构筑新优势

向新进军,"数字之城"发起全新进击。新的征程,需要在高质量发展中勃发新气象,但这一过程不可能是鲜花掌声中的坐享其成。2022 年 9 月,杭州召开全市数字经济高质量发展大会,喊出"高水平重塑全国数字经济第一城"的口号。2023 年 5 月,杭州召开数字经济创新提质"一号发展工程"大会,为数字经济未来发展举旗定向。在不到一年的时间里,杭州再开数字经济重磅大会,足见重视程度。

踏破荆棘,必遇繁花。重塑"全国数字经济第一城",提能级、拓赛道、促融合,杭州正以更大力度、更优举措,构筑竞争新优势。谋划新型数字基建,夯实硬支撑。杭州市委十三届五次全会明确,到 2025 年全市算力总量将达到 5.8EFLOPS,智慧高效的人工智能算力网络体系初步形成,实现规上工业企业数字化改造全覆盖。更多新基建即将投入运营:超重力大科学设施预计在 2025 年试运营;极弱磁大科学设施未建先动,已开始产业孵化。布局数据市场建设,打造新引擎。杭州正在争创国家数据要素市场化配置综合改革试点,探索推进"规则＋市场＋生态＋场景"四位一体综合改革,以点带面赋能产业,培育数字经济发展新引擎。除提前布局中国数谷、成立杭州数据交易所外,杭州还在第二届全球数贸会上发布《构建数据要素发展统一大市场杭州倡议书》,倡议打破城市数据要素壁垒,共推全域数字经济发展。

加快数实融合,激发新动能。优化产业生态,以头部企业为"链主"将更多腰部、尾部企业"链"入数字链,"圈"进产业圈,不断做强最优数字经济。

杭州正在谋划打造万亿级智能物联产业圈,其中包括以视觉智能、云计算大数据、网络通信等优势基础作为主攻方向,形成产业生态圈。这些主攻方向,也正是杭州数字经济的重要组成部分。新技术、新市场、新产业融合兴盛,构筑新优势,"数字之城"杭州,奔赴新未来[①]。

6.3 绿色发展

"双碳"目标为中国经济社会高质量发展提供了方向指引,是一场广泛而深刻的经济社会系统性变革。2021 年 10 月 24 日,中共中央、国务院印发《关于完整准确全面贯彻新发展理念做好碳达峰碳中和工作的意见》。作为碳达峰碳中和"1+N"政策体系中的"1",该意见为碳达峰碳中和这项重大工作进行系统谋划、总体部署。根据该意见,到 2030 年,经济社会发展全面绿色转型取得显著成效,重点耗能行业能源利用效率达到国际先进水平。到 2060 年,绿色低碳循环发展的经济体系和清洁低碳安全高效的能源体系全面建立,能源利用效率达到国际先进水平,非化石能源消费比重达到 80% 以上。

中国推进碳达峰、碳中和,应放在推动高质量发展和全面实现现代化的战略大局和全局中综合考虑,按照源头防治、产业调整、技术创新、新兴培育、绿色生活的路径,加快实现生产生活方式绿色变革,推动如期实现"双碳"目标。基于这一认识,本蓝皮书结合已有创新型经济指标评价体系,选取代表性指标,考察本书收录的城市推进减污降碳,进行"绿色发展"方面的表现情况。

6.3.1 内涵与构成

绿色发展是以人与自然和谐为价值取向,以绿色低碳循环为主要原则,以生态文明建设为基本抓手,建立在生态环境容量和资源承载力的约束条件下,将环境保护作为实现可持续发展重要支柱的一种新型发展模式[②]。本蓝皮书以城市平衡污染源头防治和末端污染治理的水平为考察目标,以客观性、可量化性、可

---

① 中共杭州市委 杭州市人民政府. 进阶之路——"数字之城",奔赴未来[EB/OL]. https://www.hangzhou.gov.cn/art/2024/1/30/art_812262_59093159.html.

② 人民日报.坚持绿色发展(深入学习贯彻习近平同志系列重要讲话精神)(2015 年 12 月 22 日 07 版)[N/OL]. http://opinion.people.com.cn/n1/2015/1222/c1003-27958390.html.

获得性为标准,确立源头治理和末端治理为评价维度。

源头治理维度反映了严控高耗能、高污染"两高"项目,严把新建、改建、扩建高耗能、高排放项目的环境准入关,从源头削减污染物的水平。该维度包含 1 项三级指标,即"单位 GDP 能耗"作为当地产业发展中污染物源头控制情况的衡量依据,利用单位 GDP 煤气、天然气、液化石油气供气总量来测量。

末端治理维度反映了采用创新工艺流程、改进现有设备等方式,精准、科学、依法、系统治污,长效改善环境质量,提升资源循环利用效率和节能减排的水平。该维度包含 3 项三级指标。具体地,以"废水废物处理能力"衡量城市污水集中收集处理、生活垃圾无害化处理设施的配套程度和处理能力;以"园林绿化覆盖率"衡量城市生态环境良性循环的能力;碳中和的目标和空气质量改善的目标高度一致,本蓝皮书以"空气质量指数"衡量城市整体减污降碳能力。

6.3.2 评价比较

1. 总体水平

本蓝皮书依据源头治理和末端治理两个维度的得分情况,分别对本书收录的 105 个城市进行排名。图 6-7 刻画了各个城市在绿色发展两个重要维度上的表现,即各个城市在两个维度的排名情况。其中,横轴反映了源头治理水平,纵轴反映了末端治理水平。

具体来看,在 105 个收录城市中,泉州、福州、东莞、烟台、漳州、岳阳、衡阳、威海、龙岩、玉溪和新余 11 个城市综合表现出色,在源头治理和末端治理维度的排名均位列前三分之一(前 35 位)。这些城市在严把新建、改建、扩建高耗能、高排放项目的环境准入关的同时,能够精准、科学、依法、系统治污,全面推动创新经济可持续发展。

此外,新乡、徐州、济宁、襄阳、荆门、德州、扬州、南阳、潍坊、株洲和保定这 11 个城市在源头治理维度取得了出色的表现,但对末端治理维度兼顾不足。佛山、南宁、汕头、萍乡、拉萨、大连、景德镇、海口、北京、吉林和深圳这 11 个城市在末端治理维度取得了出色的表现,但对源头治理维度兼顾不足。上海、成都、杭州、天津、西安、哈尔滨、太原、榆林、淄博、乌鲁木齐、兰州、秦皇岛、黄石和西宁这

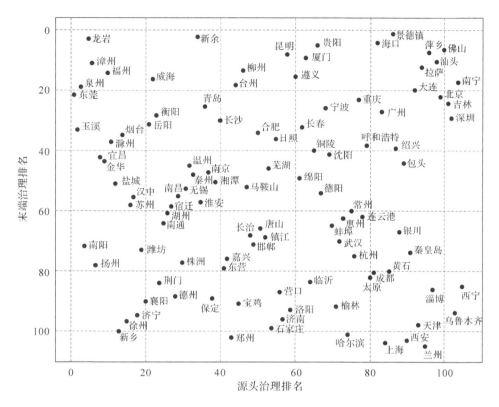

图 6-7　城市源头治理和末端治理得分排名分布

14 个城市综合表现有待提高,在源头治理和末端治理维度均位列末三分之一(末 35 位)。

2.源头治理

在源头治理维度得分上,排名位列前三分之一(前 35 位)的城市分别为东莞(100 分)、玉溪(97.16 分)、泉州(97.08 分)、南阳(97.06 分)、龙岩(96.87 分)、漳州(96.74 分)、扬州(96.58 分)、宜昌(96.36 分)、金华(96.08 分)、福州(96.04分)、滁州(95.57 分)、盐城(95.44 分)、新乡(95.18 分)、烟台(95.02 分)、徐州(94.97 分)、苏州(94.94 分)、汉中(94.91 分)、济宁(94.90 分)、潍坊(94.70 分)、襄阳(94.68 分)、岳阳(94.65 分)、威海(94.61 分)、衡阳(94.59 分)、荆门(94.56分)、南通(94.55 分)、湖州(94.48 分)、宿迁(94.37 分)、德州(94.06 分)、南昌(94.01 分)、株洲(93.95 分)、无锡(93.76 分)、温州(93.39 分)、泰州(93.36 分)、

新余(93.11分)和淮安(92.81分)。各城市源头治理维度得分如表6-5所示。

表6-5 各城市源头治理维度得分

城市	得分	城市	得分	城市	得分
东莞	93.83	青岛	77.89	榆林	68.92
玉溪	93.27	南京	77.75	武汉	67.97
泉州	93.10	保定	77.44	惠州	67.61
南阳	89.73	湘潭	77.11	哈尔滨	66.94
龙岩	89.49	长沙	77.02	常州	66.25
漳州	88.26	东营	76.86	杭州	66.05
扬州	88.02	嘉兴	76.75	重庆	65.90
宜昌	87.45	郑州	76.24	连云港	65.71
金华	87.43	台州	76.09	呼和浩特	65.45
福州	86.81	宝鸡	75.95	太原	65.43
滁州	86.28	柳州	75.56	成都	65.26
盐城	86.09	马鞍山	74.94	海口	64.88
新乡	85.91	长治	74.88	广州	64.54
烟台	85.76	邯郸	74.52	上海	64.47
徐州	85.61	合肥	74.16	黄石	63.56
苏州	84.83	唐山	74.00	景德镇	62.62
汉中	84.30	镇江	73.60	绍兴	61.96
济宁	83.99	芜湖	73.57	银川	61.83
潍坊	83.26	石家庄	73.09	包头	61.49
襄阳	83.11	日照	72.86	西安	60.58
岳阳	82.83	营口	72.69	秦皇岛	58.56
威海	82.75	济南	72.39	大连	57.84
衡阳	82.36	昆明	72.36	天津	57.80
荆门	82.23	洛阳	72.31	拉萨	57.71
南通	82.22	遵义	72.26	兰州	57.61

城市	得分	城市	得分	城市	得分
湖州	80.79	绵阳	72.22	萍乡	57.44
宿迁	80.72	长春	72.12	淄博	57.19
德州	80.46	厦门	71.93	汕头	56.88
南昌	79.15	临沂	71.85	北京	55.85
株洲	79.09	铜陵	71.81	佛山	53.63
无锡	78.95	贵阳	71.75	吉林	52.15
温州	78.62	德阳	71.51	深圳	51.27
泰州	78.49	宁波	71.37	乌鲁木齐	50.32
新余	78.44	沈阳	70.16	南宁	50.25
淮安	78.38	蚌埠	69.36	西宁	47.45

3. 末端治理

在末端治理维度得分上，排名位列前三分之一（前 35 位）的城市分别为景德镇（88.95 分）、新余（84.84 分）、龙岩（80.49 分）、海口（80.17 分）、贵阳（80.16 分）、佛山（80.04 分）、萍乡（79.49 分）、昆明（79.25 分）、厦门（79.25 分）、汕头（78.82 分）、漳州（78.64 分）、拉萨（78.42 分）、柳州（75.52 分）、福州（75.48 分）、遵义（75.25 分）、威海（75.09 分）、南宁（75.05 分）、台州（74.84 分）、泉州（74.51 分）、大连（74.34 分）、东莞（73.82 分）、北京（73.15 分）、重庆（72.62 分）、吉林（72.57 分）、青岛（72.10 分）、宁波（71.81 分）、广州（71.79 分）、衡阳（71.50 分）、深圳（71.15 分）、长沙（70.78 分）、岳阳（70.53 分）、长春（70.23 分）、玉溪（70.09 分）、合肥（69.96 分）、烟台（69.48 分）。各城市源头治理维度得分如表 6-6 所示。

表 6-6 各城市末端治理维度得分

城市	得分	城市	得分	城市	得分
景德镇	88.95	日照	68.89	邯郸	61.48
新余	84.84	滁州	68.61	南阳	61.47
龙岩	80.49	呼和浩特	68.33	潍坊	61.43
海口	80.17	绍兴	68.30	秦皇岛	61.04
贵阳	80.16	铜陵	68.12	杭州	60.79
佛山	80.04	沈阳	67.97	嘉兴	60.45
萍乡	79.49	宜昌	67.59	株洲	60.30
昆明	79.25	金华	67.50	扬州	60.29
厦门	79.25	包头	67.43	东营	60.22
汕头	78.82	温州	67.38	黄石	59.63
漳州	78.64	芜湖	66.79	成都	59.19
拉萨	78.42	南京	66.11	太原	59.08
柳州	75.52	泰州	65.71	临沂	58.87
福州	75.48	绵阳	65.31	荆门	58.63
遵义	75.25	湘潭	65.27	西宁	58.10
威海	75.09	盐城	65.00	淄博	58.03
南宁	75.05	马鞍山	64.83	营口	57.91
台州	74.84	无锡	64.78	德州	57.36
泉州	74.51	德阳	64.71	保定	57.13
大连	74.34	南昌	64.48	襄阳	57.09
东莞	73.82	汉中	64.10	宝鸡	56.84
北京	73.15	淮安	64.10	榆林	56.41
重庆	72.62	苏州	63.64	洛阳	56.40
吉林	72.57	宿迁	63.58	乌鲁木齐	56.19
青岛	72.10	常州	63.53	济宁	54.21
宁波	71.81	湖州	63.34	济南	53.85

城市	得分	城市	得分	城市	得分
广州	71.79	连云港	63.04	徐州	53.65
衡阳	71.50	惠州	62.99	天津	52.06
深圳	71.15	南通	62.82	石家庄	51.56
长沙	70.78	蚌埠	62.78	新乡	48.34
岳阳	70.53	唐山	62.64	哈尔滨	48.25
长春	70.23	银川	62.35	郑州	46.59
玉溪	70.09	长治	61.97	西安	45.20
合肥	69.96	镇江	61.79	上海	43.16
烟台	69.48	武汉	61.76	兰州	40.94

6.3.3　龙岩:"生态美"与"百姓富"的良性循环之路

党的十八大以来,以习近平同志为核心的党中央把生态文明建设摆在全局工作的突出位置,全面加强生态文明建设,一体治理山水林田湖草沙,开展了一系列根本性、开创性、长远性工作,决心之大、力度之大、成效之大前所未有,生态文明建设从认识到实践都发生了历史性、转折性、全局性的变化。

2021 年 4 月 30 日,习近平总书记在主持十九届中共中央政治局第二十九次集体学习时强调,生态环境保护和经济发展是辩证统一、相辅相成的,建设生态文明、推动绿色低碳循环发展,不仅可以满足人民日益增长的优美生态环境需要,而且可以推动实现更高质量、更有效率、更加公平、更可持续、更为安全的发展,走出一条生产发展、生活富裕、生态良好的文明发展道路。龙岩市坚持以习近平新时代中国特色社会主义思想为指导,深入践行习近平生态文明思想,牢固树立"绿水青山就是金山银山"理念,以生态建设为根本、以改革创新为动力、以产业发展为支撑,林业各项事业取得了长足进步,有效改善了生态,保障了民生,更好地促进了"生态美"与"百姓富"的有机统一。

龙岩市在绿色发展中表现突出,前端治理维度得分 89.49,末端治理维度得分 80.4,综合排名靠前,是研究创新发展与绿色发展的代表性城市。龙岩市是福建省的重要矿产资源开发地,长期的矿业开采导致了水土流失、土地荒漠化等严重生态问题。龙岩市通过一系列改革措施解决了这些问题,并成为优秀的"逆袭者"。

1. "绿色群山"变"幸福靠山"——集体林权制度改革

改革前,因为林业产权模糊,林农没有收益权,"只见山林不见树",出现了造林育林难投入、林业产业难发展、望着青山难收益等"五难"状况。2021 年来,龙岩市持续深化集体林权制度改革,推动绿色发展,不仅充分调动了林农造林、护林的积极性,也有力促进了林业发展、林农增收。集体林权制度改革的核心是通过明晰产权、分离所有权、承包权和经营权,以及创新管理和服务机制,来激发林农的积极性和创造力,促进林业的可持续发展。具体改革措施包括明晰产权、创新管理机制、推动林业金融服务创新、加强司法保护和发展碳汇林业等。改革后,林农的林业收入显著增加,平均每户年收入增加了约 30% 至 50%。森林覆盖率也有所提高,从改革前的 60% 左右增加到目前的约 80%。

2. "矿山复绿,点石成金"——矿山生态恢复治理

龙岩市遵循"宜绿则绿、宜耕则耕、宜景则景"的方法,统筹推进废弃矿山综合治理、小流域水土流失治理、林分改良造林、土地复垦等生态环保项目,通过污染整治、绿色修复,将山、水、林、田、湖、草等元素串联,巧妙融入生态旅游、生态农业等特色产业,实现生态保护修复与乡村休闲旅游紧密结合,为绿色经济发展注入新动力。针对不同废弃矿山特点采取不同的治理方式,采取整体打包策划治理工程项目,积极申请资金和政策支持,推动废弃矿山的系统、全面治理。不同类型的矿坑被打造成产业集群地、旅游中心和生态保护区。郑坑村修复点成为第一批修复示范点。高陂镇西陂村的 200 多亩地被选为菌草治理废弃科研矿山示范基地,既有利于矿山修复,又为高价值菌草培养提供了合适的地域,菌草的收获有望为当地的产业发展做出重要贡献。永定区历史遗留废弃矿山生态修复示范工程成功入选财政部、自然资源部"2022 年历史遗留废弃矿山生态修复示范工程项目",争取到中央财政资金支持 3 亿元,连片治理废弃矿山 53 处,修复土地 11.78 平方公里,复垦耕地 83 公顷,植被覆盖提高到 63%。

3.“绿色引擎,科学发展”——科技创新助力绿色发展

近年来,龙岩市积极引入高校资源,先后与 10 所科研院校开展合作,成功推动 1 位院士、2 位杰青和 25 位教授的 30 余项林业科研项目落户园区,打造 60 个科技示范点;打造 4 个走在世界前沿的创新科研平台,即研究树种多样性的全球顶尖平台“全球气候变化背景下树种多样性、功能特性与生态系统功能试验平台”,全球第五家、中国第一家研究树种菌根类型的“树种菌根类型与森林生态过程长期试验平台”,世界首创的研究气候变化和陆地森林碳源汇的“双塔移动通量观测平台”“森林经营碳汇试验平台”;建设乡土阔叶树种园、台湾同源树种园、林下经济精品园、马尾松二代种子园、杉木三代种子园和省级保障性苗圃等“五园一圃”林业科研基础平台。同时,大力发展林下经济,例如,开展林下药物培育工作,种植黄花远志、姜黄等 200 多种药用植物,让广大林农“看得见、摸得着、用得上”。龙岩市充分利用林业资源,在科技创新推动下,加快绿色发展,科学转型,推动“两山”转化,让城市发展绿色科学。

附　录

附录1 三级指标意义及选用说明

1. 基础设施

1.1 数字基础

1.1.1 固网宽带应用渗透率

固网宽带应用渗透率是指一个城市或地区互联网宽带接入用户数占常住人口的比重。指标反映了该地区在信息传播扩散方面的基础设施投入能力。在创新型经济社会中,有效的信息获取渠道建设将带来极大的竞争优势。

1.1.2 移动网络应用渗透率

移动网络应用渗透率是指移动电话年末用户数占常住人口的比重。指标反映了该城市或地区信息交流的即时性、互动性。移动互联网技术可以有效打破时间和空间上的间隔,能够有效促进信息共享平台的进一步发展,带动各行各业发展,为建设创新型经济奠定重要基础。

1.1.3 工业互联网示范项目数量

工业互联网示范项目数量反映了一个城市或地区在工业技术和信息通信技术结合方面前沿技术应用和创新实践的水平。工业互联网推动企业数字化转型、工业经济各种要素资源高效共享、制造业和服务业之间的深度融合,意义重大。

1.2 交通基础

1.2.1 公路单位里程运输量

1.2.1.1 公路单位里程货运量、1.2.1.2 公路单位里程客运量

公路单位里程货运量和公路单位里程客运量反映了该城市或地区货运和客运能力。货运量与客运量持续稳定增长并保持高位运行,为创新型经济社会发

展的供应链畅通、人民生活服务水平提高提供了重要支撑。

1.2.2 人均快递业务量

人均快递业务量反映了该城市或地区的快递需求和供给能力。快递业已成为转变经济发展方式的助推器和经济增长的新引擎,为中国创新型经济社会带来深刻变化。

1.2.3 城市物流仓储用地面积占城市建设用地总面积比重

城市物流仓储用地面积占城市建设用地总面积比重反映了该城市或地区对转运仓库的需求和供给能力。完备的物流仓储基础设施为促进活跃的创新型经济发展提供了支持条件。

1.2.4 公共汽(电)车运输人次占总人口比重

公共汽(电)车运输人次占总人口比重通过全年公共汽(电)车客运总量与常住人口的比值衡量。该指标反映了一个城市或地区的客运服务水平和运营效率。充分的运力和管理能力为创新型经济的持续健康发展提供了有力支撑。

1.3 金融基础

1.3.1 年末金融机构人民币各项存款余额

年末金融机构人民币各项存款余额反映一个城市或地区对资金的吸附能力。存、贷款是金融市场组织为经济发展提供资金支持的最重要的来源和方式,是激发创新经济活力的重要支撑。

1.3.2 年末金融机构人民币各项贷款余额

年末金融机构人民币各项贷款余额反映了一个城市或地区地方金融对实体经济的支持力度。存、贷款是金融市场组织为经济发展提供资金支持的最重要的来源和方式,是激发创新经济活力的重要支撑。

1.3.3 数字金融

数字金融通过数字普惠金融指数,即数字金融覆盖广度、数字金融使用深度和普惠金融数字化程度来综合衡量。该指标反映了地区金融服务的广度、深度和数字化程度。受益于数字金融科技发展,金融服务得以持续下沉,从而与数字经济形成内在合力,共同推动产业高速健康发展。

1.4 政策基础

1.4.1 "人才"类政府文件、1.4.2 "创新"类政府文件

　　"人才"类政府文件指标通过地方政府发布的"人才"主题的政策数量衡量。这一指标体现了各地政府对人才工作的重视程度。政府通过制定和实施人才政策,旨在吸引、培养、留住和使用各类人才,为经济社会发展提供强有力的人才支撑。发布更多与人才相关的政策,意味着政府将人才视为推动社会进步和科技创新的关键因素,致力于营造有利于人才成长和发挥作用的环境。这一指标反映了政府在人才引进、培养、激励和保障等方面的政策力度和效果。

　　"创新"类政府文件指标通过地方政府发布的"创新"主题的政策数量衡量。这一指标反映了各地政府对创新的重视程度。政府通过发布和实施创新政策来支持和推动创新活动,促进科技研发、技术转移和商业化,以及提供相应的资金和资源支持。政府发布更多的与创新相关的政策意味着其将创新视为经济发展和竞争力提升的重要手段,并致力于为创新提供良好的政策环境。

2. 创新资源

2.1　人力资源

2.1.1　普通高等学校教育数量与质量

2.1.1.1　每万人口普通高等学校在校学生数量

　　每万人口普通高等学校在校学生数量反映了一个城市或地区教育水平的高低,以及为未来发展提供高技术人才的潜力。普通高等学校在校生的数量也反映了该地区教育的吸引力。高等教育可以吸引潜在的在该地区就业的高级人才。对于大中城市来说,在校学生一般倾向于在他们受教育的地方工作。这为创新型经济发展提供了重要的高水平人才储备。

2.1.1.2　普通高校师生比

　　普通高校师生比是通过普通高等专任教师数与在校学生数的比值来衡量的。该指标反映了该城市或地区对高等教育教师资源的投入程度。师生比在很大程度上决定了师生互动程度,是教育质量的重要体现。

2.1.2　中等职业学校教育数量与质量

2.1.2.1　每万人口中等职业学校在校学生数量

　　每万人口中等职业学校在校学生数量反映了一个城市或地区工业人才水

平。中等职业教育不仅能够为地区经济发展提供大量的熟练技术工人,而且能够缓解当前就业压力,对以教育扶贫实现社会综合治理有重大作用,为推进创新型经济建设有重要促进作用。

2.1.2.2　中等职业学校师生比

中等职业学校师生比是通过中等职业学校专任教师数与在校学生数的比值来衡量的。该指标反映了该城市或地区对中等职业教育教师资源的投入程度。师生比一定程度上会影响每位学生获得的教育资源的多少,是教育质量的重要体现。

2.1.3　一般公共预算教育支出占 GDP 比重

一般公共预算教育支出占 GDP 比重反映了该城市或地区政府对教育的重视程度以及未来人才培养的潜力。对教育的持续投入,是支撑地区长远发展的基础性、战略性投资,并日益成为评价一个地区教育事业是否优先发展的一项重要指标。教育是提高人民综合素质、促进人的全面发展的重要途径,是民族振兴、社会进步的重要基石。教育经费投入增加,能够助推教育事业稳健发展。有了充足的资金才能升级硬件设施、提高师资水准、更新办学理念、与国际教育水平接轨,从根本上提供了办好教育、提高教育质量的保障。

2.1.4　人才吸引力指数

人才吸引力指数反映了一个城市或地区对人才的吸引力。人才是创新之源,我国经济的发展模式正在从投资拉动向创新驱动转型,地区之间的竞争也在从引资竞争向引才竞争转变。随着各地对人才重视程度的不断提高,对人才的界定也发生了很大改变,原来只把具有很高专业水平的院士、专家、海归作为人才,到现在接受过高等教育的大学毕业生也成为许多地区的引才对象。引进创新型人才,来发展创新型经济,这是最快捷、最经济、最有效的一个途径。营造创新型人才引进的体制机制,有利于充分发挥人才在产业发展中的引领作用,加快推进产业结构调整和经济转型升级。

2.1.5　高新区企业 R&D 人员所占比重

高新区企业 R&D 人员所占比重反映了该城市或地区 R&D 人力投入的强度。R&D 人员主要包括在研究机构、大中型工业企业、高校中的科技人员,是创新领域的重要群体。他们活跃于生产活动和创新活动的第一线,是许多创新成果的直接创造者;他们或者在研究机构中从事基础创新研究,是创新的基础资源之一。

2.2　研发投入

2.2.1　R&D 内部经费支出占 GDP 比重

R&D 内部经费占 GDP 比重反映了一个城市或地区对研发投入的重视程度,对区域的创新能力有着重要影响,为支持加强基础研究和前沿技术研究提供了保障。

2.2.2　一般公共预算科学技术支出占 GDP 比重

一般公共预算科学技术支出占 GDP 比重反映了该城市或地区地方政府对当地的科技发展与创新的重视程度。这种宏观的指导一方面鼓励了企业的研发行为,另外一方面支持了研究机构的科研创新。地方财政科研拨款是大学、科研机构以及企业研发活动重要的资金来源。

2.2.3　高新区企业 R&D 经费内部支出占营业收入比重

高新区企业 R&D 经费内部支出占营业收入比重反映了该城市或地区企业对于研发活动的投资强度。工业企业 R&D 经费的主要来源还是企业内部的销售收入,研发活动使得企业可以开发新产品和服务,从而始终保持竞争的优势。企业的研发活动对创新型经济发展起着关键的作用。

2.3　创新机构

2.3.1　文化机构

2.3.1.1　每万人博物馆拥有量

每万人博物馆拥有量反映了该城市或地区的文化事业和社会发展程度。博物馆既是经济社会发展的外在成果,也展示了该城市或地区不同时期文化建设的重要特征,更是提高文化自信的具体表现。通过发展博物馆,打造文化普及高地,有利于促进该地区人才培养,反哺教育,建设创新型经济。

2.3.1.2　人均公共图书馆藏书拥有量

人均公共图书馆藏书拥有量反映了该城市或地区馆藏资源建设程度。公共图书馆是各个年龄层学习的重要资源。建设公共图书馆,有利于打造文化共享新模式,推动文化事业和文化产业发展,从而为创新型经济建设提供丰沃的文化土壤。

2.3.2　国家重点实验室

国家重点实验室数量反映了一个城市或地区聚集优秀科学家、开展高层次学术交流的情况。国家重点实验室是国家科技创新体系的重要组成部分，是相关研究领域国内研究中心，对学科领域的发展具有辐射带动作用。

2.3.3　国家创新中心

2.3.2.1　国家制造业创新中心、2.3.2.2　国家企业技术中心数

国家创新中心包括国家制造业创新中心、国家企业技术中心等，反映了该城市或地区创新组织的技术水平和竞争力。制造业创新中心是国家级创新平台的一种形式，以协同创新机制为手段，以需求为导向，打造贯通创新链、产业链、资本链的制造业创新生态系统，提供从前沿共性技术研发，到转移扩散，到首次商业化应用的跨界型、协同型新型创新载体。该中心以前沿技术、共性关键技术的研发供给、转移扩散和首次商业化为重点。因此国家制造业创新中心数量可以反映一个地区创新组织的影响力与赋能作用。

国家企业技术中心由国家发展和改革委员会、科技部、财政部、国家海关总署和国家税务总局等五部委联合认定，其建立旨在提高企业技术开发与创新能力、增强企业竞争力，是建立现代企业制度的内在要求。这一认定要求企业的研究开发能力、企业专职研究开发人员水平、仪器设备先进度、目前产品结构和未来发展方向等方面都达到国家相关规定的指标。企业技术中心获得国家级认定后可享受政府财政补贴、进口设备减免税等方面的优惠政策。

3. 创新过程

3.1　知识创造

3.1.1　每十万人发明专利授权数

专利反映了原创性的创造发明的数量及创新的保护，反映技术发展活动是否活跃，以及发明人是否有谋求专利保护的积极性。发明专利作为三种专利中最重要的一种，其数量反映了具有商业意义的发明强度。一个国家、地区人均拥有的发明专利数量集中体现了这个国家、地区的自主创新能力，被认为是区域创

新发展的航标[①]。

3.1.2　每十万人 WoS 论文数

论文常用来指进行各个学术领域的研究和描述学术研究成果的文章,它既是探讨问题进行学术研究的一种手段,又是描述学术研究成果进行学术交流的一种工具。Web of Science(WoS)是世界上有影响的多学科的学术文献文摘索引数据库,被 WoS 收录是衡量高质量论文的重要标志。因而,被 Web of Science 收录的论文数量可以反映该地区原创性、高质量知识的创造能力。

3.1.3　每亿元 R&D 内部经费支出所取得的发明专利授权数

每亿元 R&D 内部经费支出所取得的发明专利授权数可以反映一个地区创新过程中的科技发明强度。考虑到过程的效率,不仅仅应考虑人均指标,而且应该考虑一定的研发投入下所产生的科技发明强度,这个指标对过程效率具有十分重要的指示作用。

3.1.4　国际科研合作

国际科研合作通过当年 Web of Science 核心合集国际合作论文数在总论文数中所占比重来衡量。这一指标反映了一个城市或地区创新开放度和国际间知识流动和共享程度。推动国际科研合作,不仅可以获取来自其他国家和地区的前沿科技知识和技术,还可以分享本地的研究成果和专业知识,加强全球科研社群的互动和交流。

3.2　知识扩散

3.2.1　输出技术成交额占地区生产总值的比重

技术市场成交情况反映了知识产权(如专利、发明等)流动、转移和利用的过程,以及技术成果的市场化程度。其成交金额反映了这些知识产权的市场价值。输出技术成交额占地区生产总值的比重是衡量科技成果转化的重要指标,反映了区域科技成果转移转化的辐射带动作用。

---

① 人民网. 发明专利;区域创新发展的航标 http://ip. people. cn/n/2015/0213/c136655-26560786. html.

3.2.2　吸纳技术成交额占地区生产总值的比重

技术吸纳是区域克服研发基础与研发能力限制的重要手段,是满足区域技术需求、优化产业生产方式、提升区域竞争力的重要手段。吸纳技术成交额占地区生产总值的比重反映了区域技术消化吸收能力及科技创新工作活跃度。

3.2.3　国家技术转移机构数

技术转移机构是促进科技成果持续产生,推动科技成果扩散、流动、共享、应用并实现经济与社会价值的组织。区域内国家技术转移机构数量反映了科技成果资本化,产业化能力,以及创新创业活力。

4.　创新产出

4.1　创新经济效益

4.1.1　人均地区生产总值

一个地区的生产总值是该地区所有常住单位在一定时期内生产活动的最终成果。从价值形态看,它是所有常住单位在一定时期内所生产的全部货物和服务价值超过同期投入的全部非固定资产货物和服务价值的差额,即所有常住单位增加值之和。人均地区生产总值是反映该区域经济活力的最重要指标之一。

4.1.2　贸易顺差(逆差)

贸易顺差就是在一定的单位时间里(通常按年度计算),贸易的双方互相买卖各种货物,互相进口与出口,甲方的出口金额大过乙方的出口金额,或甲方的进口金额少于乙方的进口金额,其中的差额,对甲方来说,就称为贸易顺差。适当的贸易顺差,有利于刺激经济增长。这一方面是由于净出口增加使区域内内总需求扩张,进而促进了国民经济增长;另一方面,净出口的乘数效应扩大了经济增长的规模。

4.1.3　人均工业总产值

人均工业总产值能反映区域内企业经营实质性项目的创造能力,是反映该区域经济产出的重要指标之一。

4.2　数字创新活力

4.2.1　数字产业活力

数字产业活力是通过"数字经济领域"[①]规上工业企业数占规上工业企业总数的比重来衡量的。产业数字化是继消费互联网之后数字经济发展的另一高地,其是指在新一代数字科技支撑和引领下,以数据为关键要素,以价值释放为核心,以数据赋能为主线,对产业链上下游的全要素数字化升级、转型和再造的过程,是企业有效加速提升创新能力的关键。

4.2.2　数字消费活力

消费互联网是以个人为用户,以日常生活为应用场景的应用形式,是数字经济发展较早且已相对成熟的维度。邮政业务收入能有效间接反映区域内数字消费的活跃程度。

4.2.3　数字政务活力

在数字化浪潮下,政府的数字化转型驶入快车道。地方政府的数字化水平一方面反映了政府推进现代化治理能力变革、提高人民群众对政府满意度的决心;另一方面也反映了地方政府普惠化、便捷化、智能化服务的能力。政务平台月平均每百万人中访问人数是该城市或地区数字政府建设成熟度、服务能力以及活跃程度的重要体现。

4.2.4　数字文化活力

文化产业是满足人民群众精神文化需要的重要载体,是衡量人民的幸福指数的重要尺度。同时,创意资本理论已指出,文化创意产业的发展对城市和地区经济发展有重大意义,是区域竞争力的重要组成,是创新型经济的重要维度。电影行业作为数字文化产业的重要组成,其活跃程度能有效反映区域数字文化活力。

[①]　2021年6月,国家统计局发布《数字经济及其核心产业统计分类(2021)》,明确把数字经济产业范围确定为"数字产品制造业、数字产品服务业、数字技术应用业、数字要素驱动业和数字化效率提升业"等5个大类,以及32个中类和156个小类。其中,前4个大类是数字产业化部分,是数字经济核心产业;第5大类是产业数字化部分。

4.3 创新包容性

4.3.1 城镇登记失业率

城镇登记失业率指城镇登记失业人员与城镇单位就业人员(扣除使用的农村劳动力、聘用的离退休人员、港澳台及外方人员)、城镇单位中的不在岗职工、城镇私营业主、个体户主、城镇私营企业和个体就业人员、城镇登记失业人员之和的比值。在经济运行良好、保持不断增长的情况时,失业率也会维持在较低的水平。失业率反映了某一地区整体的就业情况。低失业率有助于社会的和谐发展,是衡量政府执政水平的重要指标。

4.3.2 城乡居民人均可支配收入比

城镇居民人均可支配收入指被调查城镇居民家庭在支付个人所得税之后所余下的实际收入;农村居民人均可支配收入是指农村住户获得的经过初次分配与再分配后的收入。在经济运行良好、保持不断增长的情况下,人均可支配收入也会随之提高。人均可支配收入的高低反映了购买力的高低,进而反映了生活质量的高低。城乡居民的人均可支配收入比例反映了区域内城乡居民生活质量的差距,该比例越接近于1,说明城乡差距越小。

4.3.3 平均房价与人均可支配收入比

人均可支配收入是居民可支配收入除以常住人口数后得到的平均数,即居民能够自由支配的收入,是居民可用于最终消费支出和储蓄的总和。平均房价反映了区域内住宅价格的平均水平。平均房价与人均可支配收入比衡量了区域内百姓购买住宅的能力和平均生活成本。

4.4 创新可持续性

4.4.1 单位 GDP 能耗

4.4.1.1 单位 GDP 煤气、天然气供气总量、4.4.1.2 单位 GDP 液化石油气供气总量

单位 GDP 能耗是间接地衡量当地经济发展所付出的环境代价,数值越高则说明经济发展对环境产生的潜在破坏越大。可持续发展的根本保证是创新,若对环境产生了破坏性影响则表明创新的质量较低。

4.4.2　废水废物处理能力

4.4.2.1　废水处理能力、4.4.2.2　废物处理能力

废水废物处理能力通过污水处理厂集中处理率、生活垃圾无害化处理率反映。污水处理厂集中处理率指报告期内通过污水处理厂处理的污水量与污水排放总量的比率。生活垃圾无害化处理率指报告期生活垃圾无害化处理量与生活垃圾产生量的比率。该指标体现了一个城市污水集中收集处理、生活垃圾无害化处理设施的配套程度和处理能力。

4.4.3　空气质量指数

4.4.3.1　AQI 指数年平均数、4.4.3.2　空气质量达到及好于二级（"良好"及以上）的天数

空气质量指数（Air Quality Index，AQI）是定量描述空气质量状况的无量纲指数。其数值越大、级别和类别越高、表征颜色越深，说明空气污染状况越严重，对人体的健康危害也就越大。在发展经济过程中有效控制对环境的破坏、实现经济与环境的和谐是创新型经济的重要特征，对于一个地区可持续发展的实现有着重大的影响。

4.4.4　园林绿化覆盖率

绿化覆盖率是城市各类型绿地绿化垂直投影面积占城市总面积的比率。生态环境是城市发展的立根之本，而园林绿化是实现城市生态环境良性循环的重要保证，并在改善城市生态环境、满足居民休闲娱乐要求、组织城市景观、美化环境和防灾避灾等方面具有重要作用。若城市植被覆盖率高，则将更适宜居民居住，可提高居民的生活质量和幸福指数。因此，其高低是衡量城市环境质量及居民生活福利水平的重要指标之一。

附录 2　基于专家评分的
层次分析法的权重设置说明

1. AHP 方法介绍

AHP（Analytic Hierarchy Process）层次分析法是美国运筹学家 T. L. Saaty 教授于 20 世纪 70 年代提出的一种定性与定量相结合的决策分析方法，其利用专家或决策者的经验判断各衡量目标之间能否实现的标准之间的相对重要程度，并合理地给出每个决策方案的每个标准的权数，利用权数求出各方案的优劣次序。

本蓝皮书应用 AHP 层次分析法的各指标权重系数计算流程如下。

（1）针对"科学、准确测量中国城市创新型经济发展水平"这一核心目标，本蓝皮书设置 1 个核心目标、4 个一级指标、13 个二级指标的三级相关关系体系。

（2）标度确定和判断矩阵构造：在建立层次结构之后，需要通过各因素之间的两两比较确定合适的标度，实现定性评价向定量标度转化，此过程邀请来自浙江大学管理学院及浙江大学创新管理基地的 6 位教授组成专家组参与指标权重系数评估工作并填写专家评分判断矩阵表格。

专家打分法标度如附表 2-1，教授专家组成员分别对同一层次的两个不同变量之间用 1～9 打分。

附表 2-1　专家打分法标度

标度	相对比较（就某一标度而言）
1	同样重要
3	稍微重要
5	明显重要

标度	相对比较（就某一标度而言）
7	重要得多
9	绝对重要
2、4、6、8	作为上述相邻判断的插值
上述各数的倒数	另一因素对原因素的反比

专家打分法判断矩阵的例子如附表 2-2 所示。基础设施（纵向因素）与创新资源（横向因素）相比，相同重要，则打分为 1；若绝对重要则打分 9；反之创新资源与基础设施相比绝对重要，则打分为 1/9。

附表 2-2　专家打分法判断矩阵

例：一级指标权重系数意见	基础设施	创新资源	创新过程	创新产出
基础设施	—			
创新资源	—	—		
创新过程	—	—	—	
创新产出	—	—	—	—

（3）层次单排序及一致性检验：利用 SPSS 计算可得。

（4）层次总排序及其一致性检验：计算某一层次所有因素对于最高层（总目标）相对重要性的权值。

2. 中国城市创新型经济蓝皮书 AHP 层次分析过程及一致性检验结果

中国城市创新型经济评价体系 AHP 层次分析模型如附图 2-1 所示，包括目标体系 A、一级指标 B、二级指标 C 三个层次。目标体系 A 即中国城市创新型经济评价体系。一级指标 B 包括 4 个一级指标，即 B1 基础设施、B2 创新资源、B3 创新过程、B4 创新产出；二级指标 C 包括 13 个二级指标，即 C1 数字基础、C2 交通基础、C3 金融基础、C4 政策基础、C5 人力资源、C6 研发投入、C7 创新机构、C8 知识创造、C9 知识扩散、C 创新经济效益、C11 数字创新活力、C12 创新包容性、C13 创新可持续性。

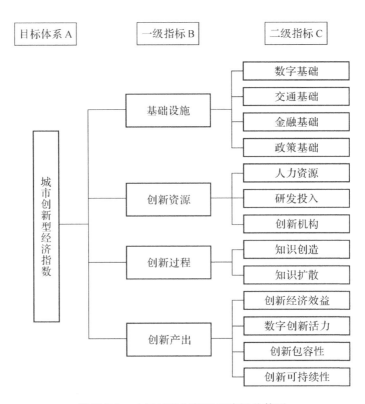

附图 2-1　中国城市创新型经济评价体系

结合 6 位专家对 4 个一级指标重要度的看法,利用 SPSS 数值计算软件构建目标体系 A 的群组判断矩阵(如附表 2-3 所示)得到权重和向量等结果,并通过一次性检验。一次性检验结果如附表 2-4 所示。以同样方式获得各二级指标层次分析结果和一致性检验结果,如附表 2-5 至附表 2-12 所示。各指标权重结果得分详见正文。

附表 2-3　一级指标 B 对目标体系 A 层次分析结果

项	特征向量	权重值	最大特征根	CI 值
基础设施	1.013	25.59%		
创新资源	0.949	24.51%	4	0
创新过程	0.936	24.31%		
创新产出	1.013	25.59%		

附表 2-4　一级指标 B 对目标体系 A 一致性检验结果

最大特征根	CI 值	RI 值	CR 值	一致性检验结果
4	0	1.26	0	通过

附表 2-5　基础设施二级指标层次分析结果

项	特征向量	权重值	最大特征根	CI 值
数字基础	1.049	26.23%		
交通基础	1.01	25.25%		
金融基础	0.984	24.59%	4	0
政策基础	0.957	23.93%		

附表 2-6　基础设施二级指标一致性检验结果

最大特征根	CI 值	RI 值	CR 值	一致性检验结果
4	0	0.52	0	通过

附表 2-7　创新资源二级指标层次分析结果

项	特征向量	权重值	最大特征根	CI 值
人力资源	0.883	29.44%		
研发投入	1.066	35.53%	3	0
创新机构	1.051	35.03%		

附表 2-8　创新资源二级指标一致性检验结果

最大特征根	CI 值	RI 值	CR 值	一致性检验结果
3	0	0.52	0	通过

附表 2-9　创新过程二级指标层次分析结果

项	特征向量	权重值	最大特征根	CI 值
知识创造	0.973	49.55%		
知识扩散	1	50.45%	2	0

附表 2-10　创新过程二级指标一致性检验结果

最大特征根	CI 值	RI 值	CR 值	一致性检验结果
2	0	0.52	0	通过

附表 2-11　创新产出二级指标层次分析结果

项	特征向量	权重值	最大特征根	CI 值
创新经济效益	0.978	24.44%		
数字创新活力	1.022	25.56%		
创新包容性	0.948	23.70%	4	0
创新可持续性	1.052	26.30%		

附表 2-12　创新产出二级指标一致性检验结果

最大特征根	CI 值	RI 值	CR 值	一致性检验结果
4	0	0.89	0	通过

附录 3　城市群划分

随着社会经济的发展,信息、人才和技术等要素在各个城市之间的流动日渐频繁,城市由单体型分散、孤立的空间形态逐渐向组合型都市圈、城市群等空间形态转变,进而呈现出城市集群化聚集发展趋势。随着我国城市化进程与工业化进程的不断加快,城市群已成为我国经济发展格局中最具活力和潜力的核心地区,也是我国生产力布局的增长极点和核心支点。2019 年 2 月 19 日国家发展改革委发布《国家发展改革委关于培育发展现代化都市圈的指导意见》提到:城市群是支撑全国经济增长、促进区域协调发展、参与国际竞争合作的重要平台。[①]具体而言,城市群是指依托发达的交通、通信等基础设施网络所形成的空间组织紧凑、经济联系紧密并最终实现高度同城化和高度一体化的城市群体。

自“十一五”以来,城市群就被作为推进我国新型城镇化的主体形态,在“十三五”以及“十四五”规划中,推进城市群建设的步伐进一步加大。《全国国土资源规划纲要(2016—2030 年)》指出,我国的新型城镇化要把城市群作为主体形态。“十三五”规划纲要则首次明确了我国城市群建设的总体规划:建设 19 个城市群,其中将京津冀、长三角及珠三角 3 个城市群打造为世界级城市群。2021 年发布的“十四五”规划纲要多次强调城市群的重要性,并提出城市群分级发展战略:优化提升京津冀、长三角、珠三角、成渝、长江中游等城市群,发展壮大山东半岛、粤闽浙沿海、中原、关中平原、北部湾等城市群,培育发展哈长、辽中南、山西中部、黔中、滇中、呼包鄂榆、兰州—西宁、宁夏沿黄、天山北坡等城市群[②]。本书对我国三个世界级城市群,以及截至 2022 年 9 月 1 日国务院已批复同意城市群发展规划的其余 8 个主要城市群的范围及相应战略定位进行了综合整理,如

---

① 国家发展改革委,《国家发展改革委关于培育发展现代化都市圈的指导意见》,2019.
② 中华人民共和国国民经济和社会发展第十四个五年规划和 2035 年远景目标纲要,2021.

附表 3-1 所示。

附表 3-1　我国主要城市群的划分与战略定位

城市群名称	范围	战略定位
京津冀城市群	河北省的张家口、承德、秦皇岛、唐山、沧州、衡水、廊坊、保定、石家庄、邢台、邯郸等 11 个地级市和定州、辛集 2 个省直管市以及河南省的安阳市①	以首都为核心的世界级城市群、区域整体协同发展改革引领区、全国创新驱动经济增长新引擎、生态修复环境改善示范区
长江三角洲城市群	上海市,江苏省南京、无锡、常州、苏州、南通、扬州、镇江、盐城、泰州,浙江省杭州、宁波、温州、湖州、嘉兴、绍兴、金华、舟山、台州,安徽省合肥、芜湖、马鞍山、铜陵、安庆、滁州、池州、宣城②	全国发展强劲活跃增长极、全国高质量发展样板区、率先基本实现现代化引领区、区域一体化发展示范区、新时代改革开放新高地
珠三角城市群	"广佛肇"(广州、佛山、肇庆)、"深莞惠"(深圳、东莞、惠州)、"珠中江"(珠海、中山、江门)等三个新型都市区。大珠江三角洲地区还包括香港、澳门特别行政区,即粤港澳大湾区③	通过粤港澳的经济融合和经济一体化发展,共同构建有全球影响力的先进制造业基地和现代服务业基地,南方地区对外开放的门户,我国参与经济全球化的主体区域,全国科技创新与技术研发基地,全国经济发展的重要引擎,辐射带动华南、中南和西南地区发展的龙头。
成渝城市群	重庆市的渝中、万州、黔江、涪陵、大渡口、江北、沙坪坝、九龙坡、南岸、北碚、綦江、大足、渝北、巴南、长寿、江津、合川、永川、南川、潼南、铜梁、荣昌、璧山、梁平、丰都、垫江、忠县等 27 个区(县)以及开县、云阳的部分地区,四川省的成都、自贡、泸州、德阳、绵阳(除北川县、平武县)、遂宁、内江、乐山、南充、眉山、宜宾、广安、达州(除万源市)、雅安(除天全县、宝兴县)、资阳等 15 个市④	引领西部开发开放的国家级城市群,加快在以下发展定位上实现突破:全国重要的现代产业基地、西部创新驱动先导区、内陆开放型经济战略高地、统筹城乡发展示范区、美丽中国的先行区

① 中共中央、国务院,京津冀协同发展规划纲要,2015.
② 中共中央、国务院,长江三角洲区域一体化发展规划纲要,2019
③ 中共中央、国务院,粤港澳大湾区发展规划纲要,2019.
④ 国家发展改革委、住房城乡建设部,关于印发成渝城市群发展规划的通知,2016.

续表

城市群名称	范围	战略定位
长江中游城市群	湖北省武汉市、黄石市、鄂州市、黄冈市、孝感市、咸宁市、仙桃市、潜江市、天门市、襄阳市、宜昌市、荆州市、荆门市，湖南省长沙市、株洲市、湘潭市、岳阳市、益阳市、常德市、衡阳市、娄底市，江西省南昌市、九江市、景德镇市、鹰潭市、新余市、宜春市、萍乡市、上饶市及抚州市、吉安市的部分县（区）①	承东启西、连南接北，是推动长江经济带发展、促进中部地区崛起、巩固"两横三纵"城镇化战略格局的重点区域②
北部湾城市群	广西壮族自治区的南宁市、北海市、钦州市、防城港市、玉林市、崇左市，广东省的湛江市、茂名市、阳江市，海南省的海口市、儋州市、东方市、澄迈县、临高县、昌江黎族自治县③	面向东盟国际大通道的重要枢纽、"三南"开放发展新的战略支点、21世纪海上丝绸之路与丝绸之路经济带有机衔接的重要门户、全国重要绿色产业基地、陆海统筹发展示范区④
兰州—西宁城市群	甘肃省兰州市，白银市白银区、平川区、靖远县、景泰县，定西市安定区、陇西县、渭源县、临洮县，临夏回族自治州临夏市、东乡族自治县、永靖县、积石山保安族东乡族撒拉族自治县，青海省西宁市，海东市，海北藏族自治州海晏县，海南藏族自治州共和县、贵德县、贵南县，黄南藏族自治州同仁县、尖扎县。⑤	维护国家生态安全的战略支撑、优化国土开发格局的重要平台、促进我国向西开放的重要支点、沟通西北西南、连接欧亚大陆的重要枢纽
呼包鄂榆城市群	内蒙古自治区呼和浩特市、包头市、鄂尔多斯市和陕西省榆林市⑥	全国高端能源化工基地、向北向西开放战略支点、西北地区生态文明合作共建区、民族地区城乡融合发展先行区

① 国家发展改革委，国家发展改革委关于印发长江中游城市群发展规划的通知，2015.
② 国家发展改革委，国家发展改革委关于印发长江中游城市群发展"十四五"实施方案的通知，2022.
③ 国家发展改革委、住房城乡建设部，国家发展改革委 住房城乡建设部关于印发北部湾城市群发展规划的通知，2017.
④ 国家发展改革委，北部湾城市群建设"十四五"实施方案，2022.
⑤ 国家发展改革委、住房城乡建设部，国家发展改革委 住房城乡建设部关于印发兰州—西宁城市群发展规划的通知，2018.
⑥ 国家发展改革委，国家发展改革委关于印发呼包鄂榆城市群发展规划的通知，2018.

续表

城市群名称	范围	战略定位
关中平原城市群	陕西省西安、宝鸡、咸阳、铜川、渭南 5 个市、杨凌农业高新技术产业示范区及商洛市的商州区、洛南县、丹凤县、柞水县，山西省运城市（除平陆县、垣曲县）、临汾市尧都区、侯马市、襄汾县、霍州市、曲沃县、翼城县、洪洞县、浮山县，甘肃省天水市及平凉市的崆峒区、华亭县、泾川县、崇信县、灵台县和庆阳市区①	向西开放的战略支点、引领西北地区发展的重要增长极、传承中华文化的世界级旅游目的地、内陆生态文明建设先行区
中原城市群	以河南省郑州市、开封市、洛阳市、平顶山市、新乡市、焦作市、许昌市、漯河市、济源市、鹤壁市、商丘市、周口市和山西省晋城市、安徽省亳州市为核心发展区。联动辐射河南省安阳市、濮阳市、三门峡市、南阳市、信阳市、驻马店市，河北省邯郸市、邢台市，山西省长治市、运城市，安徽省宿州市、阜阳市、淮北市、蚌埠市，山东省聊城市、菏泽市等②	经济发展新增长极、重要的先进制造业和现代服务业基地、中西部地区创新创业先行区、内陆地区双向开放新高地、绿色生态发展示范区
哈长城市群	黑龙江省哈尔滨市、大庆市、齐齐哈尔市、绥化市、牡丹江市，吉林省长春市、吉林市、四平市、辽源市、松原市、延边朝鲜族自治州③	东北老工业基地振兴发展重要增长极、北方开放重要门户、绿色生态城市群

---

① 国家发展改革委，国家发展改革委关于印发关中平原城市群发展规划的通知，2022.
② 国家发展改革委，国家发展改革委关于印发中原城市群发展规划的通知，2016.
③ 国家发展改革委，国家发展改革委关于印发哈长城市群发展规划的通知，2016.

附录4　数据处理

1. 无量纲处理

课题组对本研究中基础指标采用直接获取的数据,无量纲处理采取效用值法,值域为 0～100,即所有指标的最劣值为 0,最优值为 100。

正效指标(指标值越高则效用越高,如固网宽带应用渗透率)的计算方法为：X_{ij} 代表在第 i 项指标上第 j 个城市的获取值,y_{ij} 代表在第 i 项指标上第 j 个城市的效用值,X_{imax} 代表在第 i 项指标上各城市获取值中的最大值,X_{imin} 代表在第 i 项指标上各城市获取值中的最小值,则：

$$Y_{ij} = \frac{X_{ij} - X_{imin}}{X_{imax} - X_{imin}} \times 100$$

负效指标(指标值越高则效用越低,如城镇登记失业率)的计算方法为：X_{ij} 代表在第 i 项指标上第 j 个城市的获取值,Y_{ij} 代表在第 i 项指标上第 j 个城市的效用值,X_{imax} 代表在第 i 项指标上各城市获取值中的最大值,X_{imin} 代表在第项指标上各城市获取值中的最小值,则：

$$Y_{ij} = \frac{X_{imax} - X_{ij}}{X_{imax} - X_{imin}} \times 100$$

2. 数据可得性

在数据来源方面,本书大多数数据来自于公开渠道,主要包括国家及各地方统计局、统计公报、统计年鉴、政府公开资料等;同时,本书的部分数据(如"数字经济领域"规上工业企业数)由有数科技提供。数据的可获得性一直是类似指标评价体系面临的挑战。依赖于过去 10 余年编撰《浙江省创新型经济蓝皮书》的经验,在设计本评价体系时课题组已经参考了主要的统计年鉴及其他相关数据来源,但在数据搜集过程中仍然不可避免的发现部分城市的部分指标无法获得。为了保证报告的完整性与可比性,我们对缺失的数据进行了估计(具体估计方式见下一节)。附表 4-1 列出了三级指标的数据来源及可得性,附表 4-2 列出了各个城市的数据可得性。

附表 4-1 三级指标的数据来源与可得性

指标类型		数据来源	数据可得性/%
数字基础	固网宽带应用渗透率	《中国城市统计年鉴 2022》、本书收录的 105 个城市 2021 年统计年鉴、国民经济和社会发展统计公报以及 105 个城市的统计局(统计信息网)	100
	移动网络应用渗透率	《中国城市统计年鉴 2022》、本书收录的 105 个城市 2021 年统计年鉴、国民经济和社会发展统计公报以及 105 个城市的统计局(统计信息网)	100
	工业互联网示范项目数量	中国工信部官方网站	100
交通基础	公路单位里程运输量	《中国城市统计年鉴 2022》	95.71
	人均快递业务量	《中国城市统计年鉴 2022》	80
	城市物流仓储用地面积占城市建设用地总面积比重	《中国城市建设统计年鉴 2022》	98.10
	公共汽(电)车运输人次占总人口比重	《中国城市统计年鉴 2022》	98.10
金融基础	年末金融机构人民币各项存款余额	《中国城市统计年鉴 2022》	100
	年末金融机构人民币各项贷款余额	《中国城市统计年鉴 2022》	100
	数字金融	北京大学数字普惠金融指数(PKU-DFIIC)	100
政策基础	"人才"类政府文件	政府网站以"人才"为主题、发布机关为本书收录的 105 个城市的政府文件数量	100

续表

指标类型		数据来源	数据可得性/%
政策基础	"创新"类政府文件	政府网站以"创新"为主题、发布机关为本书收录的 105 个城市的政府文件数量	100
人力资源	普通高等学校教育数量与质量	《中国城市统计年鉴 2022》	98.1
	中等职业学校教育数量与质量	《中国城市统计年鉴 2022》	100
	一般公共预算教育支出占 GDP 比重	《中国城市统计年鉴 2022》	100
	人才吸引力指数	任泽平团队("泽平宏观"课题组)和智联招聘联合发布的《中国城市人才吸引力排名:2022》	100
	高新区企业 R&D 人员所占比重	《中国火炬统计年鉴 2022》	86.67
研发投入	R&D 内部经费占 GDP 的比重	《中国城市统计年鉴 2022》、本书收录的 105 个城市 2021 年统计年鉴、国民经济和社会发展统计公报以及 105 个城市的统计局(统计信息网)	72.38
	一般公共预算科学技术支出占 GDP 的比重	《中国城市统计年鉴 2022》	100
	高新区企业 R&D 经费内部支出占营业收入比重	《中国火炬统计年鉴 2022》	86.67
创新机构	文化机构	《中国城市统计年鉴 2022》	99.05
	国家重点实验室	中国教育部官方网站	100
	国家创新中心	中国工信部与发改委官方网站	100
知识创造	每十万人发明专利授权数	《中国城市统计年鉴 2022》	99.05
	每十万人 WoS 论文数	《中国城市统计年鉴 2022》、Web of Science 官方网站	100
	每亿元 R&D 内部经费支出所取得的发明专利申请数	《中国城市统计年鉴 2022》、本书收录的 105 个城市 2021 年统计年鉴、国民经济和社会发展统计公报以及 105 个城市的统计局(统计信息网)	100
	国际科研合作	Web of Science 官方网站	100

续表

	指标类型	数据来源	数据可得性/%
知识扩散	输出技术成交额占地区生产总值的比重	《中国城市统计年鉴 2022》、《全国技术市场统计年报 2022》、本书收录的 105 个城市 2021 年统计年鉴、国民经济和社会发展统计公报以及 105 个城市的统计局(统计信息网)	20
	吸纳技术成交额占地区生产总值的比重	《中国城市统计年鉴 2022》、《全国技术市场统计年报 2022》、本书收录的 105 个城市 2021 年统计年鉴、国民经济和社会发展统计公报以及 105 个城市的统计局(统计信息网)	20
	国家技术转移机构数	《全国技术市场统计年报 2022》	100
创新经济效益	人均地区生产总值	《中国城市统计年鉴 2022》	100
	贸易顺差(逆差)	《中国城市统计年鉴 2022》	100
	人均工业增加值	《中国城市统计年鉴 2022》、本书收录的 105 个城市 2021 年统计年鉴、国民经济和社会发展统计公报以及 105 个城市的统计局(统计信息网)	89.52
数字创新活力	数字产业活力	根据国家统计局发布的《数字经济及其核心产业统计分类(2022)》整理、《中国城市统计年鉴 2022》以及有数终端提供的数据	100
	数字消费活力	《中国城市统计年鉴 2022》	99.05
	数字政务活力	站长之家（https://alexa.chinaz.com/)、《中国城市统计年鉴 2022》	25.71
	数字文化活力	阿里影业"灯塔专业版"、《中国城市统计年鉴 2022》	100

续表

指标类型		数据来源	数据可得性/%
创新包容性	城镇登记失业率	本书收录的 105 个城市 2021 年统计年鉴、国民经济和社会发展统计公报以及 105 个城市的统计局(统计信息网)	90.48
	城乡居民人均可支配收入比	本书收录的 105 个城市 2021 年统计年鉴、国民经济和社会发展统计公报以及 105 个城市的统计局(统计信息网)	100
	平均房价与人均可支配收入比	全国房价行情网、本书收录的 105 个城市 2021 年统计年鉴、国民经济和社会发展统计公报以及 105 个城市的统计局(统计信息网)	100
创新可持续性	单位 GDP 能耗	《中国城市统计年鉴 2022》	100
	废水废物处理能力	《中国城市统计年鉴 2022》	100
	空气质量指数	本书收录的 105 个城市 2021 年统计年鉴、国民经济和社会发展统计公报以及 105 个城市的统计局(统计信息网)	100
	园林绿化覆盖率	《中国城市统计年鉴 2022》	100

附表 4-2   各城市的数据可得性

(单位:%)

城市	数据可得性	城市	数据可得性	城市	数据可得性
上海	100	绍兴	93.02	柳州	88.37
北京	97.67	盐城	95.35	株洲	86.05
深圳	100	石家庄	90.70	德州	93.02
广州	100	潍坊	93.02	滁州	86.05
重庆	95.35	南昌	93.02	威海	90.70
苏州	95.35	嘉兴	90.70	新乡	93.02
成都	100	泰州	88.37	绵阳	90.70
杭州	100	台州	88.37	东营	88.37

续表

城市	数据可得性	城市	数据可得性	城市	数据可得性
武汉	97.67	哈尔滨	95.35	兰州	93.02
南京	97.67	洛阳	93.02	龙岩	93.02
天津	97.67	临沂	90.70	呼和浩特	93.02
宁波	100	南宁	86.05	包头	93.02
青岛	100	金华	88.37	汕头	93.02
无锡	93.02	襄阳	90.70	德阳	93.02
长沙	90.70	漳州	93.02	湘潭	86.05
郑州	95.35	济宁	93.02	宝鸡	90.70
佛山	97.67	贵阳	95.35	马鞍山	90.70
泉州	93.02	宜昌	88.37	蚌埠	90.70
济南	97.67	惠州	100.00	玉溪	86.05
合肥	95.35	镇江	93.02	日照	88.37
南通	93.02	太原	88.37	银川	88.37
福州	95.35	榆林	90.70	荆门	93.02
西安	100	淮安	90.70	海口	88.37
东莞	95.35	岳阳	86.05	长治	86.05
烟台	90.70	保定	90.70	秦皇岛	83.72
常州	93.02	南阳	93.02	黄石	86.05
徐州	93.02	芜湖	88.37	汉中	86.05
唐山	88.37	遵义	86.05	吉林	88.37
大连	100	淄博	95.35	西宁	81.40
温州	95.35	邯郸	83.72	营口	90.70
昆明	93.02	衡阳	90.70	铜陵	90.70
长春	95.35	乌鲁木齐	83.72	新余	93.02
沈阳	97.67	连云港	88.37	萍乡	88.37
厦门	97.67	宿迁	90.70	景德镇	86.05
扬州	93.02	湖州	88.37	拉萨	81.40

3. 缺失数据的估计

如果某一指标的数据无法获得,我们采用两种方法对缺失的数据进行估计。

(1)利用省级数据估算,即利用下列估算公式

　　某城市的某一指标数据＝换算系数(CF1)×对应省份该指标的数据

该方法主要针对的是数字政务活力数据缺失严重的情况(站长之家只提供省份以及部分代表城市的数据),换算系数为 2021 年该城市的 GDP 与所在省份 GDP 的比值。

(2)利用增长率法估算,即利用下列估算公式

　　某城市的某一指标数据＝增长率(CF2)×对应城市该指标的当年数据

该方法针对的是某指标 2021 年数据少量缺失的情况,如 R&D 经费内部支出、发明专利授权数、工业增加值等利用该方法进行估算。具体地,用 2019 年的城市指标数据乘上该城市对应指标 2020 年对 2019 年的增长率进行估算。

(3)利用赋值最小值法,即利用下列估算方式

　　某城市的某一指标数据＝该指标可得数据最小值÷2

该方法针对的是数据来源为某些排名的指标,例如人才吸引力指数。具体来说,对于在榜单排名中未出现的城市,使用榜单排名中最末位得分的 1/2 来对数据缺失城市在该指标上的表现进行估算。

附录5　各城市得分

北京	得分	排名
城市创新型经济指数	61.35	1
1 基础设施	55.50	1
2 创新资源	67.00	1
3 创新过程	78.69	1
4 创新产出	45.31	78
1.1 数字基础	72.34	1
1.1.1 固网宽带应用渗透率	20.83	
1.1.2 移动网络应用渗透率	96.18	
1.1.3 工业互联网示范项目数量	100.00	
1.2 交通基础	32.59	9
1.2.1 公路单位里程运输量	8.16	
1.2.2 人均快递业务量	4.04	
1.2.3 城市物流仓储用地面积占城市建设用地总面积比重	44.71	
1.2.4 公共汽(电)车运输人次占总人口比重	73.47	
1.3 金融基础	95.28	1
1.3.1 年末金融机构人民币各项存款余额	100.00	
1.3.2 年末金融机构人民币各项贷款余额	97.49	
1.3.3 数字金融	88.34	
1.4 政策基础	20.35	14
1.4.1 "人才"类政府文件	12.06	
1.4.2 "创新"类政府文件	28.65	

北京	得分	排名
2.1 人力资源	55.42	1
2.1.1 普通高等学校教育数量与质量	46.38	
2.1.2 中等职业学校教育数量与质量	50.00	
2.1.3 一般公共预算教育支出占 GDP 比重	30.41	
2.1.4 人才吸引力指数	100.00	
2.1.5 高新区企业 R&D 人员所占比重	50.33	
2.2 研发投入	59.81	2
2.2.1 R&D 内部经费占 GDP 的比重	91.23	
2.2.2 一般公共预算科学技术支出占 GDP 的比重	67.31	
2.2.3 高新区企业 R&D 经费内部支出占营业收入比重	20.89	
2.3 创新机构	84.03	1
2.3.1 文化机构	52.09	
2.3.2 国家重点实验室	100.00	
2.3.3 国家创新中心	100.00	
3.1 知识创造	58.75	2
3.1.1 每十万人发明专利授权数	57.24	
3.1.2 每十万人 WoS 论文数	100.00	
3.1.3 每亿元 R&D 内部经费支出所取得的发明专利授权数	4.20	
3.1.4 国际科研合作	73.55	
3.2 知识扩散	98.27	1
3.2.1 输出技术成交额占地区生产总值的比重	100.00	
3.2.2 吸纳技术成交额占地区生产总值的比重	94.80	
3.2.3 国家技术转移机构数	100.00	
4.1 创新经济效益	39.04	84
4.1.1 人均地区生产总值	97.70	
4.1.2 贸易顺差（逆差）	0.00	

续表

北京	得分	排名
4.1.3 人均工业增加值	19.41	
4.2 数字创新活力	41.16	4
4.2.1 数字产业活力	26.08	
4.2.2 数字消费活力	20.16	
4.2.3 数字政务活力	73.90	
4.2.4 数字文化活力	44.48	
4.3 创新包容性	27.09	105
4.3.1 城镇登记失业率	45.92	
4.3.2 城乡居民人均可支配收入比	22.52	
4.3.3 平均房价与人均可支配收入比	12.82	
4.4 创新可持续性	71.60	48
4.4.1 单位 GDP 能耗	66.95	
4.4.2 废水废物处理能力	77.56	
4.4.3 空气质量指数	51.93	
4.4.4 园林绿化覆盖率	89.95	
深圳	得分	排名
城市创新型经济指数	52.20	2
1 基础设施	43.05	4
2 创新资源	52.13	2
3 创新过程	51.46	3
4 创新产出	62.12	5
1.1 数字基础	43.78	14
1.1.1 固网宽带应用渗透率	18.13	
1.1.2 移动网络应用渗透率	83.21	
1.1.3 工业互联网示范项目数量	30.00	
1.2 交通基础	43.38	4

续表

深圳	得分	排名
1.2.1 公路单位里程运输量	84.68	
1.2.2 人均快递业务量	14.12	
1.2.3 城市物流仓储用地面积占城市建设用地总面积比重	19.25	
1.2.4 公共汽(电)车运输人次占总人口比重	55.47	
1.3 金融基础	78.24	3
1.3.1 年末金融机构人民币各项存款余额	55.51	
1.3.2 年末金融机构人民币各项贷款余额	83.53	
1.3.3 数字金融	95.69	
1.4 政策基础	5.75	23
1.4.1 "人才"类政府文件	2.13	
1.4.2 "创新"类政府文件	9.38	
2.1 人力资源	48.35	3
2.1.1 普通高等学校教育数量与质量	17.58	
2.1.2 中等职业学校教育数量与质量	30.74	
2.1.3 一般公共预算教育支出占 GDP 比重	36.73	
2.1.4 人才吸引力指数	87.70	
2.1.5 高新区企业 R&D 人员所占比重	69.01	
2.2 研发投入	70.54	1
2.2.1 R&D 内部经费占 GDP 的比重	76.50	
2.2.2 一般公共预算科学技术支出占 GDP 的比重	75.59	
2.2.3 高新区企业 R&D 经费内部支出占营业收入比重	59.53	
2.3 创新机构	36.62	5
2.3.1 文化机构	59.69	
2.3.2 国家重点实验室	0.00	
2.3.3 国家创新中心	50.18	
3.1 知识创造	56.00	3

续表

深圳	得分	排名
3.1.1 每十万人发明专利授权数	100.00	
3.1.2 每十万人 WoS 论文数	24.36	
3.1.3 每亿元 R&D 内部经费支出所取得的发明专利授权数	9.23	
3.1.4 国际科研合作	90.42	
3.2 知识扩散	47.01	3
3.2.1 输出技术成交额占地区生产总值的比重	30.57	
3.2.2 吸纳技术成交额占地区生产总值的比重	90.08	
3.2.3 国家技术转移机构数	20.37	
4.1 创新经济效益	82.27	5
4.1.1 人均地区生产总值	90.79	
4.1.2 贸易顺差（逆差）	92.68	
4.1.3 人均工业增加值	63.33	
4.2 数字创新活力	49.88	2
4.2.1 数字产业活力	100.00	
4.2.2 数字消费活力	4.38	
4.2.3 数字政务活力	54.92	
4.2.4 数字文化活力	40.23	
4.3 创新包容性	50.70	86
4.3.1 城镇登记失业率	70.41	
4.3.2 城乡居民人均可支配收入比	81.70	
4.3.3 平均房价与人均可支配收入比	0.00	
4.4 创新可持续性	65.59	86
4.4.1 单位 GDP 能耗	48.89	
4.4.2 废水废物处理能力	70.05	
4.4.3 空气质量指数	85.02	
4.4.4 园林绿化覆盖率	58.39	

续表

上海	得分	排名
城市创新型经济指数	48.09	3
1 基础设施	54.28	2
2 创新资源	50.87	3
3 创新过程	40.82	7
4 创新产出	46.13	71
1.1 数字基础	57.11	4
1.1.1 固网宽带应用渗透率	27.87	
1.1.2 移动网络应用渗透率	93.47	
1.1.3 工业互联网示范项目数量	50.00	
1.2 交通基础	26.01	15
1.2.1 公路单位里程运输量	4.81	
1.2.2 人均快递业务量	6.13	
1.2.3 城市物流仓储用地面积占城市建设用地总面积比重	52.71	
1.2.4 公共汽(电)车运输人次占总人口比重	40.38	
1.3 金融基础	91.44	2
1.3.1 年末金融机构人民币各项存款余额	85.15	
1.3.2 年末金融机构人民币各项贷款余额	100.00	
1.3.3 数字金融	89.16	
1.4 政策基础	42.83	3
1.4.1 "人才"类政府文件	28.37	
1.4.2 "创新"类政府文件	57.29	
2.1 人力资源	41.36	14
2.1.1 普通高等学校教育数量与质量	31.24	
2.1.2 中等职业学校教育数量与质量	35.52	
2.1.3 一般公共预算教育支出占 GDP 比重	20.88	
2.1.4 人才吸引力指数	90.40	

续表

上海	得分	排名
2.1.5 高新区企业 R&D 人员所占比重	28.77	
2.2 研发投入	45.19	9
2.2.1 R&D 内部经费占 GDP 的比重	58.51	
2.2.2 一般公共预算科学技术支出占 GDP 的比重	58.55	
2.2.3 高新区企业 R&D 经费内部支出占营业收入比重	18.52	
2.3 创新机构	64.62	2
2.3.1 文化机构	71.35	
2.3.2 国家重点实验室	42.86	
2.3.3 国家创新中心	79.65	
3.1 知识创造	42.82	11
3.1.1 每十万人发明专利授权数	45.31	
3.1.2 每十万人 WoS 论文数	44.07	
3.1.3 每亿元 R&D 内部经费支出所取得的发明专利授权数	5.48	
3.1.4 国际科研合作	76.42	
3.2 知识扩散	38.87	5
3.2.1 输出技术成交额占地区生产总值的比重	33.81	
3.2.2 吸纳技术成交额占地区生产总值的比重	36.49	
3.2.3 国家技术转移机构数	46.30	
4.1 创新经济效益	57.03	33
4.1.1 人均地区生产总值	90.74	
4.1.2 贸易顺差（逆差）	39.30	
4.1.3 人均工业增加值	41.06	
4.2 数字创新活力	31.21	9
4.2.1 数字产业活力	29.89	
4.2.2 数字消费活力	8.43	
4.2.3 数字政务活力	42.26	

上海	得分	排名
4.2.4 数字文化活力	44.28	
4.3 创新包容性	42.97	99
4.3.1 城镇登记失业率	58.67	
4.3.2 城乡居民人均可支配收入比	42.39	
4.3.3 平均房价与人均可支配收入比	27.86	
4.4 创新可持续性	53.34	104
4.4.1 单位 GDP 能耗	83.86	
4.4.2 废水废物处理能力	27.44	
4.4.3 空气质量指数	67.23	
4.4.4 园林绿化覆盖率	34.81	
杭州	得分	排名
城市创新型经济指数	46.23	4
1 基础设施	41.17	7
2 创新资源	43.37	4
3 创新过程	36.30	9
4 创新产出	63.46	3
1.1 数字基础	47.23	9
1.1.1 固网宽带应用渗透率	44.60	
1.1.2 移动网络应用渗透率	77.10	
1.1.3 工业互联网示范项目数量	20.00	
1.2 交通基础	13.51	54
1.2.1 公路单位里程运输量	4.02	
1.2.2 人均快递业务量	12.51	
1.2.3 城市物流仓储用地面积占城市建设用地总面积比重	1.88	
1.2.4 公共汽(电)车运输人次占总人口比重	35.62	
1.3 金融基础	63.91	5

续表

杭州	得分	排名
1.3.1 年末金融机构人民币各项存款余额	29.83	
1.3.2 年末金融机构人民币各项贷款余额	62.57	
1.3.3 数字金融	99.33	
1.4 政策基础	40.36	5
1.4.1 "人才"类政府文件	41.13	
1.4.2 "创新"类政府文件	39.58	
2.1 人力资源	47.03	4
2.1.1 普通高等学校教育数量与质量	32.06	
2.1.2 中等职业学校教育数量与质量	35.79	
2.1.3 一般公共预算教育支出占 GDP 比重	24.51	
2.1.4 人才吸引力指数	73.10	
2.1.5 高新区企业 R&D 人员所占比重	69.70	
2.2 研发投入	49.81	5
2.2.1 R&D 内部经费占 GDP 的比重	49.16	
2.2.2 一般公共预算科学技术支出占 GDP 的比重	59.44	
2.2.3 高新区企业 R&D 经费内部支出占营业收入比重	40.83	
2.3 创新机构	33.76	7
2.3.1 文化机构	55.37	
2.3.2 国家重点实验室	23.81	
2.3.3 国家创新中心	22.11	
3.1 知识创造	48.21	5
3.1.1 每十万人发明专利授权数	63.34	
3.1.2 每十万人 WoS 论文数	43.96	
3.1.3 每亿元 R&D 内部经费支出所取得的发明专利授权数	10.60	
3.1.4 国际科研合作	74.96	
3.2 知识扩散	24.60	11

杭州	得分	排名
3.2.1 输出技术成交额占地区生产总值的比重	13.42	
3.2.2 吸纳技术成交额占地区生产总值的比重	40.01	
3.2.3 国家技术转移机构数	20.37	
4.1 创新经济效益	66.76	14
4.1.1 人均地区生产总值	74.84	
4.1.2 贸易顺差(逆差)	87.61	
4.1.3 人均工业增加值	37.84	
4.2 数字创新活力	55.02	1
4.2.1 数字产业活力	17.52	
4.2.2 数字消费活力	100.00	
4.2.3 数字政务活力	63.62	
4.2.4 数字文化活力	38.93	
4.3 创新包容性	64.79	44
4.3.1 城镇登记失业率	67.86	
4.3.2 城乡居民人均可支配收入比	67.56	
4.3.3 平均房价与人均可支配收入比	58.94	
4.4 创新可持续性	67.40	77
4.4.1 单位 GDP 能耗	87.25	
4.4.2 废水废物处理能力	76.09	
4.4.3 空气质量指数	57.92	
4.4.4 园林绿化覆盖率	48.35	
南京	得分	排名
城市创新型经济指数	45.54	5
1 基础设施	34.92	9
2 创新资源	38.20	8
3 创新过程	49.21	4

续表

南京	得分	排名
4 创新产出	59.72	8
1.1 数字基础	67.14	2
1.1.1 固网宽带应用渗透率	78.53	
1.1.2 移动网络应用渗透率	72.89	
1.1.3 工业互联网示范项目数量	50.00	
1.2 交通基础	15.66	42
1.2.1 公路单位里程运输量	5.83	
1.2.2 人均快递业务量	3.88	
1.2.3 城市物流仓储用地面积占城市建设用地总面积比重	10.56	
1.2.4 公共汽(电)车运输人次占总人口比重	42.37	
1.3 金融基础	52.00	7
1.3.1 年末金融机构人民币各项存款余额	22.02	
1.3.2 年末金融机构人民币各项贷款余额	47.71	
1.3.3 数字金融	86.27	
1.4 政策基础	2.37	40
1.4.1 "人才"类政府文件	2.13	
1.4.2 "创新"类政府文件	2.60	
2.1 人力资源	49.51	2
2.1.1 普通高等学校教育数量与质量	49.01	
2.1.2 中等职业学校教育数量与质量	52.35	
2.1.3 一般公共预算教育支出占 GDP 比重	11.62	
2.1.4 人才吸引力指数	61.10	
2.1.5 高新区企业 R&D 人员所占比重	73.45	
2.2 研发投入	30.36	26
2.2.1 R&D 内部经费占 GDP 的比重	18.78	
2.2.2 一般公共预算科学技术支出占 GDP 的比重	38.47	

续表

南京	得分	排名
2.2.3 高新区企业 R&D 经费内部支出占营业收入比重	33.82	
2.3 创新机构	36.66	4
2.3.1 文化机构	64.78	
2.3.2 国家重点实验室	35.71	
2.3.3 国家创新中心	9.47	
3.1 知识创造	61.11	1
3.1.1 每十万人发明专利授权数	61.56	
3.1.2 每十万人 WoS 论文数	85.72	
3.1.3 每亿元 R&D 内部经费支出所取得的发明专利授权数	22.39	
3.1.4 国际科研合作	74.76	
3.2 知识扩散	37.52	6
3.2.1 输出技术成交额占地区生产总值的比重	25.11	
3.2.2 吸纳技术成交额占地区生产总值的比重	54.13	
3.2.3 国家技术转移机构数	33.33	
4.1 创新经济效益	76.29	8
4.1.1 人均地区生产总值	91.36	
4.1.2 贸易顺差(逆差)	86.25	
4.1.3 人均工业增加值	51.28	
4.2 数字创新活力	30.40	11
4.2.1 数字产业活力	29.57	
4.2.2 数字消费活力	3.32	
4.2.3 数字政务活力	53.86	
4.2.4 数字文化活力	34.85	
4.3 创新包容性	59.76	60
4.3.1 城镇登记失业率	84.95	
4.3.2 城乡居民人均可支配收入比	35.25	

续表

南京	得分	排名
4.3.3 平均房价与人均可支配收入比	59.07	
4.4 创新可持续性	72.77	39
4.4.1 单位 GDP 能耗	92.76	
4.4.2 废水废物处理能力	78.88	
4.4.3 空气质量指数	52.21	
4.4.4 园林绿化覆盖率	67.24	

广州	得分	排名
城市创新型经济指数	45.12	6
1 基础设施	41.33	6
2 创新资源	37.94	10
3 创新过程	44.18	5
4 创新产出	56.69	11
1.1 数字基础	47.04	10
1.1.1 固网宽带应用渗透率	21.11	
1.1.2 移动网络应用渗透率	100.00	
1.1.3 工业互联网示范项目数量	20.00	
1.2 交通基础	30.11	10
1.2.1 公路单位里程运输量	10.14	
1.2.2 人均快递业务量	23.83	
1.2.3 城市物流仓储用地面积占城市建设用地总面积比重	37.35	
1.2.4 公共汽(电)车运输人次占总人口比重	49.11	
1.3 金融基础	65.43	4
1.3.1 年末金融机构人民币各项存款余额	37.41	
1.3.2 年末金融机构人民币各项贷款余额	67.83	
1.3.3 数字金融	91.05	
1.4 政策基础	22.14	13

广州	得分	排名
1.4.1"人才"类政府文件	25.53	
1.4.2"创新"类政府文件	18.75	
2.1 人力资源	44.85	8
2.1.1 普通高等学校教育数量与质量	42.66	
2.1.2 中等职业学校教育数量与质量	28.26	
2.1.3 一般公共预算教育支出占 GDP 比重	14.06	
2.1.4 人才吸引力指数	81.50	
2.1.5 高新区企业 R&D 人员所占比重	57.79	
2.2 研发投入	39.17	15
2.2.1 R&D 内部经费占 GDP 的比重	43.15	
2.2.2 一般公共预算科学技术支出占 GDP 的比重	41.70	
2.2.3 高新区企业 R&D 经费内部支出占营业收入比重	32.67	
2.3 创新机构	30.88	8
2.3.1 文化机构	38.49	
2.3.2 国家重点实验室	19.05	
2.3.3 国家创新中心	35.09	
3.1 知识创造	46.18	8
3.1.1 每十万人发明专利授权数	63.56	
3.1.2 每十万人 WoS 论文数	37.82	
3.1.3 每亿元 R&D 内部经费支出所取得的发明专利授权数	11.95	
3.1.4 国际科研合作	71.37	
3.2 知识扩散	42.22	4
3.2.1 输出技术成交额占地区生产总值的比重	47.57	
3.2.2 吸纳技术成交额占地区生产总值的比重	56.86	
3.2.3 国家技术转移机构数	22.22	
4.1 创新经济效益	65.05	17

续表

广州	得分	排名
4.1.1 人均地区生产总值	75.18	
4.1.2 贸易顺差（逆差）	87.05	
4.1.3 人均工业增加值	32.92	
4.2 数字创新活力	32.18	7
4.2.1 数字产业活力	28.57	
4.2.2 数字消费活力	3.18	
4.2.3 数字政务活力	63.35	
4.2.4 数字文化活力	33.61	
4.3 创新包容性	54.31	74
4.3.1 城镇登记失业率	70.92	
4.3.2 城乡居民人均可支配收入比	41.41	
4.3.3 平均房价与人均可支配收入比	50.60	
4.4 创新可持续性	74.88	31
4.4.1 单位 GDP 能耗	84.15	
4.4.2 废水废物处理能力	82.33	
4.4.3 空气质量指数	67.17	
4.4.4 园林绿化覆盖率	65.87	
苏州	得分	排名
城市创新型经济指数	42.97	7
1 基础设施	34.82	10
2 创新资源	38.27	7
3 创新过程	31.05	13
4 创新产出	66.94	2
1.1 数字基础	53.89	6
1.1.1 固网宽带应用渗透率	57.74	
1.1.2 移动网络应用渗透率	73.92	

续表

苏州	得分	排名
1.1.3 工业互联网示范项目数量	30.00	
1.2 交通基础	13.62	53
1.2.1 公路单位里程运输量	9.44	
1.2.2 人均快递业务量	7.92	
1.2.3 城市物流仓储用地面积占城市建设用地总面积比重	20.25	
1.2.4 公共汽(电)车运输人次占总人口比重	16.88	
1.3 金融基础	50.47	8
1.3.1 年末金融机构人民币各项存款余额	19.45	
1.3.2 年末金融机构人民币各项贷款余额	44.02	
1.3.3 数字金融	87.94	
1.4 政策基础	20.21	15
1.4.1 "人才"类政府文件	14.89	
1.4.2 "创新"类政府文件	25.52	
2.1 人力资源	43.86	10
2.1.1 普通高等学校教育数量与质量	16.39	
2.1.2 中等职业学校教育数量与质量	44.27	
2.1.3 一般公共预算教育支出占 GDP 比重	8.89	
2.1.4 人才吸引力指数	64.20	
2.1.5 高新区企业 R&D 人员所占比重	85.57	
2.2 研发投入	48.00	7
2.2.1 R&D 内部经费占 GDP 的比重	47.31	
2.2.2 一般公共预算科学技术支出占 GDP 的比重	62.64	
2.2.3 高新区企业 R&D 经费内部支出占营业收入比重	34.06	
2.3 创新机构	23.69	15
2.3.1 文化机构	40.19	
2.3.2 国家重点实验室	0.00	

续表

苏州	得分	排名
2.3.3 国家创新中心	30.88	
3.1 知识创造	47.77	6
3.1.1 每十万人发明专利授权数	91.12	
3.1.2 每十万人 WoS 论文数	12.48	
3.1.3 每亿元 R&D 内部经费支出所取得的发明专利授权数	13.26	
3.1.4 国际科研合作	74.22	
3.2 知识扩散	14.64	37
3.2.1 输出技术成交额占地区生产总值的比重	8.95	
3.2.2 吸纳技术成交额占地区生产总值的比重	25.71	
3.2.3 国家技术转移机构数	9.26	
4.1 创新经济效益	89.75	1
4.1.1 人均地区生产总值	93.36	
4.1.2 贸易顺差(逆差)	98.46	
4.1.3 人均工业增加值	77.41	
4.2 数字创新活力	34.58	5
4.2.1 数字产业活力	36.81	
4.2.2 数字消费活力	2.15	
4.2.3 数字政务活力	68.63	
4.2.4 数字文化活力	30.72	
4.3 创新包容性	73.29	19
4.3.1 城镇登记失业率	82.91	
4.3.2 城乡居民人均可支配收入比	60.88	
4.3.3 平均房价与人均可支配收入比	76.07	
4.4 创新可持续性	71.46	51
4.4.1 单位 GDP 能耗	94.94	
4.4.2 废水废物处理能力	73.54	

苏州	得分	排名
4.4.3 空气质量指数	55.62	
4.4.4 园林绿化覆盖率	61.75	

宁波	得分	排名
城市创新型经济指数	42.61	8
1 基础设施	52.20	3
2 创新资源	30.72	16
3 创新过程	24.63	24
4 创新产出	61.47	6
1.1 数字基础	41.23	19
1.1.1 固网宽带应用渗透率	48.86	
1.1.2 移动网络应用渗透率	74.81	
1.1.3 工业互联网示范项目数量	0.00	
1.2 交通基础	25.42	16
1.2.1 公路单位里程运输量	4.63	
1.2.2 人均快递业务量	6.56	
1.2.3 城市物流仓储用地面积占城市建设用地总面积比重	71.70	
1.2.4 公共汽(电)车运输人次占总人口比重	18.80	
1.3 金融基础	44.89	11
1.3.1 年末金融机构人民币各项存款余额	12.92	
1.3.2 年末金融机构人民币各项贷款余额	31.40	
1.3.3 数字金融	90.36	
1.4 政策基础	100.00	1
1.4.1 "人才"类政府文件	100.00	
1.4.2 "创新"类政府文件	100.00	
2.1 人力资源	35.00	27
2.1.1 普通高等学校教育数量与质量	16.73	

续表

宁波	得分	排名
2.1.2 中等职业学校教育数量与质量	42.97	
2.1.3 一般公共预算教育支出占 GDP 比重	11.11	
2.1.4 人才吸引力指数	44.90	
2.1.5 高新区企业 R&D 人员所占比重	59.29	
2.2 研发投入	37.29	17
2.2.1 R&D 内部经费占 GDP 的比重	30.84	
2.2.2 一般公共预算科学技术支出占 GDP 的比重	53.53	
2.2.3 高新区企业 R&D 经费内部支出占营业收入比重	27.49	
2.3 创新机构	20.47	18
2.3.1 文化机构	42.99	
2.3.2 国家重点实验室	0.00	
2.3.3 国家创新中心	18.42	
3.1 知识创造	34.99	23
3.1.1 每十万人发明专利授权数	47.73	
3.1.2 每十万人 WoS 论文数	10.90	
3.1.3 每亿元 R&D 内部经费支出所取得的发明专利授权数	12.25	
3.1.4 国际科研合作	69.06	
3.2 知识扩散	14.45	38
3.2.1 输出技术成交额占地区生产总值的比重	8.78	
3.2.2 吸纳技术成交额占地区生产总值的比重	23.46	
3.2.3 国家技术转移机构数	11.11	
4.1 创新经济效益	80.22	7
4.1.1 人均地区生产总值	77.56	
4.1.2 贸易顺差(逆差)	93.69	
4.1.3 人均工业增加值	69.40	
4.2 数字创新活力	23.32	19

续表

宁波	得分	排名
4.2.1 数字产业活力	21.49	
4.2.2 数字消费活力	2.58	
4.2.3 数字政务活力	44.63	
4.2.4 数字文化活力	24.59	
4.3 创新包容性	67.38	36
4.3.1 城镇登记失业率	68.62	
4.3.2 城乡居民人均可支配收入比	69.48	
4.3.3 平均房价与人均可支配收入比	64.03	
4.4 创新可持续性	75.82	26
4.4.1 单位 GDP 能耗	87.83	
4.4.2 废水废物处理能力	84.29	
4.4.3 空气质量指数	71.14	
4.4.4 园林绿化覆盖率	60.00	
武汉	得分	排名
城市创新型经济指数	40.92	9
1 基础设施	26.29	26
2 创新资源	42.76	5
3 创新过程	41.78	6
4 创新产出	52.98	31
1.1 数字基础	31.24	58
1.1.1 固网宽带应用渗透率	23.36	
1.1.2 移动网络应用渗透率	60.35	
1.1.3 工业互联网示范项目数量	10.00	
1.2 交通基础	22.85	21
1.2.1 公路单位里程运输量	2.97	
1.2.2 人均快递业务量	4.74	

续表

武汉	得分	排名
1.2.3 城市物流仓储用地面积占城市建设用地总面积比重	39.14	
1.2.4 公共汽(电)车运输人次占总人口比重	44.55	
1.3 金融基础	46.47	9
1.3.1 年末金融机构人民币各项存款余额	16.53	
1.3.2 年末金融机构人民币各项贷款余额	43.87	
1.3.3 数字金融	79.01	
1.4 政策基础	3.74	32
1.4.1"人才"类政府文件	0.71	
1.4.2"创新"类政府文件	6.77	
2.1 人力资源	46.80	7
2.1.1 普通高等学校教育数量与质量	46.68	
2.1.2 中等职业学校教育数量与质量	29.73	
2.1.3 一般公共预算教育支出占 GDP 比重	6.61	
2.1.4 人才吸引力指数	51.00	
2.1.5 高新区企业 R&D 人员所占比重	100.00	
2.2 研发投入	39.34	14
2.2.1 R&D 内部经费占 GDP 的比重	12.49	
2.2.2 一般公共预算科学技术支出占 GDP 的比重	64.61	
2.2.3 高新区企业 R&D 经费内部支出占营业收入比重	40.91	
2.3 创新机构	42.83	3
2.3.1 文化机构	41.83	
2.3.2 国家重点实验室	33.33	
2.3.3 国家创新中心	53.33	
3.1 知识创造	47.14	7
3.1.1 每十万人发明专利授权数	39.75	
3.1.2 每十万人 WoS 论文数	47.37	

续表

武汉	得分	排名
3.1.3 每亿元 R&D 内部经费支出所取得的发明专利授权数	28.50	
3.1.4 国际科研合作	72.94	
3.2 知识扩散	36.51	7
3.2.1 输出技术成交额占地区生产总值的比重	35.82	
3.2.2 吸纳技术成交额占地区生产总值的比重	44.08	
3.2.3 国家技术转移机构数	29.63	
4.1 创新经济效益	59.04	28
4.1.1 人均地区生产总值	65.05	
4.1.2 贸易顺差（逆差）	81.40	
4.1.3 人均工业增加值	30.68	
4.2 数字创新活力	26.43	16
4.2.1 数字产业活力	7.39	
4.2.2 数字消费活力	3.65	
4.2.3 数字政务活力	63.35	
4.2.4 数字文化活力	31.34	
4.3 创新包容性	58.46	61
4.3.1 城镇登记失业率	53.06	
4.3.2 城乡居民人均可支配收入比	49.33	
4.3.3 平均房价与人均可支配收入比	73.01	
4.4 创新可持续性	68.21	74
4.4.1 单位 GDP 能耗	87.57	
4.4.2 废水废物处理能力	75.04	
4.4.3 空气质量指数	51.83	
4.4.4 园林绿化覆盖率	58.40	
西安	得分	排名
城市创新型经济指数	39.95	10

续表

西安	得分	排名
1 基础设施	27.67	20
2 创新资源	35.29	11
3 创新过程	56.82	2
4 创新产出	40.67	92
1.1 数字基础	38.71	24
1.1.1 固网宽带应用渗透率	45.54	
1.1.2 移动网络应用渗透率	70.59	
1.1.3 工业互联网示范项目数量	0.00	
1.2 交通基础	27.10	14
1.2.1 公路单位里程运输量	3.36	
1.2.2 人均快递业务量	2.35	
1.2.3 城市物流仓储用地面积占城市建设用地总面积比重	58.68	
1.2.4 公共汽(电)车运输人次占总人口比重	44.00	
1.3 金融基础	41.13	13
1.3.1 年末金融机构人民币各项存款余额	13.90	
1.3.2 年末金融机构人民币各项贷款余额	32.10	
1.3.3 数字金融	77.38	
1.4 政策基础	2.34	41
1.4.1"人才"类政府文件	0.00	
1.4.2"创新"类政府文件	4.69	
2.1 人力资源	44.11	9
2.1.1 普通高等学校教育数量与质量	41.62	
2.1.2 中等职业学校教育数量与质量	42.97	
2.1.3 一般公共预算教育支出占 GDP 比重	20.65	
2.1.4 人才吸引力指数	47.00	
2.1.5 高新区企业 R&D 人员所占比重	68.32	

西安	得分	排名
2.2 研发投入	33.37	23
2.2.1 R&D 内部经费占 GDP 的比重	19.81	
2.2.2 一般公共预算科学技术支出占 GDP 的比重	30.51	
2.2.3 高新区企业 R&D 经费内部支出占营业收入比重	49.78	
2.3 创新机构	29.83	9
2.3.1 文化机构	41.67	
2.3.2 国家重点实验室	19.05	
2.3.3 国家创新中心	28.77	
3.1 知识创造	41.21	13
3.1.1 每十万人发明专利授权数	31.19	
3.1.2 每十万人 WoS 论文数	46.07	
3.1.3 每亿元 R&D 内部经费支出所取得的发明专利授权数	22.71	
3.1.4 国际科研合作	64.88	
3.2 知识扩散	72.14	2
3.2.1 输出技术成交额占地区生产总值的比重	88.66	
3.2.2 吸纳技术成交额占地区生产总值的比重	100.00	
3.2.3 国家技术转移机构数	27.78	
4.1 创新经济效益	41.14	79
4.1.1 人均地区生产总值	30.51	
4.1.2 贸易顺差（逆差）	80.64	
4.1.3 人均工业增加值	12.29	
4.2 数字创新活力	28.28	12
4.2.1 数字产业活力	21.40	
4.2.2 数字消费活力	5.77	
4.2.3 数字政务活力	60.98	
4.2.4 数字文化活力	24.96	

续表

西安	得分	排名
4.3 创新包容性	39.44	101
4.3.1 城镇登记失业率	35.71	
4.3.2 城乡居民人均可支配收入比	6.31	
4.3.3 平均房价与人均可支配收入比	76.30	
4.4 创新可持续性	53.37	103
4.4.1 单位 GDP 能耗	77.88	
4.4.2 废水废物处理能力	73.18	
4.4.3 空气质量指数	0.00	
4.4.4 园林绿化覆盖率	62.42	
成都	**得分**	**排名**
城市创新型经济指数	37.75	11
1 基础设施	27.30	22
2 创新资源	38.39	6
3 创新过程	32.75	11
4 创新产出	52.33	36
1.1 数字基础	35.97	35
1.1.1 固网宽带应用渗透率	26.50	
1.1.2 移动网络应用渗透率	71.41	
1.1.3 工业互联网示范项目数量	10.00	
1.2 交通基础	17.81	38
1.2.1 公路单位里程运输量	2.00	
1.2.2 人均快递业务量	3.41	
1.2.3 城市物流仓储用地面积占城市建设用地总面积比重	31.13	
1.2.4 公共汽(电)车运输人次占总人口比重	34.70	
1.3 金融基础	53.77	6
1.3.1 年末金融机构人民币各项存款余额	23.65	

成都	得分	排名
1.3.2 年末金融机构人民币各项贷款余额	50.49	
1.3.3 数字金融	87.16	
1.4 政策基础	0.62	56
1.4.1"人才"类政府文件	0.71	
1.4.2"创新"类政府文件	0.52	
2.1 人力资源	41.60	12
2.1.1 普通高等学校教育数量与质量	29.35	
2.1.2 中等职业学校教育数量与质量	32.82	
2.1.3 一般公共预算教育支出占 GDP 比重	7.81	
2.1.4 人才吸引力指数	70.50	
2.1.5 高新区企业 R&D 人员所占比重	67.52	
2.2 研发投入	44.97	10
2.2.1 R&D 内部经费占 GDP 的比重	43.85	
2.2.2 一般公共预算科学技术支出占 GDP 的比重	56.15	
2.2.3 高新区企业 R&D 经费内部支出占营业收入比重	34.92	
2.3 创新机构	29.03	10
2.3.1 文化机构	36.71	
2.3.2 国家重点实验室	21.43	
2.3.3 国家创新中心	28.95	
3.1 知识创造	31.03	33
3.1.1 每十万人发明专利授权数	26.04	
3.1.2 每十万人 WoS 论文数	24.39	
3.1.3 每亿元 R&D 内部经费支出所取得的发明专利授权数	7.78	
3.1.4 国际科研合作	65.92	
3.2 知识扩散	34.43	9
3.2.1 输出技术成交额占地区生产总值的比重	32.99	

续表

西安	得分	排名
3.2.2 吸纳技术成交额占地区生产总值的比重	36.98	
3.2.3 国家技术转移机构数	33.33	
4.1 创新经济效益	47.55	57
4.1.1 人均地区生产总值	37.83	
4.1.2 贸易顺差(逆差)	85.58	
4.1.3 人均工业增加值	19.24	
4.2 数字创新活力	31.41	8
4.2.1 数字产业活力	15.17	
4.2.2 数字消费活力	3.67	
4.2.3 数字政务活力	77.85	
4.2.4 数字文化活力	28.94	
4.3 创新包容性	65.21	43
4.3.1 城镇登记失业率	53.57	
4.3.2 城乡居民人均可支配收入比	63.86	
4.3.3 平均房价与人均可支配收入比	78.20	
4.4 创新可持续性	65.50	87
4.4.1 单位 GDP 能耗	84.44	
4.4.2 废水废物处理能力	67.63	
4.4.3 空气质量指数	47.20	
4.4.4 园林绿化覆盖率	62.74	
天津	**得分**	**排名**
城市创新型经济指数	37.43	12
1 基础设施	29.60	15
2 创新资源	33.71	12
3 创新过程	37.31	8
4 创新产出	48.92	50

天津	得分	排名
1.1 数字基础	42.96	15
1.1.1 固网宽带应用渗透率	33.78	
1.1.2 移动网络应用渗透率	65.11	
1.1.3 工业互联网示范项目数量	30.00	
1.2 交通基础	27.74	12
1.2.1 公路单位里程运输量	5.61	
1.2.2 人均快递业务量	3.57	
1.2.3 城市物流仓储用地面积占城市建设用地总面积比重	68.58	
1.2.4 公共汽(电)车运输人次占总人口比重	33.20	
1.3 金融基础	45.32	10
1.3.1 年末金融机构人民币各项存款余额	17.39	
1.3.2 年末金融机构人民币各项贷款余额	44.64	
1.3.3 数字金融	73.94	
1.4 政策基础	0.78	53
1.4.1 "人才"类政府文件	0.00	
1.4.2 "创新"类政府文件	1.56	
2.1 人力资源	39.84	19
2.1.1 普通高等学校教育数量与质量	28.11	
2.1.2 中等职业学校教育数量与质量	39.10	
2.1.3 一般公共预算教育支出占 GDP 比重	34.76	
2.1.4 人才吸引力指数	38.40	
2.1.5 高新区企业 R&D 人员所占比重	58.82	
2.2 研发投入	26.52	35
2.2.1 R&D 内部经费占 GDP 的比重	21.66	
2.2.2 一般公共预算科学技术支出占 GDP 的比重	38.50	
2.2.3 高新区企业 R&D 经费内部支出占营业收入比重	19.38	

续表

天津	得分	排名
2.3 创新机构	35.86	6
2.3.1 文化机构	40.05	
2.3.2 国家重点实验室	16.67	
2.3.3 国家创新中心	50.88	
3.1 知识创造	39.03	16
3.1.1 每十万人发明专利授权数	44.85	
3.1.2 每十万人 WoS 论文数	27.92	
3.1.3 每亿元 R&D 内部经费支出所取得的发明专利授权数	21.67	
3.1.4 国际科研合作	61.66	
3.2 知识扩散	35.63	8
3.2.1 输出技术成交额占地区生产总值的比重	45.99	
3.2.2 吸纳技术成交额占地区生产总值的比重	42.37	
3.2.3 国家技术转移机构数	18.52	
4.1 创新经济效益	54.37	38
4.1.1 人均地区生产总值	50.63	
4.1.2 贸易顺差(逆差)	75.67	
4.1.3 人均工业增加值	36.79	
4.2 数字创新活力	30.75	10
4.2.1 数字产业活力	16.48	
4.2.2 数字消费活力	22.27	
4.2.3 数字政务活力	62.56	
4.2.4 数字文化活力	21.66	
4.3 创新包容性	53.75	76
4.3.1 城镇登记失业率	33.16	
4.3.2 城乡居民人均可支配收入比	61.63	
4.3.3 平均房价与人均可支配收入比	66.46	

续表

天津	得分	排名
4.4 创新可持续性	57.17	100
4.4.1 单位 GDP 能耗	72.51	
4.4.2 废水废物处理能力	78.92	
4.4.3 空气质量指数	40.95	
4.4.4 园林绿化覆盖率	36.31	

合肥	得分	排名
城市创新型经济指数	35.49	13
1 基础设施	20.36	44
2 创新资源	38.03	9
3 创新过程	29.31	14
4 创新产出	54.05	25
1.1 数字基础	36.90	32
1.1.1 固网宽带应用渗透率	41.28	
1.1.2 移动网络应用渗透率	59.44	
1.1.3 工业互联网示范项目数量	10.00	
1.2 交通基础	9.52	77
1.2.1 公路单位里程运输量	2.75	
1.2.2 人均快递业务量	5.13	
1.2.3 城市物流仓储用地面积占城市建设用地总面积比重	4.81	
1.2.4 公共汽(电)车运输人次占总人口比重	25.39	
1.3 金融基础	33.65	28
1.3.1 年末金融机构人民币各项存款余额	9.78	
1.3.2 年末金融机构人民币各项贷款余额	21.55	
1.3.3 数字金融	69.63	
1.4 政策基础	0.00	79
1.4.1 "人才"类政府文件	0.00	

续表

合肥	得分	排名
1.4.2 "创新"类政府文件	0.00	
2.1 人力资源	40.47	18
2.1.1 普通高等学校教育数量与质量	38.01	
2.1.2 中等职业学校教育数量与质量	38.33	
2.1.3 一般公共预算教育支出占 GDP 比重	8.82	
2.1.4 人才吸引力指数	39.60	
2.1.5 高新区企业 R&D 人员所占比重	77.58	
2.2 研发投入	49.27	6
2.2.1 R&D 内部经费占 GDP 的比重	26.93	
2.2.2 一般公共预算科学技术支出占 GDP 的比重	93.29	
2.2.3 高新区企业 R&D 经费内部支出占营业收入比重	27.60	
2.3 创新机构	24.57	13
2.3.1 文化机构	25.98	
2.3.2 国家重点实验室	4.76	
2.3.3 国家创新中心	42.98	
3.1 知识创造	36.62	19
3.1.1 每十万人发明专利授权数	35.68	
3.1.2 每十万人 WoS 论文数	31.70	
3.1.3 每亿元 R&D 内部经费支出所取得的发明专利授权数	13.29	
3.1.4 国际科研合作	65.79	
3.2 知识扩散	22.14	15
3.2.1 输出技术成交额占地区生产总值的比重	9.52	
3.2.2 吸纳技术成交额占地区生产总值的比重	40.24	
3.2.3 国家技术转移机构数	16.67	
4.1 创新经济效益	53.59	40
4.1.1 人均地区生产总值	55.63	

合肥	得分	排名
4.1.2 贸易顺差（逆差）	82.42	
4.1.3 人均工业增加值	22.72	
4.2 数字创新活力	25.54	17
4.2.1 数字产业活力	23.41	
4.2.2 数字消费活力	2.64	
4.2.3 数字政务活力	50.70	
4.2.4 数字文化活力	25.42	
4.3 创新包容性	61.67	56
4.3.1 城镇登记失业率	56.89	
4.3.2 城乡居民人均可支配收入比	52.62	
4.3.3 平均房价与人均可支配收入比	75.49	
4.4 创新可持续性	75.30	29
4.4.1 单位 GDP 能耗	91.31	
4.4.2 废水废物处理能力	77.36	
4.4.3 空气质量指数	60.58	
4.4.4 园林绿化覆盖率	71.95	
无锡	得分	排名
城市创新型经济指数	35.35	14
1 基础设施	25.82	28
2 创新资源	25.77	30
3 创新过程	26.57	19
4 创新产出	62.39	4
1.1 数字基础	50.19	7
1.1.1 固网宽带应用渗透率	73.36	
1.1.2 移动网络应用渗透率	67.20	
1.1.3 工业互联网示范项目数量	10.00	

续表

无锡	得分	排名
1.2 交通基础	13.67	52
1.2.1 公路单位里程运输量	7.58	
1.2.2 人均快递业务量	5.27	
1.2.3 城市物流仓储用地面积占城市建设用地总面积比重	23.46	
1.2.4 公共汽(电)车运输人次占总人口比重	18.37	
1.3 金融基础	37.45	20
1.3.1 年末金融机构人民币各项存款余额	10.04	
1.3.2 年末金融机构人民币各项贷款余额	18.40	
1.3.3 数字金融	83.91	
1.4 政策基础	0.00	79
1.4.1"人才"类政府文件	0.00	
1.4.2"创新"类政府文件	0.00	
2.1 人力资源	32.26	33
2.1.1 普通高等学校教育数量与质量	14.36	
2.1.2 中等职业学校教育数量与质量	49.38	
2.1.3 一般公共预算教育支出占 GDP 比重	2.55	
2.1.4 人才吸引力指数	46.80	
2.1.5 高新区企业 R&D 人员所占比重	48.21	
2.2 研发投入	21.41	54
2.2.1 R&D 内部经费占 GDP 的比重	16.00	
2.2.2 一般公共预算科学技术支出占 GDP 的比重	25.71	
2.2.3 高新区企业 R&D 经费内部支出占营业收入比重	22.53	
2.3 创新机构	24.73	12
2.3.1 文化机构	45.66	
2.3.2 国家重点实验室	2.38	
2.3.3 国家创新中心	26.14	

无锡	得分	排名
3.1 知识创造	40.82	14
3.1.1 每十万人发明专利授权数	67.29	
3.1.2 每十万人 WoS 论文数	11.04	
3.1.3 每亿元 R&D 内部经费支出所取得的发明专利授权数	26.40	
3.1.4 国际科研合作	58.54	
3.2 知识扩散	12.58	53
3.2.1 输出技术成交额占地区生产总值的比重	8.30	
3.2.2 吸纳技术成交额占地区生产总值的比重	23.88	
3.2.3 国家技术转移机构数	5.56	
4.1 创新经济效益	89.02	2
4.1.1 人均地区生产总值	100.00	
4.1.2 贸易顺差（逆差）	86.25	
4.1.3 人均工业增加值	80.81	
4.2 数字创新活力	17.91	28
4.2.1 数字产业活力	29.20	
4.2.2 数字消费活力	3.33	
4.2.3 数字政务活力	11.94	
4.2.4 数字文化活力	27.15	
4.3 创新包容性	72.20	25
4.3.1 城镇登记失业率	63.78	
4.3.2 城乡居民人均可支配收入比	65.69	
4.3.3 平均房价与人均可支配收入比	87.14	
4.4 创新可持续性	72.02	45
4.4.1 单位 GDP 能耗	93.76	
4.4.2 废水废物处理能力	80.78	
4.4.3 空气质量指数	51.02	

续表

无锡	得分	排名
4.4.4 园林绿化覆盖率	62.53	
青岛	得分	排名
城市创新型经济指数	35.31	15
1 基础设施	27.80	18
2 创新资源	29.33	18
3 创新过程	28.66	15
4 创新产出	54.85	20
1.1 数字基础	44.11	13
1.1.1 固网宽带应用渗透率	37.70	
1.1.2 移动网络应用渗透率	64.63	
1.1.3 工业互联网示范项目数量	30.00	
1.2 交通基础	27.44	13
1.2.1 公路单位里程运输量	3.03	
1.2.2 人均快递业务量	2.95	
1.2.3 城市物流仓储用地面积占城市建设用地总面积比重	49.27	
1.2.4 公共汽(电)车运输人次占总人口比重	54.49	
1.3 金融基础	36.45	21
1.3.1 年末金融机构人民币各项存款余额	10.50	
1.3.2 年末金融机构人民币各项贷款余额	25.36	
1.3.3 数字金融	73.49	
1.4 政策基础	1.40	46
1.4.1 "人才"类政府文件	0.71	
1.4.2 "创新"类政府文件	2.08	
2.1 人力资源	42.59	11
2.1.1 普通高等学校教育数量与质量	29.20	
2.1.2 中等职业学校教育数量与质量	44.90	

青岛	得分	排名
2.1.3 一般公共预算教育支出占 GDP 比重	16.15	
2.1.4 人才吸引力指数	45.70	
2.1.5 高新区企业 R&D 人员所占比重	77.00	
2.2 研发投入	29.35	29
2.2.1 R&D 内部经费占 GDP 的比重	34.49	
2.2.2 一般公共预算科学技术支出占 GDP 的比重	19.49	
2.2.3 高新区企业 R&D 经费内部支出占营业收入比重	34.07	
2.3 创新机构	18.17	26
2.3.1 文化机构	14.40	
2.3.2 国家重点实验室	2.38	
2.3.3 国家创新中心	37.72	
3.1 知识创造	37.79	18
3.1.1 每十万人发明专利授权数	46.41	
3.1.2 每十万人 WoS 论文数	30.49	
3.1.3 每亿元 R&D 内部经费支出所取得的发明专利授权数	11.86	
3.1.4 国际科研合作	62.42	
3.2 知识扩散	19.69	21
3.2.1 输出技术成交额占地区生产总值的比重	12.52	
3.2.2 吸纳技术成交额占地区生产总值的比重	24.33	
3.2.3 国家技术转移机构数	22.22	
4.1 创新经济效益	62.87	20
4.1.1 人均地区生产总值	67.46	
4.1.2 贸易顺差（逆差）	85.08	
4.1.3 人均工业增加值	36.07	
4.2 数字创新活力	23.20	21
4.2.1 数字产业活力	14.98	

续表

青岛	得分	排名
4.2.2 数字消费活力	2.79	
4.2.3 数字政务活力	55.71	
4.2.4 数字文化活力	19.31	
4.3 创新包容性	55.84	68
4.3.1 城镇登记失业率	58.67	
4.3.2 城乡居民人均可支配收入比	31.68	
4.3.3 平均房价与人均可支配收入比	77.17	
4.4 创新可持续性	77.28	16
4.4.1 单位 GDP 能耗	92.79	
4.4.2 废水废物处理能力	78.96	
4.4.3 空气质量指数	66.64	
4.4.4 园林绿化覆盖率	70.72	
东莞	**得分**	**排名**
城市创新型经济指数	34.85	16
1 基础设施	21.59	39
2 创新资源	21.22	46
3 创新过程	27.70	17
4 创新产出	67.95	1
1.1 数字基础	34.71	42
1.1.1 固网宽带应用渗透率	22.96	
1.1.2 移动网络应用渗透率	81.16	
1.1.3 工业互联网示范项目数量	0.00	
1.2 交通基础	13.26	55
1.2.1 公路单位里程运输量	2.91	
1.2.2 人均快递业务量	10.56	
1.2.3 城市物流仓储用地面积占城市建设用地总面积比重	18.40	

续表

东莞	得分	排名
1.2.4公共汽(电)车运输人次占总人口比重	21.17	
1.3 金融基础	35.79	23
1.3.1年末金融机构人民币各项存款余额	9.25	
1.3.2年末金融机构人民币各项贷款余额	14.83	
1.3.3 数字金融	83.28	
1.4 政策基础	1.42	45
1.4.1"人才"类政府文件	2.84	
1.4.2"创新"类政府文件	0.00	
2.1 人力资源	26.30	61
2.1.1普通高等学校教育数量与质量	10.84	
2.1.2中等职业学校教育数量与质量	29.16	
2.1.3一般公共预算教育支出占 GDP 比重	11.53	
2.1.4人才吸引力指数	45.40	
2.1.5高新区企业 R&D 人员所占比重	34.57	
2.2 研发投入	26.80	33
2.2.1 R&D内部经费占 GDP 的比重	51.81	
2.2.2一般公共预算科学技术支出占 GDP 的比重	15.64	
2.2.3高新区企业 R&D 经费内部支出占营业收入比重	12.94	
2.3 创新机构	11.31	49
2.3.1 文化机构	32.34	
2.3.2 国家重点实验室	0.00	
2.3.3 国家创新中心	1.58	
3.1 知识创造	35.75	21
3.1.1每十万人发明专利授权数	56.57	
3.1.2每十万人 WoS 论文数	3.38	
3.1.3每亿元 R&D 内部经费支出所取得的发明专利授权数	12.97	

续表

东莞	得分	排名
3.1.4 国际科研合作	70.10	
3.2 知识扩散	19.79	20
3.2.1 输出技术成交额占地区生产总值的比重	0.63	
3.2.2 吸纳技术成交额占地区生产总值的比重	51.32	
3.2.3 国家技术转移机构数	7.41	
4.1 创新经济效益	62.34	21
4.1.1 人均地区生产总值	43.63	
4.1.2 贸易顺差(逆差)	96.08	
4.1.3 人均工业增加值	47.30	
4.2 数字创新活力	47.39	3
4.2.1 数字产业活力	47.17	
4.2.2 数字消费活力	54.29	
4.2.3 数字政务活力	65.20	
4.2.4 数字文化活力	22.89	
4.3 创新包容性	82.12	4
4.3.1 城镇登记失业率	88.01	
4.3.2 城乡居民人均可支配收入比	85.24	
4.3.3 平均房价与人均可支配收入比	73.12	
4.4 创新可持续性	80.37	10
4.4.1 单位 GDP 能耗	100.00	
4.4.2 废水废物处理能力	77.16	
4.4.3 空气质量指数	58.90	
4.4.4 园林绿化覆盖率	85.41	
重庆	**得分**	**排名**
城市创新型经济指数	34.18	17
1 基础设施	41.72	5

重庆	得分	排名
2 创新资源	25.54	32
3 创新过程	15.79	63
4 创新产出	52.38	35
1.1 数字基础	54.88	5
1.1.1 固网宽带应用渗透率	45.43	
1.1.2 移动网络应用渗透率	59.21	
1.1.3 工业互联网示范项目数量	60.00	
1.2 交通基础	19.01	32
1.2.1 公路单位里程运输量	1.43	
1.2.2 人均快递业务量	1.05	
1.2.3 城市物流仓储用地面积占城市建设用地总面积比重	29.99	
1.2.4 公共汽(电)车运输人次占总人口比重	43.57	
1.3 金融基础	39.80	14
1.3.1 年末金融机构人民币各项存款余额	22.41	
1.3.2 年末金融机构人民币各项贷款余额	51.53	
1.3.3 数字金融	45.46	
1.4 政策基础	53.24	2
1.4.1"人才"类政府文件	36.17	
1.4.2"创新"类政府文件	70.31	
2.1 人力资源	35.58	26
2.1.1 普通高等学校教育数量与质量	21.32	
2.1.2 中等职业学校教育数量与质量	36.27	
2.1.3 一般公共预算教育支出占 GDP 比重	30.40	
2.1.4 人才吸引力指数	40.60	
2.1.5 高新区企业 R&D 人员所占比重	49.31	
2.2 研发投入	20.82	57

续表

重庆	得分	排名
2.2.1 R&D 内部经费占 GDP 的比重	22.84	
2.2.2 一般公共预算科学技术支出占 GDP 的比重	17.53	
2.2.3 高新区企业 R&D 经费内部支出占营业收入比重	22.11	
2.3 创新机构	21.89	16
2.3.1 文化机构	19.49	
2.3.2 国家重点实验室	9.52	
2.3.3 国家创新中心	36.67	
3.1 知识创造	22.58	54
3.1.1 每十万人发明专利授权数	14.60	
3.1.2 每十万人 WoS 论文数	8.95	
3.1.3 每亿元 R&D 内部经费支出所取得的发明专利授权数	9.02	
3.1.4 国际科研合作	57.74	
3.2 知识扩散	9.11	75
3.2.1 输出技术成交额占地区生产总值的比重	1.99	
3.2.2 吸纳技术成交额占地区生产总值的比重	10.54	
3.2.3 国家技术转移机构数	14.81	
4.1 创新经济效益	47.70	56
4.1.1 人均地区生产总值	32.64	
4.1.2 贸易顺差(逆差)	89.39	
4.1.3 人均工业增加值	21.06	
4.2 数字创新活力	33.19	6
4.2.1 数字产业活力	14.03	
4.2.2 数字消费活力	3.67	
4.2.3 数字政务活力	100.00	
4.2.4 数字文化活力	15.06	
4.3 创新包容性	51.52	84

重庆	得分	排名
4.3.1 城镇登记失业率	53.57	
4.3.2 城乡居民人均可支配收入比	25.38	
4.3.3 平均房价与人均可支配收入比	75.60	
4.4 创新可持续性	76.15	24
4.4.1 单位 GDP 能耗	86.74	
4.4.2 废水废物处理能力	78.59	
4.4.3 空气质量指数	73.92	
4.4.4 园林绿化覆盖率	65.34	

长沙	得分	排名
城市创新型经济指数	33.94	18
1 基础设施	27.92	17
2 创新资源	25.40	33
3 创新过程	23.20	27
4 创新产出	58.35	10
1.1 数字基础	44.73	12
1.1.1 固网宽带应用渗透率	45.30	
1.1.2 移动网络应用渗透率	68.89	
1.1.3 工业互联网示范项目数量	20.00	
1.2 交通基础	17.13	39
1.2.1 公路单位里程运输量	7.32	
1.2.2 人均快递业务量	4.68	
1.2.3 城市物流仓储用地面积占城市建设用地总面积比重	25.71	
1.2.4 公共汽(电)车运输人次占总人口比重	30.82	
1.3 金融基础	42.43	12
1.3.1 年末金融机构人民币各项存款余额	12.25	
1.3.2 年末金融机构人民币各项贷款余额	29.63	

续表

长沙	得分	排名
1.3.3 数字金融	85.41	
1.4 政策基础	5.96	22
1.4.1"人才"类政府文件	5.67	
1.4.2"创新"类政府文件	6.25	
2.1 人力资源	38.53	21
2.1.1 普通高等学校教育数量与质量	40.12	
2.1.2 中等职业学校教育数量与质量	41.36	
2.1.3 一般公共预算教育支出占 GDP 比重	10.68	
2.1.4 人才吸引力指数	49.10	
2.1.5 高新区企业 R&D 人员所占比重	51.40	
2.2 研发投入	25.01	37
2.2.1 R&D 内部经费占 GDP 的比重	20.13	
2.2.2 一般公共预算科学技术支出占 GDP 的比重	29.35	
2.2.3 高新区企业 R&D 经费内部支出占营业收入比重	25.56	
2.3 创新机构	14.76	33
2.3.1 文化机构	22.11	
2.3.2 国家重点实验室	9.52	
2.3.3 国家创新中心	12.63	
3.1 知识创造	35.08	22
3.1.1 每十万人发明专利授权数	27.19	
3.1.2 每十万人 WoS 论文数	36.24	
3.1.3 每亿元 R&D 内部经费支出所取得的发明专利授权数	12.52	
3.1.4 国际科研合作	64.37	
3.2 知识扩散	11.53	57
3.2.1 输出技术成交额占地区生产总值的比重	7.69	
3.2.2 吸纳技术成交额占地区生产总值的比重	13.94	

续表

长沙	得分	排名
3.2.3 国家技术转移机构数	12.96	
4.1 创新经济效益	60.32	25
4.1.1 人均地区生产总值	62.03	
4.1.2 贸易顺差（逆差）	84.34	
4.1.3 人均工业增加值	34.58	
4.2 数字创新活力	14.42	33
4.2.1 数字产业活力	6.45	
4.2.2 数字消费活力	1.71	
4.2.3 数字政务活力	19.85	
4.2.4 数字文化活力	29.66	
4.3 创新包容性	83.93	1
4.3.1 城镇登记失业率	83.16	
4.3.2 城乡居民人均可支配收入比	75.48	
4.3.3 平均房价与人均可支配收入比	93.15	
4.4 创新可持续性	76.16	23
4.4.1 单位 GDP 能耗	92.28	
4.4.2 废水废物处理能力	79.50	
4.4.3 空气质量指数	58.41	
4.4.4 园林绿化覆盖率	74.43	
温州	得分	排名
城市创新型经济指数	33.84	19
1 基础设施	35.02	8
2 创新资源	22.80	38
3 创新过程	22.43	30
4 创新产出	54.07	24
1.1 数字基础	35.75	38

续表

温州	得分	排名
1.1.1 固网宽带应用渗透率	42.14	
1.1.2 移动网络应用渗透率	65.12	
1.1.3 工业互联网示范项目数量	0.00	
1.2 交通基础	40.24	6
1.2.1 公路单位里程运输量	2.84	
1.2.2 人均快递业务量	100.00	
1.2.3 城市物流仓储用地面积占城市建设用地总面积比重	48.75	
1.2.4 公共汽(电)车运输人次占总人口比重	9.36	
1.3 金融基础	38.30	18
1.3.1 年末金融机构人民币各项存款余额	7.68	
1.3.2 年末金融机构人民币各项贷款余额	16.75	
1.3.3 数字金融	90.48	
1.4 政策基础	25.34	10
1.4.1"人才"类政府文件	24.11	
1.4.2"创新"类政府文件	26.56	
2.1 人力资源	31.27	37
2.1.1 普通高等学校教育数量与质量	14.40	
2.1.2 中等职业学校教育数量与质量	40.62	
2.1.3 一般公共预算教育支出占 GDP 比重	34.95	
2.1.4 人才吸引力指数	35.20	
2.1.5 高新区企业 R&D 人员所占比重	31.20	
2.2 研发投入	23.64	46
2.2.1 R&D 内部经费占 GDP 的比重	24.90	
2.2.2 一般公共预算科学技术支出占 GDP 的比重	23.76	
2.2.3 高新区企业 R&D 经费内部支出占营业收入比重	22.27	
2.3 创新机构	14.82	32

续表

温州	得分	排名
2.3.1 文化机构	41.29	
2.3.2 国家重点实验室	0.00	
2.3.3 国家创新中心	3.16	
3.1 知识创造	34.49	24
3.1.1 每十万人发明专利授权数	39.93	
3.1.2 每十万人 WoS 论文数	6.42	
3.1.3 每亿元 R&D 内部经费支出所取得的发明专利授权数	24.57	
3.1.4 国际科研合作	67.03	
3.2 知识扩散	10.59	66
3.2.1 输出技术成交额占地区生产总值的比重	12.82	
3.2.2 吸纳技术成交额占地区生产总值的比重	17.10	
3.2.3 国家技术转移机构数	1.85	
4.1 创新经济效益	45.61	64
4.1.1 人均地区生产总值	27.28	
4.1.2 贸易顺差（逆差）	86.45	
4.1.3 人均工业增加值	23.09	
4.2 数字创新活力	27.67	14
4.2.1 数字产业活力	22.96	
4.2.2 数字消费活力	0.50	
4.2.3 数字政务活力	69.94	
4.2.4 数字文化活力	17.27	
4.3 创新包容性	69.30	32
4.3.1 城镇登记失业率	81.63	
4.3.2 城乡居民人均可支配收入比	55.03	
4.3.3 平均房价与人均可支配收入比	71.24	
4.4 创新可持续性	73.88	36

续表

温州	得分	排名
4.4.1 单位 GDP 能耗	93.39	
4.4.2 废水废物处理能力	78.90	
4.4.3 空气质量指数	80.43	
4.4.4 园林绿化覆盖率	42.81	

厦门	得分	排名
城市创新型经济指数	33.57	20
1 基础设施	27.71	19
2 创新资源	32.52	14
3 创新过程	24.86	22
4 创新产出	48.72	52
1.1 数字基础	38.15	27
1.1.1 固网宽带应用渗透率	49.89	
1.1.2 移动网络应用渗透率	64.56	
1.1.3 工业互联网示范项目数量	0.00	
1.2 交通基础	33.88	8
1.2.1 公路单位里程运输量	15.11	
1.2.2 人均快递业务量	4.56	
1.2.3 城市物流仓储用地面积占城市建设用地总面积比重	42.29	
1.2.4 公共汽(电)车运输人次占总人口比重	73.55	
1.3 金融基础	36.43	22
1.3.1 年末金融机构人民币各项存款余额	6.55	
1.3.2 年末金融机构人民币各项贷款余额	15.40	
1.3.3 数字金融	87.33	
1.4 政策基础	0.78	53
1.4.1"人才"类政府文件	0.00	
1.4.2"创新"类政府文件	1.56	

厦门	得分	排名
2.1 人力资源	41.45	13
2.1.1 普通高等学校教育数量与质量	25.75	
2.1.2 中等职业学校教育数量与质量	28.60	
2.1.3 一般公共预算教育支出占 GDP 比重	23.93	
2.1.4 人才吸引力指数	42.70	
2.1.5 高新区企业 R&D 人员所占比重	86.27	
2.2 研发投入	40.03	13
2.2.1 R&D 内部经费占 GDP 的比重	43.48	
2.2.2 一般公共预算科学技术支出占 GDP 的比重	42.08	
2.2.3 高新区企业 R&D 经费内部支出占营业收入比重	34.53	
2.3 创新机构	17.41	27
2.3.1 文化机构	26.39	
2.3.2 国家重点实验室	9.52	
2.3.3 国家创新中心	16.32	
3.1 知识创造	40.45	15
3.1.1 每十万人发明专利授权数	43.51	
3.1.2 每十万人 WoS 论文数	25.89	
3.1.3 每亿元 R&D 内部经费支出所取得的发明专利授权数	9.18	
3.1.4 国际科研合作	83.23	
3.2 知识扩散	9.55	74
3.2.1 输出技术成交额占地区生产总值的比重	9.36	
3.2.2 吸纳技术成交额占地区生产总值的比重	13.75	
3.2.3 国家技术转移机构数	5.56	
4.1 创新经济效益	60.38	24
4.1.1 人均地区生产总值	64.54	
4.1.2 贸易顺差（逆差）	78.09	

续表

厦门	得分	排名
4.1.3 人均工业增加值	38.51	
4.2 数字创新活力	22.20	22
4.2.1 数字产业活力	38.12	
4.2.2 数字消费活力	1.21	
4.2.3 数字政务活力	21.70	
4.2.4 数字文化活力	27.75	
4.3 创新包容性	28.74	104
4.3.1 城镇登记失业率	40.82	
4.3.2 城乡居民人均可支配收入比	35.42	
4.3.3 平均房价与人均可支配收入比	9.98	
4.4 创新可持续性	81.68	7
4.4.1 单位 GDP 能耗	88.96	
4.4.2 废水废物处理能力	84.70	
4.4.3 空气质量指数	89.85	
4.4.4 园林绿化覆盖率	63.22	
嘉兴	得分	排名
城市创新型经济指数	33.52	21
1 基础设施	31.26	11
2 创新资源	27.80	23
3 创新过程	17.41	56
4 创新产出	56.55	12
1.1 数字基础	29.34	68
1.1.1 固网宽带应用渗透率	22.41	
1.1.2 移动网络应用渗透率	65.62	
1.1.3 工业互联网示范项目数量	0.00	
1.2 交通基础	15.14	45

嘉兴	得分	排名
1.2.1 公路单位里程运输量	2.72	
1.2.2 人均快递业务量	8.68	
1.2.3 城市物流仓储用地面积占城市建设用地总面积比重	45.93	
1.2.4 公共汽(电)车运输人次占总人口比重	3.21	
1.3 金融基础	39.28	15
1.3.1 年末金融机构人民币各项存款余额	5.31	
1.3.2 年末金融机构人民币各项贷款余额	12.52	
1.3.3 数字金融	100.00	
1.4 政策基础	42.13	4
1.4.1 "人才"类政府文件	44.68	
1.4.2 "创新"类政府文件	39.58	
2.1 人力资源	29.66	45
2.1.1 普通高等学校教育数量与质量	12.68	
2.1.2 中等职业学校教育数量与质量	40.85	
2.1.3 一般公共预算教育支出占 GDP 比重	19.40	
2.1.4 人才吸引力指数	38.40	
2.1.5 高新区企业 R&D 人员所占比重	37.00	
2.2 研发投入	34.93	19
2.2.1 R&D 内部经费占 GDP 的比重	47.04	
2.2.2 一般公共预算科学技术支出占 GDP 的比重	35.32	
2.2.3 高新区企业 R&D 经费内部支出占营业收入比重	22.42	
2.3 创新机构	19.00	23
2.3.1 文化机构	53.83	
2.3.2 国家重点实验室	0.00	
2.3.3 国家创新中心	3.16	
3.1 知识创造	26.14	42

续表

嘉兴	得分	排名
3.1.1 每十万人发明专利授权数	47.07	
3.1.2 每十万人 WoS 论文数	3.10	
3.1.3 每亿元 R&D 内部经费支出所取得的发明专利授权数	10.62	
3.1.4 国际科研合作	43.77	
3.2 知识扩散	8.83	78
3.2.1 输出技术成交额占地区生产总值的比重	6.49	
3.2.2 吸纳技术成交额占地区生产总值的比重	18.15	
3.2.3 国家技术转移机构数	1.85	
4.1 创新经济效益	66.53	15
4.1.1 人均地区生产总值	52.37	
4.1.2 贸易顺差(逆差)	87.14	
4.1.3 人均工业增加值	60.09	
4.2 数字创新活力	10.52	44
4.2.1 数字产业活力	13.90	
4.2.2 数字消费活力	1.27	
4.2.3 数字政务活力	6.14	
4.2.4 数字文化活力	20.75	
4.3 创新包容性	82.81	3
4.3.1 城镇登记失业率	81.12	
4.3.2 城乡居民人均可支配收入比	77.10	
4.3.3 平均房价与人均可支配收入比	90.20	
4.4 创新可持续性	68.37	72
4.4.1 单位 GDP 能耗	92.14	
4.4.2 废水废物处理能力	81.01	
4.4.3 空气质量指数	55.55	
4.4.4 园林绿化覆盖率	44.77	

湖州	得分	排名
城市创新型经济指数	33.40	22
1 基础设施	30.50	13
2 创新资源	22.25	41
3 创新过程	24.75	23
4 创新产出	55.20	17
1.1 数字基础	59.04	3
1.1.1 固网宽带应用渗透率	100.00	
1.1.2 移动网络应用渗透率	67.12	
1.1.3 工业互联网示范项目数量	10.00	
1.2 交通基础	7.81	85
1.2.1 公路单位里程运输量	2.13	
1.2.2 人均快递业务量	6.86	
1.2.3 城市物流仓储用地面积占城市建设用地总面积比重	11.73	
1.2.4 公共汽(电)车运输人次占总人口比重	10.49	
1.3 金融基础	30.62	34
1.3.1 年末金融机构人民币各项存款余额	2.70	
1.3.2 年末金融机构人民币各项贷款余额	6.91	
1.3.3 数字金融	82.26	
1.4 政策基础	23.02	12
1.4.1 "人才"类政府文件	18.44	
1.4.2 "创新"类政府文件	27.60	
2.1 人力资源	23.08	80
2.1.1 普通高等学校教育数量与质量	11.48	
2.1.2 中等职业学校教育数量与质量	43.84	
2.1.3 一般公共预算教育支出占 GDP 比重	26.18	
2.1.4 人才吸引力指数	33.90	

续表

湖州	得分	排名
2.1.5 高新区企业 R&D 人员所占比重	0.00	
2.2 研发投入	25.00	38
2.2.1 R&D 内部经费占 GDP 的比重	39.29	
2.2.2 一般公共预算科学技术支出占 GDP 的比重	35.72	
2.2.3 高新区企业 R&D 经费内部支出占营业收入比重	0.00	
2.3 创新机构	18.75	24
2.3.1 文化机构	53.10	
2.3.2 国家重点实验室	0.00	
2.3.3 国家创新中心	3.16	
3.1 知识创造	38.81	17
3.1.1 每十万人发明专利授权数	37.24	
3.1.2 每十万人 WoS 论文数	7.17	
3.1.3 每亿元 R&D 内部经费支出所取得的发明专利授权数	10.82	
3.1.4 国际科研合作	100.00	
3.2 知识扩散	10.94	61
3.2.1 输出技术成交额占地区生产总值的比重	8.14	
3.2.2 吸纳技术成交额占地区生产总值的比重	19.13	
3.2.3 国家技术转移机构数	5.56	
4.1 创新经济效益	59.46	26
4.1.1 人均地区生产总值	46.48	
4.1.2 贸易顺差（逆差）	84.54	
4.1.3 人均工业增加值	47.37	
4.2 数字创新活力	8.20	59
4.2.1 数字产业活力	5.32	
4.2.2 数字消费活力	1.73	
4.2.3 数字政务活力	3.51	

湖州	得分	排名
4.2.4 数字文化活力	22.23	
4.3 创新包容性	83.81	2
4.3.1 城镇登记失业率	81.38	
4.3.2 城乡居民人均可支配收入比	74.26	
4.3.3 平均房价与人均可支配收入比	95.79	
4.4 创新可持续性	71.12	55
4.4.1 单位 GDP 能耗	94.48	
4.4.2 废水废物处理能力	79.11	
4.4.3 空气质量指数	48.90	
4.4.4 园林绿化覆盖率	61.99	
济南	得分	排名
城市创新型经济指数	32.62	23
1 基础设施	20.48	43
2 创新资源	32.61	13
3 创新过程	31.24	12
4 创新产出	46.07	73
1.1 数字基础	21.00	101
1.1.1 固网宽带应用渗透率	53.00	
1.1.2 移动网络应用渗透率	0.00	
1.1.3 工业互联网示范项目数量	10.00	
1.2 交通基础	21.66	24
1.2.1 公路单位里程运输量	1.99	
1.2.2 人均快递业务量	3.37	
1.2.3 城市物流仓储用地面积占城市建设用地总面积比重	38.51	
1.2.4 公共汽(电)车运输人次占总人口比重	42.77	
1.3 金融基础	34.32	26

续表

济南	得分	排名
1.3.1 年末金融机构人民币各项存款余额	11.26	
1.3.2 年末金融机构人民币各项贷款余额	24.32	
1.3.3 数字金融	67.37	
1.4 政策基础	4.45	26
1.4.1"人才"类政府文件	2.13	
1.4.2"创新"类政府文件	6.77	
2.1 人力资源	46.86	5
2.1.1 普通高等学校教育数量与质量	44.21	
2.1.2 中等职业学校教育数量与质量	47.64	
2.1.3 一般公共预算教育支出占 GDP 比重	9.29	
2.1.4 人才吸引力指数	45.60	
2.1.5 高新区企业 R&D 人员所占比重	87.57	
2.2 研发投入	29.43	28
2.2.1 R&D 内部经费占 GDP 的比重	36.94	
2.2.2 一般公共预算科学技术支出占 GDP 的比重	19.31	
2.2.3 高新区企业 R&D 经费内部支出占营业收入比重	32.04	
2.3 创新机构	23.85	14
2.3.1 文化机构	50.99	
2.3.2 国家重点实验室	4.76	
2.3.3 国家创新中心	15.79	
3.1 知识创造	33.47	27
3.1.1 每十万人发明专利授权数	41.57	
3.1.2 每十万人 WoS 论文数	28.37	
3.1.3 每亿元 R&D 内部经费支出所取得的发明专利授权数	11.20	
3.1.4 国际科研合作	52.74	
3.2 知识扩散	29.06	10

济南	得分	排名
3.2.1 输出技术成交额占地区生产总值的比重	20.55	
3.2.2 吸纳技术成交额占地区生产总值的比重	46.25	
3.2.3 国家技术转移机构数	20.37	
4.1 创新经济效益	55.17	36
4.1.1 人均地区生产总值	56.89	
4.1.2 贸易顺差（逆差）	80.98	
4.1.3 人均工业增加值	27.62	
4.2 数字创新活力	10.03	48
4.2.1 数字产业活力	9.11	
4.2.2 数字消费活力	3.65	
4.2.3 数字政务活力	9.04	
4.2.4 数字文化活力	18.31	
4.3 创新包容性	56.85	65
4.3.1 城镇登记失业率	76.53	
4.3.2 城乡居民人均可支配收入比	16.29	
4.3.3 平均房价与人均可支配收入比	77.73	
4.4 创新可持续性	62.93	94
4.4.1 单位 GDP 能耗	90.17	
4.4.2 废水废物处理能力	81.82	
4.4.3 空气质量指数	26.90	
4.4.4 园林绿化覆盖率	52.84	
大连	**得分**	**排名**
城市创新型经济指数	32.46	24
1 基础设施	30.85	12
2 创新资源	21.64	45
3 创新过程	25.22	21

续表

大连	得分	排名
4 创新产出	51.32	39
1.1 数字基础	40.74	20
1.1.1 固网宽带应用渗透率	41.49	
1.1.2 移动网络应用渗透率	80.72	
1.1.3 工业互联网示范项目数量	0.00	
1.2 交通基础	44.82	3
1.2.1 公路单位里程运输量	2.89	
1.2.2 人均快递业务量	1.58	
1.2.3 城市物流仓储用地面积占城市建设用地总面积比重	100.00	
1.2.4 公共汽(电)车运输人次占总人口比重	74.82	
1.3 金融基础	35.47	24
1.3.1 年末金融机构人民币各项存款余额	7.85	
1.3.2 年末金融机构人民币各项贷款余额	13.91	
1.3.3 数字金融	84.64	
1.4 政策基础	0.52	62
1.4.1 "人才"类政府文件	0.00	
1.4.2 "创新"类政府文件	1.04	
2.1 人力资源	29.68	44
2.1.1 普通高等学校教育数量与质量	34.12	
2.1.2 中等职业学校教育数量与质量	40.19	
2.1.3 一般公共预算教育支出占 GDP 比重	3.63	
2.1.4 人才吸引力指数	29.30	
2.1.5 高新区企业 R&D 人员所占比重	41.15	
2.2 研发投入	16.55	76
2.2.1 R&D 内部经费占 GDP 的比重	22.76	
2.2.2 一般公共预算科学技术支出占 GDP 的比重	13.70	

续表

大连	得分	排名
2.2.3 高新区企业 R&D 经费内部支出占营业收入比重	13.20	
2.3 创新机构	20.05	19
2.3.1 文化机构	46.16	
2.3.2 国家重点实验室	7.14	
2.3.3 国家创新中心	6.84	
3.1 知识创造	32.20	30
3.1.1 每十万人发明专利授权数	24.28	
3.1.2 每十万人 WoS 论文数	32.52	
3.1.3 每亿元 R&D 内部经费支出所取得的发明专利授权数	9.95	
3.1.4 国际科研合作	62.06	
3.2 知识扩散	18.35	29
3.2.1 输出技术成交额占地区生产总值的比重	23.74	
3.2.2 吸纳技术成交额占地区生产总值的比重	20.21	
3.2.3 国家技术转移机构数	11.11	
4.1 创新经济效益	55.33	35
4.1.1 人均地区生产总值	44.62	
4.1.2 贸易顺差（逆差）	77.55	
4.1.3 人均工业增加值	43.84	
4.2 数字创新活力	21.50	24
4.2.1 数字产业活力	14.95	
4.2.2 数字消费活力	2.46	
4.2.3 数字政务活力	44.37	
4.2.4 数字文化活力	24.20	
4.3 创新包容性	53.63	77
4.3.1 城镇登记失业率	44.90	
4.3.2 城乡居民人均可支配收入比	43.25	

续表

大连	得分	排名
4.3.3 平均房价与人均可支配收入比	72.74	
4.4 创新可持续性	74.47	34
4.4.1 单位 GDP 能耗	74.88	
4.4.2 废水废物处理能力	73.22	
4.4.3 空气质量指数	78.21	
4.4.4 园林绿化覆盖率	71.59	
常州	**得分**	**排名**
城市创新型经济指数	31.94	25
1 基础设施	20.22	45
2 创新资源	23.49	35
3 创新过程	22.23	34
4 创新产出	60.99	7
1.1 数字基础	38.68	25
1.1.1 固网宽带应用渗透率	61.83	
1.1.2 移动网络应用渗透率	54.22	
1.1.3 工业互联网示范项目数量	0.00	
1.2 交通基础	6.78	92
1.2.1 公路单位里程运输量	2.61	
1.2.2 人均快递业务量	2.76	
1.2.3 城市物流仓储用地面积占城市建设用地总面积比重	8.45	
1.2.4 公共汽(电)车运输人次占总人口比重	13.30	
1.3 金融基础	33.99	27
1.3.1 年末金融机构人民币各项存款余额	6.25	
1.3.2 年末金融机构人民币各项贷款余额	12.11	
1.3.3 数字金融	83.60	
1.4 政策基础	0.00	79

常州	得分	排名
1.4.1"人才"类政府文件	0.00	
1.4.2"创新"类政府文件	0.00	
2.1 人力资源	28.92	49
2.1.1 普通高等学校教育数量与质量	19.09	
2.1.2 中等职业学校教育数量与质量	44.86	
2.1.3 一般公共预算教育支出占 GDP 比重	2.46	
2.1.4 人才吸引力指数	37.90	
2.1.5 高新区企业 R&D 人员所占比重	40.27	
2.2 研发投入	29.30	30
2.2.1 R&D 内部经费占 GDP 的比重	41.97	
2.2.2 一般公共预算科学技术支出占 GDP 的比重	20.85	
2.2.3 高新区企业 R&D 经费内部支出占营业收入比重	25.07	
2.3 创新机构	13.04	41
2.3.1 文化机构	32.28	
2.3.2 国家重点实验室	0.00	
2.3.3 国家创新中心	6.84	
3.1 知识创造	31.48	32
3.1.1 每十万人发明专利授权数	65.42	
3.1.2 每十万人 WoS 论文数	8.24	
3.1.3 每亿元 R&D 内部经费支出所取得的发明专利授权数	11.52	
3.1.4 国际科研合作	40.71	
3.2 知识扩散	13.16	47
3.2.1 输出技术成交额占地区生产总值的比重	8.18	
3.2.2 吸纳技术成交额占地区生产总值的比重	23.88	
3.2.3 国家技术转移机构数	7.41	
4.1 创新经济效益	80.33	6

续表

常州	得分	排名
4.1.1 人均地区生产总值	85.47	
4.1.2 贸易顺差(逆差)	85.21	
4.1.3 人均工业增加值	70.32	
4.2 数字创新活力	18.69	27
4.2.1 数字产业活力	34.28	
4.2.2 数字消费活力	6.55	
4.2.3 数字政务活力	7.46	
4.2.4 数字文化活力	26.46	
4.3 创新包容性	77.27	10
4.3.1 城镇登记失业率	86.73	
4.3.2 城乡居民人均可支配收入比	61.90	
4.3.3 平均房价与人均可支配收入比	83.17	
4.4 创新可持续性	69.46	62
4.4.1 单位 GDP 能耗	87.26	
4.4.2 废水废物处理能力	78.47	
4.4.3 空气质量指数	45.77	
4.4.4 园林绿化覆盖率	66.33	
绍兴	**得分**	**排名**
城市创新型经济指数	31.54	26
1 基础设施	26.62	24
2 创新资源	28.24	21
3 创新过程	14.99	76
4 创新产出	55.34	15
1.1 数字基础	32.25	54
1.1.1 固网宽带应用渗透率	39.06	
1.1.2 移动网络应用渗透率	57.69	

续表

绍兴	得分	排名
1.1.3 工业互联网示范项目数量	0.00	
1.2 交通基础	7.32	89
1.2.1 公路单位里程运输量	2.14	
1.2.2 人均快递业务量	6.81	
1.2.3 城市物流仓储用地面积占城市建设用地总面积比重	8.14	
1.2.4 公共汽(电)车运输人次占总人口比重	12.21	
1.3 金融基础	32.81	31
1.3.1 年末金融机构人民币各项存款余额	5.49	
1.3.2 年末金融机构人民币各项贷款余额	12.06	
1.3.3 数字金融	80.86	
1.4 政策基础	34.45	8
1.4.1"人才"类政府文件	24.11	
1.4.2"创新"类政府文件	44.79	
2.1 人力资源	32.15	34
2.1.1 普通高等学校教育数量与质量	17.23	
2.1.2 中等职业学校教育数量与质量	41.72	
2.1.3 一般公共预算教育支出占 GDP 比重	15.46	
2.1.4 人才吸引力指数	36.30	
2.1.5 高新区企业 R&D 人员所占比重	50.06	
2.2 研发投入	34.01	21
2.2.1 R&D 内部经费占 GDP 的比重	35.19	
2.2.2 一般公共预算科学技术支出占 GDP 的比重	29.69	
2.2.3 高新区企业 R&D 经费内部支出占营业收入比重	37.13	
2.3 创新机构	19.10	22
2.3.1 文化机构	50.98	
2.3.2 国家重点实验室	0.00	

续表

绍兴	得分	排名
2.3.3 国家创新中心	6.32	
3.1 知识创造	23.55	50
3.1.1 每十万人发明专利授权数	45.13	
3.1.2 每十万人 WoS 论文数	2.76	
3.1.3 每亿元 R&D 内部经费支出所取得的发明专利授权数	12.25	
3.1.4 国际科研合作	34.07	
3.2 知识扩散	6.57	92
3.2.1 输出技术成交额占地区生产总值的比重	5.85	
3.2.2 吸纳技术成交额占地区生产总值的比重	12.02	
3.2.3 国家技术转移机构数	1.85	
4.1 创新经济效益	66.33	16
4.1.1 人均地区生产总值	60.11	
4.1.2 贸易顺差(逆差)	90.20	
4.1.3 人均工业增加值	48.69	
4.2 数字创新活力	9.26	52
4.2.1 数字产业活力	5.12	
4.2.2 数字消费活力	6.05	
4.2.3 数字政务活力	6.41	
4.2.4 数字文化活力	19.48	
4.3 创新包容性	75.72	12
4.3.1 城镇登记失业率	76.02	
4.3.2 城乡居民人均可支配收入比	69.83	
4.3.3 平均房价与人均可支配收入比	81.30	
4.4 创新可持续性	71.55	49
4.4.1 单位 GDP 能耗	81.29	
4.4.2 废水废物处理能力	77.83	

绍兴	得分	排名
4.4.3 空气质量指数	60.77	
4.4.4 园林绿化覆盖率	66.31	
佛山	**得分**	**排名**
城市创新型经济指数	31.19	27
1 基础设施	22.06	35
2 创新资源	26.51	26
3 创新过程	16.73	57
4 创新产出	58.56	9
1.1 数字基础	33.27	48
1.1.1 固网宽带应用渗透率	14.33	
1.1.2 移动网络应用渗透率	65.48	
1.1.3 工业互联网示范项目数量	20.00	
1.2 交通基础	11.30	70
1.2.1 公路单位里程运输量	6.21	
1.2.2 人均快递业务量	6.04	
1.2.3 城市物流仓储用地面积占城市建设用地总面积比重	12.32	
1.2.4 公共汽(电)车运输人次占总人口比重	20.62	
1.3 金融基础	39.22	16
1.3.1 年末金融机构人民币各项存款余额	9.74	
1.3.2 年末金融机构人民币各项贷款余额	17.36	
1.3.3 数字金融	90.56	
1.4 政策基础	3.50	34
1.4.1"人才"类政府文件	2.84	
1.4.2"创新"类政府文件	4.17	
2.1 人力资源	31.35	36
2.1.1 普通高等学校教育数量与质量	5.14	

续表

佛山	得分	排名
2.1.2 中等职业学校教育数量与质量	32.47	
2.1.3 一般公共预算教育支出占 GDP 比重	3.62	
2.1.4 人才吸引力指数	45.60	
2.1.5 高新区企业 R&D 人员所占比重	69.94	
2.2 研发投入	39.11	16
2.2.1 R&D 内部经费占 GDP 的比重	33.68	
2.2.2 一般公共预算科学技术支出占 GDP 的比重	49.54	
2.2.3 高新区企业 R&D 经费内部支出占营业收入比重	34.11	
2.3 创新机构	9.65	60
2.3.1 文化机构	20.00	
2.3.2 国家重点实验室	0.00	
2.3.3 国家创新中心	8.95	
3.1 知识创造	28.05	39
3.1.1 每十万人发明专利授权数	63.33	
3.1.2 每十万人 WoS 论文数	9.69	
3.1.3 每亿元 R&D 内部经费支出所取得的发明专利授权数	18.00	
3.1.4 国际科研合作	21.17	
3.2 知识扩散	5.61	98
3.2.1 输出技术成交额占地区生产总值的比重	0.88	
3.2.2 吸纳技术成交额占地区生产总值的比重	14.11	
3.2.3 国家技术转移机构数	1.85	
4.1 创新经济效益	73.83	9
4.1.1 人均地区生产总值	59.58	
4.1.2 贸易顺差（逆差）	96.00	
4.1.3 人均工业增加值	65.91	
4.2 数字创新活力	11.52	40

佛山	得分	排名
4.2.1 数字产业活力	10.87	
4.2.2 数字消费活力	5.41	
4.2.3 数字政务活力	7.72	
4.2.4 数字文化活力	22.08	
4.3 创新包容性	74.44	14
4.3.1 城镇登记失业率	66.33	
4.3.2 城乡居民人均可支配收入比	70.90	
4.3.3 平均房价与人均可支配收入比	86.08	
4.4 创新可持续性	75.78	27
4.4.1 单位 GDP 能耗	63.00	
4.4.2 废水废物处理能力	99.99	
4.4.3 空气质量指数	66.01	
4.4.4 园林绿化覆盖率	74.13	
芜湖	得分	排名
城市创新型经济指数	31.16	28
1 基础设施	16.09	68
2 创新资源	31.58	15
3 创新过程	22.99	29
4 创新产出	53.61	27
1.1 数字基础	33.25	49
1.1.1 固网宽带应用渗透率	34.72	
1.1.2 移动网络应用渗透率	55.04	
1.1.3 工业互联网示范项目数量	10.00	
1.2 交通基础	7.66	86
1.2.1 公路单位里程运输量	1.00	
1.2.2 人均快递业务量	3.60	

续表

芜湖	得分	排名
1.2.3 城市物流仓储用地面积占城市建设用地总面积比重	11.62	
1.2.4 公共汽(电)车运输人次占总人口比重	14.43	
1.3 金融基础	15.33	72
1.3.1 年末金融机构人民币各项存款余额	1.90	
1.3.2 年末金融机构人民币各项贷款余额	4.06	
1.3.3 数字金融	40.03	
1.4 政策基础	6.93	19
1.4.1"人才"类政府文件	7.09	
1.4.2"创新"类政府文件	6.77	
2.1 人力资源	29.08	48
2.1.1 普通高等学校教育数量与质量	25.66	
2.1.2 中等职业学校教育数量与质量	39.92	
2.1.3 一般公共预算教育支出占 GDP 比重	11.36	
2.1.4 人才吸引力指数	23.60	
2.1.5 高新区企业 R&D 人员所占比重	44.89	
2.2 研发投入	56.14	3
2.2.1 R&D 内部经费占 GDP 的比重	47.95	
2.2.2 一般公共预算科学技术支出占 GDP 的比重	100.00	
2.2.3 高新区企业 R&D 经费内部支出占营业收入比重	20.47	
2.3 创新机构	8.78	66
2.3.1 文化机构	18.45	
2.3.2 国家重点实验室	0.00	
2.3.3 国家创新中心	7.89	
3.1 知识创造	21.81	56
3.1.1 每十万人发明专利授权数	28.88	
3.1.2 每十万人 WoS 论文数	7.82	

芜湖	得分	排名
3.1.3 每亿元 R&D内部经费支出所取得的发明专利授权数	6.33	
3.1.4 国际科研合作	44.19	
3.2 知识扩散	24.15	12
3.2.1 输出技术成交额占地区生产总值的比重	14.89	
3.2.2 吸纳技术成交额占地区生产总值的比重	55.70	
3.2.3 国家技术转移机构数	1.85	
4.1 创新经济效益	58.98	29
4.1.1 人均地区生产总值	53.18	
4.1.2 贸易顺差（逆差）	80.25	
4.1.3 人均工业增加值	43.51	
4.2 数字创新活力	8.57	55
4.2.1 数字产业活力	9.48	
4.2.2 数字消费活力	2.65	
4.2.3 数字政务活力	5.62	
4.2.4 数字文化活力	16.52	
4.3 创新包容性	75.43	13
4.3.1 城镇登记失业率	72.96	
4.3.2 城乡居民人均可支配收入比	65.02	
4.3.3 平均房价与人均可支配收入比	88.31	
4.4 创新可持续性	72.72	40
4.4.1 单位 GDP 能耗	90.49	
4.4.2 废水废物处理能力	77.54	
4.4.3 空气质量指数	51.45	
4.4.4 园林绿化覆盖率	71.39	

续表

福州	得分	排名
城市创新型经济指数	30.99	29
1 基础设施	22.93	33
2 创新资源	25.67	31
3 创新过程	22.27	32
4 创新产出	52.44	33
1.1 数字基础	38.27	26
1.1.1 固网宽带应用渗透率	45.27	
1.1.2 移动网络应用渗透率	59.54	
1.1.3 工业互联网示范项目数量	10.00	
1.2 交通基础	12.93	58
1.2.1 公路单位里程运输量	3.55	
1.2.2 人均快递业务量	2.50	
1.2.3 城市物流仓储用地面积占城市建设用地总面积比重	19.02	
1.2.4 公共汽(电)车运输人次占总人口比重	26.64	
1.3 金融基础	37.97	19
1.3.1 年末金融机构人民币各项存款余额	9.01	
1.3.2 年末金融机构人民币各项贷款余额	22.99	
1.3.3 数字金融	81.92	
1.4 政策基础	1.23	50
1.4.1 "人才"类政府文件	1.42	
1.4.2 "创新"类政府文件	1.04	
2.1 人力资源	36.87	24
2.1.1 普通高等学校教育数量与质量	30.28	
2.1.2 中等职业学校教育数量与质量	35.84	
2.1.3 一般公共预算教育支出占 GDP 比重	5.33	
2.1.4 人才吸引力指数	32.30	

续表

福州	得分	排名
2.1.5 高新区企业 R&D 人员所占比重	80.61	
2.2 研发投入	26.74	34
2.2.1 R&D 内部经费占 GDP 的比重	20.03	
2.2.2 一般公共预算科学技术支出占 GDP 的比重	18.56	
2.2.3 高新区企业 R&D 经费内部支出占营业收入比重	41.63	
2.3 创新机构	15.16	29
2.3.1 文化机构	38.12	
2.3.2 国家重点实验室	0.00	
2.3.3 国家创新中心	7.37	
3.1 知识创造	30.00	35
3.1.1 每十万人发明专利授权数	22.16	
3.1.2 每十万人 WoS 论文数	18.41	
3.1.3 每亿元 R&D 内部经费支出所取得的发明专利授权数	9.92	
3.1.4 国际科研合作	69.50	
3.2 知识扩散	14.67	36
3.2.1 输出技术成交额占地区生产总值的比重	1.93	
3.2.2 吸纳技术成交额占地区生产总值的比重	27.27	
3.2.3 国家技术转移机构数	14.81	
4.1 创新经济效益	60.69	23
4.1.1 人均地区生产总值	65.08	
4.1.2 贸易顺差(逆差)	83.89	
4.1.3 人均工业增加值	33.09	
4.2 数字创新活力	20.03	26
4.2.1 数字产业活力	12.11	
4.2.2 数字消费活力	0.54	
4.2.3 数字政务活力	46.22	

续表

福州	得分	排名
4.2.4 数字文化活力	21.28	
4.3 创新包容性	47.59	93
4.3.1 城镇登记失业率	46.94	
4.3.2 城乡居民人均可支配收入比	43.68	
4.3.3 平均房价与人均可支配收入比	52.16	
4.4 创新可持续性	80.62	9
4.4.1 单位 GDP 能耗	96.04	
4.4.2 废水废物处理能力	78.86	
4.4.3 空气质量指数	89.14	
4.4.4 园林绿化覆盖率	58.45	
沈阳	**得分**	**排名**
城市创新型经济指数	30.18	30
1 基础设施	22.21	34
2 创新资源	25.85	29
3 创新过程	26.89	18
4 创新产出	45.44	77
1.1 数字基础	27.28	74
1.1.1 固网宽带应用渗透率	16.23	
1.1.2 移动网络应用渗透率	65.62	
1.1.3 工业互联网示范项目数量	0.00	
1.2 交通基础	24.95	17
1.2.1 公路单位里程运输量	3.83	
1.2.2 人均快递业务量	3.29	
1.2.3 城市物流仓储用地面积占城市建设用地总面积比重	47.71	
1.2.4 公共汽(电)车运输人次占总人口比重	44.98	
1.3 金融基础	33.12	29

续表

沈阳	得分	排名
1.3.1 年末金融机构人民币各项存款余额	9.25	
1.3.2 年末金融机构人民币各项贷款余额	20.53	
1.3.3 数字金融	69.59	
1.4 政策基础	2.53	38
1.4.1 "人才"类政府文件	1.42	
1.4.2 "创新"类政府文件	3.65	
2.1 人力资源	37.66	23
2.1.1 普通高等学校教育数量与质量	32.29	
2.1.2 中等职业学校教育数量与质量	39.89	
2.1.3 一般公共预算教育支出占 GDP 比重	2.76	
2.1.4 人才吸引力指数	30.70	
2.1.5 高新区企业 R&D 人员所占比重	82.66	
2.2 研发投入	21.96	52
2.2.1 R&D 内部经费占 GDP 的比重	7.69	
2.2.2 一般公共预算科学技术支出占 GDP 的比重	16.96	
2.2.3 高新区企业 R&D 经费内部支出占营业收入比重	41.21	
2.3 创新机构	19.86	20
2.3.1 文化机构	31.32	
2.3.2 国家重点实验室	4.76	
2.3.3 国家创新中心	23.51	
3.1 知识创造	32.44	29
3.1.1 每十万人发明专利授权数	19.91	
3.1.2 每十万人 WoS 论文数	23.80	
3.1.3 每亿元 R&D 内部经费支出所取得的发明专利授权数	36.72	
3.1.4 国际科研合作	49.33	
3.2 知识扩散	21.43	18

续表

沈阳	得分	排名
3.2.1 输出技术成交额占地区生产总值的比重	26.61	
3.2.2 吸纳技术成交额占地区生产总值的比重	24.72	
3.2.3 国家技术转移机构数	12.96	
4.1 创新经济效益	41.31	77
4.1.1 人均地区生产总值	27.84	
4.1.2 贸易顺差(逆差)	77.28	
4.1.3 人均工业增加值	18.80	
4.2 数字创新活力	11.82	38
4.2.1 数字产业活力	18.01	
4.2.2 数字消费活力	3.66	
4.2.3 数字政务活力	5.09	
4.2.4 数字文化活力	20.54	
4.3 创新包容性	55.46	70
4.3.1 城镇登记失业率	48.72	
4.3.2 城乡居民人均可支配收入比	29.84	
4.3.3 平均房价与人均可支配收入比	87.81	
4.4 创新可持续性	72.91	38
4.4.1 单位 GDP 能耗	87.73	
4.4.2 废水废物处理能力	82.84	
4.4.3 空气质量指数	67.99	
4.4.4 园林绿化覆盖率	53.07	

扬州	得分	排名
城市创新型经济指数	29.77	31
1 基础设施	16.58	65
2 创新资源	20.33	50
3 创新过程	28.43	16

扬州	得分	排名
4 创新产出	53.25	29
1.1 数字基础	34.43	43
1.1.1 固网宽带应用渗透率	45.50	
1.1.2 移动网络应用渗透率	57.78	
1.1.3 工业互联网示范项目数量	0.00	
1.2 交通基础	6.22	96
1.2.1 公路单位里程运输量	0.95	
1.2.2 人均快递业务量	2.31	
1.2.3 城市物流仓储用地面积占城市建设用地总面积比重	13.51	
1.2.4 公共汽(电)车运输人次占总人口比重	8.08	
1.3 金融基础	24.33	46
1.3.1 年末金融机构人民币各项存款余额	3.48	
1.3.2 年末金融机构人民币各项贷款余额	6.84	
1.3.3 数字金融	62.67	
1.4 政策基础	0.00	79
1.4.1"人才"类政府文件	0.00	
1.4.2"创新"类政府文件	0.00	
2.1 人力资源	32.71	31
2.1.1 普通高等学校教育数量与质量	17.73	
2.1.2 中等职业学校教育数量与质量	39.74	
2.1.3 一般公共预算教育支出占 GDP 比重	6.54	
2.1.4 人才吸引力指数	26.00	
2.1.5 高新区企业 R&D 人员所占比重	73.55	
2.2 研发投入	20.30	61
2.2.1 R&D 内部经费占 GDP 的比重	4.45	
2.2.2 一般公共预算科学技术支出占 GDP 的比重	10.41	

续表

扬州	得分	排名
2.2.3 高新区企业 R&D 经费内部支出占营业收入比重	46.04	
2.3 创新机构	9.97	58
2.3.1 文化机构	28.33	
2.3.2 国家重点实验室	0.00	
2.3.3 国家创新中心	1.58	
3.1 知识创造	44.39	10
3.1.1 每十万人发明专利授权数	39.72	
3.1.2 每十万人 WoS 论文数	12.37	
3.1.3 每亿元 R&D 内部经费支出所取得的发明专利授权数	63.01	
3.1.4 国际科研合作	62.47	
3.2 知识扩散	12.76	50
3.2.1 输出技术成交额占地区生产总值的比重	8.85	
3.2.2 吸纳技术成交额占地区生产总值的比重	23.88	
3.2.3 国家技术转移机构数	5.56	
4.1 创新经济效益	70.22	13
4.1.1 人均地区生产总值	72.63	
4.1.2 贸易顺差(逆差)	81.21	
4.1.3 人均工业增加值	56.82	
4.2 数字创新活力	11.67	39
4.2.1 数字产业活力	20.65	
4.2.2 数字消费活力	1.04	
4.2.3 数字政务活力	5.62	
4.2.4 数字文化活力	19.38	
4.3 创新包容性	62.73	52
4.3.1 城镇登记失业率	50.26	
4.3.2 城乡居民人均可支配收入比	60.29	

续表

扬州	得分	排名
4.3.3 平均房价与人均可支配收入比	77.66	
4.4 创新可持续性	69.36	63
4.4.1 单位 GDP 能耗	96.58	
4.4.2 废水废物处理能力	69.07	
4.4.3 空气质量指数	44.74	
4.4.4 园林绿化覆盖率	67.04	

镇江	得分	排名
城市创新型经济指数	29.60	32
1 基础设施	19.32	50
2 创新资源	20.68	48
3 创新过程	21.25	39
4 创新产出	56.36	13
1.1 数字基础	36.74	33
1.1.1 固网宽带应用渗透率	50.42	
1.1.2 移动网络应用渗透率	59.80	
1.1.3 工业互联网示范项目数量	0.00	
1.2 交通基础	12.00	62
1.2.1 公路单位里程运输量	2.27	
1.2.2 人均快递业务量	3.38	
1.2.3 城市物流仓储用地面积占城市建设用地总面积比重	30.34	
1.2.4 公共汽(电)车运输人次占总人口比重	12.00	
1.3 金融基础	27.04	40
1.3.1 年末金融机构人民币各项存款余额	2.68	
1.3.2 年末金融机构人民币各项贷款余额	6.65	
1.3.3 数字金融	71.79	
1.4 政策基础	0.00	79

续表

镇江	得分	排名
1.4.1"人才"类政府文件	0.00	
1.4.2"创新"类政府文件	0.00	
2.1 人力资源	28.71	53
2.1.1 普通高等学校教育数量与质量	25.17	
2.1.2 中等职业学校教育数量与质量	48.06	
2.1.3 一般公共预算教育支出占 GDP 比重	7.29	
2.1.4 人才吸引力指数	28.50	
2.1.5 高新区企业 R&D 人员所占比重	34.52	
2.2 研发投入	22.92	47
2.2.1 R&D 内部经费占 GDP 的比重	25.68	
2.2.2 一般公共预算科学技术支出占 GDP 的比重	15.54	
2.2.3 高新区企业 R&D 经费内部支出占营业收入比重	27.56	
2.3 创新机构	11.66	48
2.3.1 文化机构	32.35	
2.3.2 国家重点实验室	0.00	
2.3.3 国家创新中心	2.63	
3.1 知识创造	41.63	12
3.1.1 每十万人发明专利授权数	44.36	
3.1.2 每十万人 WoS 论文数	28.40	
3.1.3 每亿元 R&D 内部经费支出所取得的发明专利授权数	14.05	
3.1.4 国际科研合作	79.73	
3.2 知识扩散	1.24	105
3.2.1 输出技术成交额占地区生产总值的比重	0.01	
3.2.2 吸纳技术成交额占地区生产总值的比重	0.00	
3.2.3 国家技术转移机构数	3.70	
4.1 创新经济效益	73.02	10

续表

镇江	得分	排名
4.1.1 人均地区生产总值	73.73	
4.1.2 贸易顺差(逆差)	80.78	
4.1.3 人均工业增加值	64.56	
4.2 数字创新活力	12.93	36
4.2.1 数字产业活力	23.48	
4.2.2 数字消费活力	3.78	
4.2.3 数字政务活力	4.03	
4.2.4 数字文化活力	20.41	
4.3 创新包容性	71.94	27
4.3.1 城镇登记失业率	63.78	
4.3.2 城乡居民人均可支配收入比	58.62	
4.3.3 平均房价与人均可支配收入比	93.42	
4.4 创新可持续性	69.06	66
4.4.1 单位 GDP 能耗	90.88	
4.4.2 废水废物处理能力	81.98	
4.4.3 空气质量指数	42.94	
4.4.4 园林绿化覆盖率	60.45	
金华	**得分**	**排名**
城市创新型经济指数	29.60	33
1 基础设施	28.51	16
2 创新资源	16.46	71
3 创新过程	21.50	37
4 创新产出	50.97	40
1.1 数字基础	23.81	88
1.1.1 固网宽带应用渗透率	0.04	
1.1.2 移动网络应用渗透率	71.38	

续表

金华	得分	排名
1.1.3 工业互联网示范项目数量	0.00	
1.2 交通基础	20.19	31
1.2.1 公路单位里程运输量	2.45	
1.2.2 人均快递业务量	69.08	
1.2.3 城市物流仓储用地面积占城市建设用地总面积比重	5.73	
1.2.4 公共汽(电)车运输人次占总人口比重	3.50	
1.3 金融基础	34.37	25
1.3.1 年末金融机构人民币各项存款余额	5.55	
1.3.2 年末金融机构人民币各项贷款余额	11.89	
1.3.3 数字金融	85.66	
1.4 政策基础	36.42	7
1.4.1 "人才"类政府文件	21.28	
1.4.2 "创新"类政府文件	51.56	
2.1 人力资源	24.94	69
2.1.1 普通高等学校教育数量与质量	15.19	
2.1.2 中等职业学校教育数量与质量	40.64	
2.1.3 一般公共预算教育支出占 GDP 比重	29.59	
2.1.4 人才吸引力指数	39.30	
2.1.5 高新区企业 R&D 人员所占比重	0.00	
2.2 研发投入	17.03	70
2.2.1 R&D 内部经费占 GDP 的比重	26.19	
2.2.2 一般公共预算科学技术支出占 GDP 的比重	24.89	
2.2.3 高新区企业 R&D 经费内部支出占营业收入比重	0.00	
2.3 创新机构	8.77	67
2.3.1 文化机构	24.72	
2.3.2 国家重点实验室	0.00	

续表

金华	得分	排名
2.3.3 国家创新中心	1.58	
3.1 知识创造	34.39	25
3.1.1 每十万人发明专利授权数	40.75	
3.1.2 每十万人 WoS 论文数	3.03	
3.1.3 每亿元 R&D 内部经费支出所取得的发明专利授权数	24.96	
3.1.4 国际科研合作	68.82	
3.2 知识扩散	8.84	77
3.2.1 输出技术成交额占地区生产总值的比重	4.46	
3.2.2 吸纳技术成交额占地区生产总值的比重	18.37	
3.2.3 国家技术转移机构数	3.70	
4.1 创新经济效益	49.56	52
4.1.1 人均地区生产总值	25.04	
4.1.2 贸易顺差(逆差)	100.00	
4.1.3 人均工业增加值	23.64	
4.2 数字创新活力	8.48	56
4.2.1 数字产业活力	7.98	
4.2.2 数字消费活力	0.34	
4.2.3 数字政务活力	5.09	
4.2.4 数字文化活力	20.53	
4.3 创新包容性	71.99	26
4.3.1 城镇登记失业率	87.76	
4.3.2 城乡居民人均可支配收入比	51.50	
4.3.3 平均房价与人均可支配收入比	76.71	
4.4 创新可持续性	74.64	33
4.4.1 单位 GDP 能耗	96.08	
4.4.2 废水废物处理能力	77.27	

续表

金华	得分	排名
4.4.3 空气质量指数	70.88	
4.4.4 园林绿化覆盖率	54.34	

郑州	得分	排名
城市创新型经济指数	29.56	34
1 基础设施	24.66	29
2 创新资源	26.80	25
3 创新过程	18.19	53
4 创新产出	47.91	59
1.1 数字基础	37.09	31
1.1.1 固网宽带应用渗透率	39.76	
1.1.2 移动网络应用渗透率	71.51	
1.1.3 工业互联网示范项目数量	0.00	
1.2 交通基础	20.96	28
1.2.1 公路单位里程运输量	3.23	
1.2.2 人均快递业务量	4.91	
1.2.3 城市物流仓储用地面积占城市建设用地总面积比重	50.18	
1.2.4 公共汽(电)车运输人次占总人口比重	25.53	
1.3 金融基础	39.21	17
1.3.1 年末金融机构人民币各项存款余额	12.97	
1.3.2 年末金融机构人民币各项贷款余额	34.68	
1.3.3 数字金融	70.00	
1.4 政策基础	0.00	79
1.4.1 "人才"类政府文件	0.00	
1.4.2 "创新"类政府文件	0.00	
2.1 人力资源	40.96	16
2.1.1 普通高等学校教育数量与质量	53.90	

郑州	得分	排名
2.1.2 中等职业学校教育数量与质量	57.21	
2.1.3 一般公共预算教育支出占 GDP 比重	10.93	
2.1.4 人才吸引力指数	44.10	
2.1.5 高新区企业 R&D 人员所占比重	38.66	
2.2 研发投入	29.73	27
2.2.1 R&D 内部经费占 GDP 的比重	33.59	
2.2.2 一般公共预算科学技术支出占 GDP 的比重	38.51	
2.2.3 高新区企业 R&D 经费内部支出占营业收入比重	17.09	
2.3 创新机构	11.92	46
2.3.1 文化机构	22.31	
2.3.2 国家重点实验室	2.38	
2.3.3 国家创新中心	11.05	
3.1 知识创造	28.75	37
3.1.1 每十万人发明专利授权数	30.88	
3.1.2 每十万人 WoS 论文数	18.39	
3.1.3 每亿元 R&D 内部经费支出所取得的发明专利授权数	11.26	
3.1.4 国际科研合作	54.48	
3.2 知识扩散	7.82	84
3.2.1 输出技术成交额占地区生产总值的比重	3.29	
3.2.2 吸纳技术成交额占地区生产总值的比重	10.90	
3.2.3 国家技术转移机构数	9.26	
4.1 创新经济效益	49.78	50
4.1.1 人均地区生产总值	41.50	
4.1.2 贸易顺差（逆差）	84.51	
4.1.3 人均工业增加值	23.33	
4.2 数字创新活力	17.86	29

续表

郑州	得分	排名
4.2.1 数字产业活力	5.20	
4.2.2 数字消费活力	2.63	
4.2.3 数字政务活力	42.26	
4.2.4 数字文化活力	21.33	
4.3 创新包容性	67.24	37
4.3.1 城镇登记失业率	56.38	
4.3.2 城乡居民人均可支配收入比	71.49	
4.3.3 平均房价与人均可支配收入比	73.86	
4.4 创新可持续性	57.96	99
4.4.1 单位 GDP 能耗	92.07	
4.4.2 废水废物处理能力	84.69	
4.4.3 空气质量指数	14.39	
4.4.4 园林绿化覆盖率	40.69	
威海	**得分**	**排名**
城市创新型经济指数	29.29	35
1 基础设施	21.68	38
2 创新资源	20.45	49
3 创新过程	19.83	44
4 创新产出	54.34	23
1.1 数字基础	45.81	11
1.1.1 固网宽带应用渗透率	45.92	
1.1.2 移动网络应用渗透率	71.50	
1.1.3 工业互联网示范项目数量	20.00	
1.2 交通基础	13.81	51
1.2.1 公路单位里程运输量	1.29	
1.2.2 人均快递业务量	3.15	

威海	得分	排名
1.2.3 城市物流仓储用地面积占城市建设用地总面积比重	14.14	
1.2.4 公共汽(电)车运输人次占总人口比重	36.67	
1.3 金融基础	20.21	54
1.3.1 年末金融机构人民币各项存款余额	1.85	
1.3.2 年末金融机构人民币各项贷款余额	3.26	
1.3.3 数字金融	55.53	
1.4 政策基础	5.06	25
1.4.1 "人才"类政府文件	2.84	
1.4.2 "创新"类政府文件	7.29	
2.1 人力资源	30.90	39
2.1.1 普通高等学校教育数量与质量	24.30	
2.1.2 中等职业学校教育数量与质量	50.53	
2.1.3 一般公共预算教育支出占 GDP 比重	22.20	
2.1.4 人才吸引力指数	27.10	
2.1.5 高新区企业 R&D 人员所占比重	30.39	
2.2 研发投入	18.59	65
2.2.1 R&D 内部经费占 GDP 的比重	33.00	
2.2.2 一般公共预算科学技术支出占 GDP 的比重	8.65	
2.2.3 高新区企业 R&D 经费内部支出占营业收入比重	14.13	
2.3 创新机构	13.54	37
2.3.1 文化机构	33.26	
2.3.2 国家重点实验室	0.00	
2.3.3 国家创新中心	7.37	
3.1 知识创造	25.72	45
3.1.1 每十万人发明专利授权数	28.88	
3.1.2 每十万人 WoS 论文数	7.65	

续表

威海	得分	排名
3.1.3 每亿元 R&D 内部经费支出所取得的发明专利授权数	8.99	
3.1.4 国际科研合作	57.37	
3.2 知识扩散	14.04	44
3.2.1 输出技术成交额占地区生产总值的比重	10.95	
3.2.2 吸纳技术成交额占地区生产总值的比重	31.18	
3.2.3 国家技术转移机构数	0.00	
4.1 创新经济效益	58.31	30
4.1.1 人均地区生产总值	54.11	
4.1.2 贸易顺差（逆差）	83.39	
4.1.3 人均工业增加值	37.44	
4.2 数字创新活力	11.31	41
4.2.1 数字产业活力	29.05	
4.2.2 数字消费活力	1.08	
4.2.3 数字政务活力	2.45	
4.2.4 数字文化活力	12.67	
4.3 创新包容性	68.20	33
4.3.1 城镇登记失业率	68.88	
4.3.2 城乡居民人均可支配收入比	44.18	
4.3.3 平均房价与人均可支配收入比	91.55	
4.4 创新可持续性	79.97	12
4.4.1 单位 GDP 能耗	94.61	
4.4.2 废水废物处理能力	79.14	
4.4.3 空气质量指数	73.76	
4.4.4 园林绿化覆盖率	72.38	

续表

连云港	得分	排名
城市创新型经济指数	29.01	36
1 基础设施	26.02	27
2 创新资源	28.30	20
3 创新过程	11.37	90
4 创新产出	49.43	45
1.1 数字基础	32.26	53
1.1.1 固网宽带应用渗透率	38.60	
1.1.2 移动网络应用渗透率	58.17	
1.1.3 工业互联网示范项目数量	0.00	
1.2 交通基础	23.68	19
1.2.1 公路单位里程运输量	1.83	
1.2.2 人均快递业务量	3.55	
1.2.3 城市物流仓储用地面积占城市建设用地总面积比重	75.79	
1.2.4 公共汽(电)车运输人次占总人口比重	13.54	
1.3 金融基础	15.68	70
1.3.1 年末金融机构人民币各项存款余额	1.66	
1.3.2 年末金融机构人民币各项贷款余额	4.56	
1.3.3 数字金融	40.83	
1.4 政策基础	32.29	9
1.4.1 "人才"类政府文件	41.13	
1.4.2 "创新"类政府文件	23.44	
2.1 人力资源	30.42	41
2.1.1 普通高等学校教育数量与质量	9.88	
2.1.2 中等职业学校教育数量与质量	41.30	
2.1.3 一般公共预算教育支出占 GDP 比重	26.27	
2.1.4 人才吸引力指数	20.50	

续表

连云港	得分	排名
2.1.5 高新区企业 R&D 人员所占比重	54.17	
2.2 研发投入	47.68	8
2.2.1 R&D 内部经费占 GDP 的比重	32.05	
2.2.2 一般公共预算科学技术支出占 GDP 的比重	10.99	
2.2.3 高新区企业 R&D 经费内部支出占营业收入比重	100.00	
2.3 创新机构	6.87	82
2.3.1 文化机构	17.46	
2.3.2 国家重点实验室	0.00	
2.3.3 国家创新中心	3.16	
3.1 知识创造	12.06	100
3.1.1 每十万人发明专利授权数	12.79	
3.1.2 每十万人 WoS 论文数	2.21	
3.1.3 每亿元 R&D 内部经费支出所取得的发明专利授权数	6.13	
3.1.4 国际科研合作	27.11	
3.2 知识扩散	10.70	63
3.2.1 输出技术成交额占地区生产总值的比重	8.21	
3.2.2 吸纳技术成交额占地区生产总值的比重	23.89	
3.2.3 国家技术转移机构数	0.00	
4.1 创新经济效益	44.18	68
4.1.1 人均地区生产总值	28.71	
4.1.2 贸易顺差（逆差）	78.52	
4.1.3 人均工业增加值	25.32	
4.2 数字创新活力	6.44	75
4.2.1 数字产业活力	9.26	
4.2.2 数字消费活力	2.04	
4.2.3 数字政务活力	2.98	

续表

连云港	得分	排名
4.2.4 数字文化活力	11.49	
4.3 创新包容性	79.61	8
4.3.1 城镇登记失业率	99.49	
4.3.2 城乡居民人均可支配收入比	60.12	
4.3.3 平均房价与人均可支配收入比	79.23	
4.4 创新可持续性	68.90	70
4.4.1 单位 GDP 能耗	86.50	
4.4.2 废水废物处理能力	77.26	
4.4.3 空气质量指数	55.99	
4.4.4 园林绿化覆盖率	55.86	
贵阳	**得分**	**排名**
城市创新型经济指数	29.01	37
1 基础设施	26.29	25
2 创新资源	18.29	59
3 创新过程	21.91	36
4 创新产出	48.74	51
1.1 数字基础	33.98	46
1.1.1 固网宽带应用渗透率	29.38	
1.1.2 移动网络应用渗透率	72.55	
1.1.3 工业互联网示范项目数量	0.00	
1.2 交通基础	40.91	5
1.2.1 公路单位里程运输量	58.54	
1.2.2 人均快递业务量	0.90	
1.2.3 城市物流仓储用地面积占城市建设用地总面积比重	57.02	
1.2.4 公共汽(电)车运输人次占总人口比重	47.18	
1.3 金融基础	27.39	39

续表

贵阳	得分	排名
1.3.1 年末金融机构人民币各项存款余额	6.19	
1.3.2 年末金融机构人民币各项贷款余额	18.44	
1.3.3 数字金融	57.53	
1.4 政策基础	1.30	48
1.4.1 "人才"类政府文件	0.00	
1.4.2 "创新"类政府文件	2.60	
2.1 人力资源	33.98	28
2.1.1 普通高等学校教育数量与质量	39.93	
2.1.2 中等职业学校教育数量与质量	43.21	
2.1.3 一般公共预算教育支出占 GDP 比重	29.78	
2.1.4 人才吸引力指数	28.60	
2.1.5 高新区企业 R&D 人员所占比重	28.37	
2.2 研发投入	17.68	67
2.2.1 R&D 内部经费占 GDP 的比重	12.99	
2.2.2 一般公共预算科学技术支出占 GDP 的比重	23.72	
2.2.3 高新区企业 R&D 经费内部支出占营业收入比重	16.35	
2.3 创新机构	5.72	86
2.3.1 文化机构	9.28	
2.3.2 国家重点实验室	0.00	
2.3.3 国家创新中心	7.89	
3.1 知识创造	25.48	48
3.1.1 每十万人发明专利授权数	17.39	
3.1.2 每十万人 WoS 论文数	12.76	
3.1.3 每亿元 R&D 内部经费支出所取得的发明专利授权数	20.53	
3.1.4 国际科研合作	51.23	
3.2 知识扩散	18.41	28

续表

贵阳	得分	排名
3.2.1 输出技术成交额占地区生产总值的比重	8.58	
3.2.2 吸纳技术成交额占地区生产总值的比重	42.93	
3.2.3 国家技术转移机构数	3.70	
4.1 创新经济效益	40.05	80
4.1.1 人均地区生产总值	26.64	
4.1.2 贸易顺差（逆差）	80.41	
4.1.3 人均工业增加值	13.09	
4.2 数字创新活力	23.38	18
4.2.1 数字产业活力	6.95	
4.2.2 数字消费活力	1.43	
4.2.3 数字政务活力	62.83	
4.2.4 数字文化活力	22.32	
4.3 创新包容性	48.01	91
4.3.1 城镇登记失业率	13.01	
4.3.2 城乡居民人均可支配收入比	42.80	
4.3.3 平均房价与人均可支配收入比	88.23	
4.4 创新可持续性	82.14	5
4.4.1 单位 GDP 能耗	88.08	
4.4.2 废水废物处理能力	81.65	
4.4.3 空气质量指数	99.44	
4.4.4 园林绿化覆盖率	59.38	
泉州	得分	排名
城市创新型经济指数	28.82	38
1 基础设施	19.05	51
2 创新资源	13.06	93
3 创新过程	26.39	20

续表

泉州	得分	排名
4 创新产出	55.98	14
1.1 数字基础	36.62	34
1.1.1 固网宽带应用渗透率	48.93	
1.1.2 移动网络应用渗透率	60.93	
1.1.3 工业互联网示范项目数量	0.00	
1.2 交通基础	10.61	73
1.2.1 公路单位里程运输量	1.17	
1.2.2 人均快递业务量	10.14	
1.2.3 城市物流仓储用地面积占城市建设用地总面积比重	30.55	
1.2.4 公共汽(电)车运输人次占总人口比重	0.57	
1.3 金融基础	26.90	41
1.3.1 年末金融机构人民币各项存款余额	4.24	
1.3.2 年末金融机构人民币各项贷款余额	8.84	
1.3.3 数字金融	67.64	
1.4 政策基础	0.62	56
1.4.1 "人才"类政府文件	0.71	
1.4.2 "创新"类政府文件	0.52	
2.1 人力资源	20.48	93
2.1.1 普通高等学校教育数量与质量	14.43	
2.1.2 中等职业学校教育数量与质量	30.73	
2.1.3 一般公共预算教育支出占 GDP 比重	1.03	
2.1.4 人才吸引力指数	26.40	
2.1.5 高新区企业 R&D 人员所占比重	29.81	
2.2 研发投入	10.32	93
2.2.1 R&D 内部经费占 GDP 的比重	3.10	
2.2.2 一般公共预算科学技术支出占 GDP 的比重	6.76	

泉州	得分	排名
2.2.3 高新区企业 R&D 经费内部支出占营业收入比重	21.09	
2.3 创新机构	9.62	61
2.3.1 文化机构	23.07	
2.3.2 国家重点实验室	0.00	
2.3.3 国家创新中心	5.79	
3.1 知识创造	44.48	9
3.1.1 每十万人发明专利授权数	33.68	
3.1.2 每十万人 WoS 论文数	1.23	
3.1.3 每亿元 R&D 内部经费支出所取得的发明专利授权数	81.85	
3.1.4 国际科研合作	61.15	
3.2 知识扩散	8.62	80
3.2.1 输出技术成交额占地区生产总值的比重	0.10	
3.2.2 吸纳技术成交额占地区生产总值的比重	25.75	
3.2.3 国家技术转移机构数	0.00	
4.1 创新经济效益	71.70	11
4.1.1 人均地区生产总值	60.30	
4.1.2 贸易顺差（逆差）	85.56	
4.1.3 人均工业增加值	69.25	
4.2 数字创新活力	8.07	60
4.2.1 数字产业活力	2.61	
4.2.2 数字消费活力	0.24	
4.2.3 数字政务活力	15.63	
4.2.4 数字文化活力	13.82	
4.3 创新包容性	64.62	46
4.3.1 城镇登记失业率	68.88	
4.3.2 城乡居民人均可支配收入比	43.47	

续表

泉州	得分	排名
4.3.3 平均房价与人均可支配收入比	81.51	
4.4 创新可持续性	80.16	11
4.4.1 单位 GDP 能耗	97.08	
4.4.2 废水废物处理能力	76.53	
4.4.3 空气质量指数	85.50	
4.4.4 园林绿化覆盖率	61.52	
南昌	**得分**	**排名**
城市创新型经济指数	28.75	39
1 基础设施	20.84	41
2 创新资源	28.19	22
3 创新过程	16.68	58
4 创新产出	48.68	53
1.1 数字基础	40.38	23
1.1.1 固网宽带应用渗透率	48.07	
1.1.2 移动网络应用渗透率	63.06	
1.1.3 工业互联网示范项目数量	10.00	
1.2 交通基础	11.10	72
1.2.1 公路单位里程运输量	0.42	
1.2.2 人均快递业务量	4.01	
1.2.3 城市物流仓储用地面积占城市建设用地总面积比重	17.86	
1.2.4 公共汽(电)车运输人次占总人口比重	22.13	
1.3 金融基础	30.27	36
1.3.1 年末金融机构人民币各项存款余额	6.84	
1.3.2 年末金融机构人民币各项贷款余额	18.66	
1.3.3 数字金融	65.30	
1.4 政策基础	0.00	79

南昌	得分	排名
1.4.1"人才"类政府文件	0.00	
1.4.2"创新"类政府文件	0.00	
2.1 人力资源	46.86	6
2.1.1 普通高等学校教育数量与质量	58.97	
2.1.2 中等职业学校教育数量与质量	35.81	
2.1.3 一般公共预算教育支出占 GDP 比重	13.83	
2.1.4 人才吸引力指数	30.80	
2.1.5 高新区企业 R&D 人员所占比重	94.87	
2.2 研发投入	31.63	25
2.2.1 R&D 内部经费占 GDP 的比重	26.27	
2.2.2 一般公共预算科学技术支出占 GDP 的比重	40.21	
2.2.3 高新区企业 R&D 经费内部支出占营业收入比重	28.41	
2.3 创新机构	9.01	65
2.3.1 文化机构	19.90	
2.3.2 国家重点实验室	2.38	
2.3.3 国家创新中心	4.74	
3.1 知识创造	25.54	46
3.1.1 每十万人发明专利授权数	23.35	
3.1.2 每十万人 WoS 论文数	21.68	
3.1.3 每亿元 R&D 内部经费支出所取得的发明专利授权数	10.33	
3.1.4 国际科研合作	46.82	
3.2 知识扩散	7.98	81
3.2.1 输出技术成交额占地区生产总值的比重	3.62	
3.2.2 吸纳技术成交额占地区生产总值的比重	14.76	
3.2.3 国家技术转移机构数	5.56	
4.1 创新经济效益	53.22	41

续表

南昌	得分	排名
4.1.1 人均地区生产总值	44.64	
4.1.2 贸易顺差(逆差)	81.41	
4.1.3 人均工业增加值	33.61	
4.2 数字创新活力	13.15	35
4.2.1 数字产业活力	10.56	
4.2.2 数字消费活力	1.59	
4.2.3 数字政务活力	13.00	
4.2.4 数字文化活力	27.47	
4.3 创新包容性	56.57	67
4.3.1 城镇登记失业率	48.72	
4.3.2 城乡居民人均可支配收入比	38.40	
4.3.3 平均房价与人均可支配收入比	82.59	
4.4 创新可持续性	71.86	46
4.4.1 单位 GDP 能耗	94.01	
4.4.2 废水废物处理能力	70.96	
4.4.3 空气质量指数	63.80	
4.4.4 园林绿化覆盖率	58.68	
台州	**得分**	**排名**
城市创新型经济指数	28.61	40
1 基础设施	27.45	21
2 创新资源	19.47	52
3 创新过程	12.39	85
4 创新产出	53.93	26
1.1 数字基础	35.20	40
1.1.1 固网宽带应用渗透率	33.51	
1.1.2 移动网络应用渗透率	72.10	

续表

台州	得分	排名
1.1.3 工业互联网示范项目数量	0.00	
1.2 交通基础	3.92	101
1.2.1 公路单位里程运输量	2.01	
1.2.2 人均快递业务量	8.18	
1.2.3 城市物流仓储用地面积占城市建设用地总面积比重	3.55	
1.2.4 公共汽(电)车运输人次占总人口比重	1.96	
1.3 金融基础	32.85	30
1.3.1 年末金融机构人民币各项存款余额	5.38	
1.3.2 年末金融机构人民币各项贷款余额	11.98	
1.3.3 数字金融	81.18	
1.4 政策基础	38.21	6
1.4.1 "人才"类政府文件	26.95	
1.4.2 "创新"类政府文件	49.48	
2.1 人力资源	23.13	79
2.1.1 普通高等学校教育数量与质量	12.94	
2.1.2 中等职业学校教育数量与质量	40.20	
2.1.3 一般公共预算教育支出占 GDP 比重	27.90	
2.1.4 人才吸引力指数	34.60	
2.1.5 高新区企业 R&D 人员所占比重	0.00	
2.2 研发投入	16.72	74
2.2.1 R&D 内部经费占 GDP 的比重	29.43	
2.2.2 一般公共预算科学技术支出占 GDP 的比重	20.74	
2.2.3 高新区企业 R&D 经费内部支出占营业收入比重	0.00	
2.3 创新机构	19.18	21
2.3.1 文化机构	48.59	
2.3.2 国家重点实验室	0.00	

续表

台州	得分	排名
2.3.3 国家创新中心	8.95	
3.1 知识创造	18.19	70
3.1.1 每十万人发明专利授权数	36.99	
3.1.2 每十万人 WoS 论文数	3.12	
3.1.3 每亿元 R&D 内部经费支出所取得的发明专利授权数	17.55	
3.1.4 国际科研合作	15.08	
3.2 知识扩散	6.69	91
3.2.1 输出技术成交额占地区生产总值的比重	3.74	
3.2.2 吸纳技术成交额占地区生产总值的比重	14.49	
3.2.3 国家技术转移机构数	1.85	
4.1 创新经济效益	50.46	48
4.1.1 人均地区生产总值	32.78	
4.1.2 贸易顺差(逆差)	87.91	
4.1.3 人均工业增加值	30.69	
4.2 数字创新活力	7.42	66
4.2.1 数字产业活力	6.54	
4.2.2 数字消费活力	0.47	
4.2.3 数字政务活力	5.35	
4.2.4 数字文化活力	17.32	
4.3 创新包容性	79.68	6
4.3.1 城镇登记失业率	100.00	
4.3.2 城乡居民人均可支配收入比	56.49	
4.3.3 平均房价与人均可支配收入比	82.56	
4.4 创新可持续性	79.14	14
4.4.1 单位 GDP 能耗	92.06	
4.4.2 废水废物处理能力	77.36	

台州	得分	排名
4.4.3 空气质量指数	84.44	
4.4.4 园林绿化覆盖率	62.73	

南通	得分	排名
城市创新型经济指数	28.54	41
1 基础设施	20.64	42
2 创新资源	17.07	68
3 创新过程	21.06	40
4 创新产出	54.54	22
1.1 数字基础	37.25	30
1.1.1 固网宽带应用渗透率	51.87	
1.1.2 移动网络应用渗透率	59.88	
1.1.3 工业互联网示范项目数量	0.00	
1.2 交通基础	12.19	60
1.2.1 公路单位里程运输量	1.34	
1.2.2 人均快递业务量	5.31	
1.2.3 城市物流仓储用地面积占城市建设用地总面积比重	35.61	
1.2.4 公共汽(电)车运输人次占总人口比重	6.48	
1.3 金融基础	30.42	35
1.3.1 年末金融机构人民币各项存款余额	7.62	
1.3.2 年末金融机构人民币各项贷款余额	14.83	
1.3.3 数字金融	68.82	
1.4 政策基础	1.30	48
1.4.1 "人才"类政府文件	0.00	
1.4.2 "创新"类政府文件	2.60	
2.1 人力资源	23.48	77
2.1.1 普通高等学校教育数量与质量	10.98	

续表

南通	得分	排名
2.1.2 中等职业学校教育数量与质量	41.46	
2.1.3 一般公共预算教育支出占 GDP 比重	6.22	
2.1.4 人才吸引力指数	31.90	
2.1.5 高新区企业 R&D 人员所占比重	26.81	
2.2 研发投入	18.23	66
2.2.1 R&D 内部经费占 GDP 的比重	6.94	
2.2.2 一般公共预算科学技术支出占 GDP 的比重	25.42	
2.2.3 高新区企业 R&D 经费内部支出占营业收入比重	22.31	
2.3 创新机构	10.52	53
2.3.1 文化机构	25.76	
2.3.2 国家重点实验室	0.00	
2.3.3 国家创新中心	5.79	
3.1 知识创造	30.30	34
3.1.1 每十万人发明专利授权数	33.11	
3.1.2 每十万人 WoS 论文数	4.60	
3.1.3 每亿元 R&D 内部经费支出所取得的发明专利授权数	36.93	
3.1.4 国际科研合作	46.54	
3.2 知识扩散	11.99	56
3.2.1 输出技术成交额占地区生产总值的比重	8.39	
3.2.2 吸纳技术成交额占地区生产总值的比重	23.88	
3.2.3 国家技术转移机构数	3.70	
4.1 创新经济效益	70.51	12
4.1.1 人均地区生产总值	70.06	
4.1.2 贸易顺差（逆差）	84.11	
4.1.3 人均工业增加值	57.37	
4.2 数字创新活力	11.05	42

南通	得分	排名
4.2.1 数字产业活力	12.45	
4.2.2 数字消费活力	1.32	
4.2.3 数字政务活力	11.94	
4.2.4 数字文化活力	18.47	
4.3 创新包容性	66.99	39
4.3.1 城镇登记失业率	71.68	
4.3.2 城乡居民人均可支配收入比	53.58	
4.3.3 平均房价与人均可支配收入比	75.69	
4.4 创新可持续性	70.75	56
4.4.1 单位 GDP 能耗	94.55	
4.4.2 废水废物处理能力	71.29	
4.4.3 空气质量指数	56.08	
4.4.4 园林绿化覆盖率	61.09	
太原	**得分**	**排名**
城市创新型经济指数	28.54	42
1 基础设施	24.04	30
2 创新资源	22.13	42
3 创新过程	17.56	54
4 创新产出	49.59	43
1.1 数字基础	42.51	17
1.1.1 固网宽带应用渗透率	53.00	
1.1.2 移动网络应用渗透率	74.53	
1.1.3 工业互联网示范项目数量	0.00	
1.2 交通基础	18.64	33
1.2.1 公路单位里程运输量	4.18	
1.2.2 人均快递业务量	2.29	

续表

太原	得分	排名
1.2.3 城市物流仓储用地面积占城市建设用地总面积比重	38.89	
1.2.4 公共汽(电)车运输人次占总人口比重	29.18	
1.3 金融基础	30.75	33
1.3.1 年末金融机构人民币各项存款余额	7.31	
1.3.2 年末金融机构人民币各项贷款余额	17.37	
1.3.3 数字金融	67.58	
1.4 政策基础	2.60	37
1.4.1"人才"类政府文件	0.00	
1.4.2"创新"类政府文件	5.21	
2.1 人力资源	28.92	50
2.1.1 普通高等学校教育数量与质量	46.17	
2.1.2 中等职业学校教育数量与质量	46.78	
2.1.3 一般公共预算教育支出占 GDP 比重	10.39	
2.1.4 人才吸引力指数	27.70	
2.1.5 高新区企业 R&D 人员所占比重	13.54	
2.2 研发投入	24.87	41
2.2.1 R&D 内部经费占 GDP 的比重	30.98	
2.2.2 一般公共预算科学技术支出占 GDP 的比重	39.10	
2.2.3 高新区企业 R&D 经费内部支出占营业收入比重	4.52	
2.3 创新机构	13.66	36
2.3.1 文化机构	29.66	
2.3.2 国家重点实验室	2.38	
2.3.3 国家创新中心	8.95	
3.1 知识创造	25.00	49
3.1.1 每十万人发明专利授权数	19.21	
3.1.2 每十万人 WoS 论文数	21.54	

续表

太原	得分	排名
3.1.3 每亿元 R&D 内部经费支出所取得的发明专利授权数	8.02	
3.1.4 国际科研合作	51.22	
3.2 知识扩散	10.25	70
3.2.1 输出技术成交额占地区生产总值的比重	0.83	
3.2.2 吸纳技术成交额占地区生产总值的比重	20.67	
3.2.3 国家技术转移机构数	9.26	
4.1 创新经济效益	48.96	54
4.1.1 人均地区生产总值	38.52	
4.1.2 贸易顺差（逆差）	81.20	
4.1.3 人均工业增加值	27.16	
4.2 数字创新活力	23.29	20
4.2.1 数字产业活力	16.33	
4.2.2 数字消费活力	3.88	
4.2.3 数字政务活力	47.53	
4.2.4 数字文化活力	25.41	
4.3 创新包容性	60.84	58
4.3.1 城镇登记失业率	46.68	
4.3.2 城乡居民人均可支配收入比	56.58	
4.3.3 平均房价与人均可支配收入比	79.27	
4.4 创新可持续性	65.60	85
4.4.1 单位 GDP 能耗	85.17	
4.4.2 废水废物处理能力	84.68	
4.4.3 空气质量指数	24.76	
4.4.4 园林绿化覆盖率	67.80	

续表

汕头	得分	排名
城市创新型经济指数	28.31	43
1 基础设施	13.69	79
2 创新资源	17.77	64
3 创新过程	34.57	10
4 创新产出	47.08	66
1.1 数字基础	22.69	96
1.1.1 固网宽带应用渗透率	7.28	
1.1.2 移动网络应用渗透率	60.77	
1.1.3 工业互联网示范项目数量	0.00	
1.2 交通基础	8.97	83
1.2.1 公路单位里程运输量	2.47	
1.2.2 人均快递业务量	16.96	
1.2.3 城市物流仓储用地面积占城市建设用地总面积比重	6.67	
1.2.4 公共汽(电)车运输人次占总人口比重	9.78	
1.3 金融基础	21.77	51
1.3.1 年末金融机构人民币各项存款余额	1.52	
1.3.2 年末金融机构人民币各项贷款余额	1.53	
1.3.3 数字金融	62.27	
1.4 政策基础	0.52	62
1.4.1"人才"类政府文件	0.00	
1.4.2"创新"类政府文件	1.04	
2.1 人力资源	33.35	29
2.1.1 普通高等学校教育数量与质量	16.04	
2.1.2 中等职业学校教育数量与质量	33.51	
2.1.3 一般公共预算教育支出占 GDP 比重	44.11	
2.1.4 人才吸引力指数	10.10	

续表

汕头	得分	排名
2.1.5 高新区企业 R&D 人员所占比重	63.01	
2.2 研发投入	16.83	72
2.2.1 R&D 内部经费占 GDP 的比重	9.15	
2.2.2 一般公共预算科学技术支出占 GDP 的比重	10.54	
2.2.3 高新区企业 R&D 经费内部支出占营业收入比重	30.78	
2.3 创新机构	5.62	87
2.3.1 文化机构	15.81	
2.3.2 国家重点实验室	0.00	
2.3.3 国家创新中心	1.05	
3.1 知识创造	50.36	4
3.1.1 每十万人发明专利授权数	30.57	
3.1.2 每十万人 WoS 论文数	5.22	
3.1.3 每亿元 R&D 内部经费支出所取得的发明专利授权数	69.19	
3.1.4 国际科研合作	96.46	
3.2 知识扩散	19.06	24
3.2.1 输出技术成交额占地区生产总值的比重	14.22	
3.2.2 吸纳技术成交额占地区生产总值的比重	42.95	
3.2.3 国家技术转移机构数	0.00	
4.1 创新经济效益	36.63	90
4.1.1 人均地区生产总值	10.02	
4.1.2 贸易顺差(逆差)	81.18	
4.1.3 人均工业增加值	18.69	
4.2 数字创新活力	5.01	87
4.2.1 数字产业活力	7.43	
4.2.2 数字消费活力	0.11	
4.2.3 数字政务活力	1.66	

续表

汕头	得分	排名
4.2.4 数字文化活力	10.85	
4.3 创新包容性	70.84	29
4.3.1 城镇登记失业率	65.05	
4.3.2 城乡居民人均可支配收入比	70.13	
4.3.3 平均房价与人均可支配收入比	77.35	
4.4 创新可持续性	76.26	22
4.4.1 单位 GDP 能耗	68.59	
4.4.2 废水废物处理能力	81.18	
4.4.3 空气质量指数	86.66	
4.4.4 园林绿化覆盖率	68.62	
烟台	**得分**	**排名**
城市创新型经济指数	28.12	44
1 基础设施	19.49	48
2 创新资源	23.17	36
3 创新过程	16.28	61
4 创新产出	52.74	32
1.1 数字基础	34.82	41
1.1.1 固网宽带应用渗透率	32.27	
1.1.2 移动网络应用渗透率	62.19	
1.1.3 工业互联网示范项目数量	10.00	
1.2 交通基础	14.73	49
1.2.1 公路单位里程运输量	1.46	
1.2.2 人均快递业务量	3.27	
1.2.3 城市物流仓储用地面积占城市建设用地总面积比重	34.93	
1.2.4 公共汽(电)车运输人次占总人口比重	19.28	
1.3 金融基础	22.87	48

烟台	得分	排名
1.3.1 年末金融机构人民币各项存款余额	4.63	
1.3.2 年末金融机构人民币各项贷款余额	6.76	
1.3.3 数字金融	57.22	
1.4 政策基础	4.23	28
1.4.1 "人才"类政府文件	6.38	
1.4.2 "创新"类政府文件	2.08	
2.1 人力资源	28.09	57
2.1.1 普通高等学校教育数量与质量	23.70	
2.1.2 中等职业学校教育数量与质量	48.61	
2.1.3 一般公共预算教育支出占 GDP 比重	3.00	
2.1.4 人才吸引力指数	28.70	
2.1.5 高新区企业 R&D 人员所占比重	36.42	
2.2 研发投入	27.50	32
2.2.1 R&D 内部经费占 GDP 的比重	27.13	
2.2.2 一般公共预算科学技术支出占 GDP 的比重	19.18	
2.2.3 高新区企业 R&D 经费内部支出占营业收入比重	36.21	
2.3 创新机构	14.63	34
2.3.1 文化机构	31.78	
2.3.2 国家重点实验室	0.00	
2.3.3 国家创新中心	12.11	
3.1 知识创造	18.35	69
3.1.1 每十万人发明专利授权数	19.19	
3.1.2 每十万人 WoS 论文数	6.89	
3.1.3 每亿元 R&D 内部经费支出所取得的发明专利授权数	7.04	
3.1.4 国际科研合作	40.29	
3.2 知识扩散	14.24	41

续表

烟台	得分	排名
3.2.1 输出技术成交额占地区生产总值的比重	11.54	
3.2.2 吸纳技术成交额占地区生产总值的比重	31.19	
3.2.3 国家技术转移机构数	0.00	
4.1 创新经济效益	62.19	22
4.1.1 人均地区生产总值	56.72	
4.1.2 贸易顺差（逆差）	82.63	
4.1.3 人均工业增加值	47.22	
4.2 数字创新活力	7.99	61
4.2.1 数字产业活力	12.95	
4.2.2 数字消费活力	1.10	
4.2.3 数字政务活力	6.67	
4.2.4 数字文化活力	11.23	
4.3 创新包容性	65.58	42
4.3.1 城镇登记失业率	66.33	
4.3.2 城乡居民人均可支配收入比	40.85	
4.3.3 平均房价与人均可支配收入比	89.56	
4.4 创新可持续性	75.87	25
4.4.1 单位 GDP 能耗	95.02	
4.4.2 废水废物处理能力	78.39	
4.4.3 空气质量指数	66.50	
4.4.4 园林绿化覆盖率	63.55	
马鞍山	得分	排名
城市创新型经济指数	27.46	45
1 基础设施	12.46	86
2 创新资源	24.88	34
3 创新过程	20.72	41

续表

马鞍山	得分	排名
4 创新产出	51.33	38
1.1 数字基础	30.33	65
1.1.1 固网宽带应用渗透率	33.88	
1.1.2 移动网络应用渗透率	57.12	
1.1.3 工业互联网示范项目数量	0.00	
1.2 交通基础	3.52	103
1.2.1 公路单位里程运输量	2.16	
1.2.2 人均快递业务量	0.67	
1.2.3 城市物流仓储用地面积占城市建设用地总面积比重	1.21	
1.2.4 公共汽(电)车运输人次占总人口比重	10.04	
1.3 金融基础	14.18	74
1.3.1 年末金融机构人民币各项存款余额	0.78	
1.3.2 年末金融机构人民币各项贷款余额	1.57	
1.3.3 数字金融	40.17	
1.4 政策基础	0.52	62
1.4.1 "人才"类政府文件	0.00	
1.4.2 "创新"类政府文件	1.04	
2.1 人力资源	29.39	47
2.1.1 普通高等学校教育数量与质量	22.57	
2.1.2 中等职业学校教育数量与质量	28.06	
2.1.3 一般公共预算教育支出占 GDP 比重	4.56	
2.1.4 人才吸引力指数	25.30	
2.1.5 高新区企业 R&D 人员所占比重	66.47	
2.2 研发投入	33.82	22
2.2.1 R&D 内部经费占 GDP 的比重	34.64	
2.2.2 一般公共预算科学技术支出占 GDP 的比重	28.96	

续表

马鞍山	得分	排名
2.2.3 高新区企业 R&D 经费内部支出占营业收入比重	37.85	
2.3 创新机构	12.01	45
2.3.1 文化机构	31.83	
2.3.2 国家重点实验室	0.00	
2.3.3 国家创新中心	4.21	
3.1 知识创造	22.41	55
3.1.1 每十万人发明专利授权数	27.63	
3.1.2 每十万人 WoS 论文数	6.46	
3.1.3 每亿元 R&D 内部经费支出所取得的发明专利授权数	8.63	
3.1.4 国际科研合作	46.94	
3.2 知识扩散	19.06	23
3.2.1 输出技术成交额占地区生产总值的比重	12.51	
3.2.2 吸纳技术成交额占地区生产总值的比重	44.66	
3.2.3 国家技术转移机构数	0.00	
4.1 创新经济效益	57.41	32
4.1.1 人均地区生产总值	50.15	
4.1.2 贸易顺差（逆差）	78.89	
4.1.3 人均工业增加值	43.18	
4.2 数字创新活力	7.03	68
4.2.1 数字产业活力	5.77	
4.2.2 数字消费活力	3.10	
4.2.3 数字政务活力	2.98	
4.2.4 数字文化活力	16.28	
4.3 创新包容性	70.47	30
4.3.1 城镇登记失业率	64.54	
4.3.2 城乡居民人均可支配收入比	51.83	

马鞍山	得分	排名
4.3.3 平均房价与人均可支配收入比	95.05	
4.4 创新可持续性	71.48	50
4.4.1 单位 GDP 能耗	91.44	
4.4.2 废水废物处理能力	78.55	
4.4.3 空气质量指数	49.79	
4.4.4 园林绿化覆盖率	66.14	

惠州	得分	排名
城市创新型经济指数	27.35	46
1 基础设施	16.77	64
2 创新资源	21.91	43
3 创新过程	15.23	72
4 创新产出	54.64	21
1.1 数字基础	30.87	64
1.1.1 固网宽带应用渗透率	32.50	
1.1.2 移动网络应用渗透率	60.12	
1.1.3 工业互联网示范项目数量	0.00	
1.2 交通基础	9.43	79
1.2.1 公路单位里程运输量	1.17	
1.2.2 人均快递业务量	3.19	
1.2.3 城市物流仓储用地面积占城市建设用地总面积比重	22.77	
1.2.4 公共汽(电)车运输人次占总人口比重	10.58	
1.3 金融基础	25.26	45
1.3.1 年末金融机构人民币各项存款余额	2.96	
1.3.2 年末金融机构人民币各项贷款余额	7.96	
1.3.3 数字金融	64.85	
1.4 政策基础	0.35	69

续表

惠州	得分	排名
1.4.1"人才"类政府文件	0.71	
1.4.2"创新"类政府文件	0.00	
2.1 人力资源	28.81	51
2.1.1 普通高等学校教育数量与质量	6.95	
2.1.2 中等职业学校教育数量与质量	30.55	
2.1.3 一般公共预算教育支出占 GDP 比重	28.56	
2.1.4 人才吸引力指数	31.90	
2.1.5 高新区企业 R&D 人员所占比重	46.08	
2.2 研发投入	34.12	20
2.2.1 R&D 内部经费占 GDP 的比重	43.68	
2.2.2 一般公共预算科学技术支出占 GDP 的比重	26.57	
2.2.3 高新区企业 R&D 经费内部支出占营业收入比重	32.11	
2.3 创新机构	3.73	102
2.3.1 文化机构	10.15	
2.3.2 国家重点实验室	0.00	
2.3.3 国家创新中心	1.05	
3.1 知识创造	23.21	51
3.1.1 每十万人发明专利授权数	26.37	
3.1.2 每十万人 WoS 论文数	0.63	
3.1.3 每亿元 R&D 内部经费支出所取得的发明专利授权数	9.06	
3.1.4 国际科研合作	56.79	
3.2 知识扩散	7.39	86
3.2.1 输出技术成交额占地区生产总值的比重	1.11	
3.2.2 吸纳技术成交额占地区生产总值的比重	21.06	
3.2.3 国家技术转移机构数	0.00	
4.1 创新经济效益	50.26	49

续表

惠州	得分	排名
4.1.1 人均地区生产总值	29.45	
4.1.2 贸易顺差（逆差）	84.49	
4.1.3 人均工业增加值	36.83	
4.2 数字创新活力	27.51	15
4.2.1 数字产业活力	29.89	
4.2.2 数字消费活力	0.74	
4.2.3 数字政务活力	62.56	
4.2.4 数字文化活力	16.85	
4.3 创新包容性	72.37	24
4.3.1 城镇登记失业率	67.86	
4.3.2 城乡居民人均可支配收入比	61.59	
4.3.3 平均房价与人均可支配收入比	87.65	
4.4 创新可持续性	69.10	65
4.4.1 单位 GDP 能耗	87.45	
4.4.2 废水废物处理能力	48.12	
4.4.3 空气质量指数	85.54	
4.4.4 园林绿化覆盖率	55.30	
淄博	得分	排名
城市创新型经济指数	27.05	47
1 基础设施	16.96	59
2 创新资源	26.47	27
3 创新过程	15.72	66
4 创新产出	48.46	54
1.1 数字基础	25.70	80
1.1.1 固网宽带应用渗透率	20.17	
1.1.2 移动网络应用渗透率	56.92	

续表

淄博	得分	排名
1.1.3 工业互联网示范项目数量	0.00	
1.2 交通基础	11.27	71
1.2.1 公路单位里程运输量	1.72	
1.2.2 人均快递业务量	1.11	
1.2.3 城市物流仓储用地面积占城市建设用地总面积比重	30.58	
1.2.4 公共汽(电)车运输人次占总人口比重	11.67	
1.3 金融基础	17.05	65
1.3.1 年末金融机构人民币各项存款余额	2.37	
1.3.2 年末金融机构人民币各项贷款余额	3.56	
1.3.3 数字金融	45.22	
1.4 政策基础	13.30	18
1.4.1"人才"类政府文件	9.93	
1.4.2"创新"类政府文件	16.67	
2.1 人力资源	32.37	32
2.1.1 普通高等学校教育数量与质量	19.46	
2.1.2 中等职业学校教育数量与质量	39.99	
2.1.3 一般公共预算教育支出占 GDP 比重	24.08	
2.1.4 人才吸引力指数	25.00	
2.1.5 高新区企业 R&D 人员所占比重	53.35	
2.2 研发投入	26.45	36
2.2.1 R&D 内部经费占 GDP 的比重	39.19	
2.2.2 一般公共预算科学技术支出占 GDP 的比重	12.35	
2.2.3 高新区企业 R&D 经费内部支出占营业收入比重	27.79	
2.3 创新机构	21.53	17
2.3.1 文化机构	57.76	
2.3.2 国家重点实验室	0.00	

淄博	得分	排名
2.3.3 国家创新中心	6.84	
3.1 知识创造	17.32	72
3.1.1 每十万人发明专利授权数	21.53	
3.1.2 每十万人 WoS 论文数	4.76	
3.1.3 每亿元 R&D 内部经费支出所取得的发明专利授权数	7.59	
3.1.4 国际科研合作	35.39	
3.2 知识扩散	14.14	42
3.2.1 输出技术成交额占地区生产总值的比重	11.24	
3.2.2 吸纳技术成交额占地区生产总值的比重	31.19	
3.2.3 国家技术转移机构数	0.00	
4.1 创新经济效益	49.76	51
4.1.1 人均地区生产总值	34.22	
4.1.2 贸易顺差（逆差）	80.32	
4.1.3 人均工业增加值	34.74	
4.2 数字创新活力	21.47	25
4.2.1 数字产业活力	6.00	
4.2.2 数字消费活力	8.03	
4.2.3 数字政务活力	59.40	
4.2.4 数字文化活力	12.44	
4.3 创新包容性	62.65	53
4.3.1 城镇登记失业率	56.12	
4.3.2 城乡居民人均可支配收入比	39.98	
4.3.3 平均房价与人均可支配收入比	91.85	
4.4 创新可持续性	60.70	96
4.4.1 单位 GDP 能耗	68.69	
4.4.2 废水废物处理能力	79.10	

续表

淄博	得分	排名
4.4.3 空气质量指数	24.41	
4.4.4 园林绿化覆盖率	70.58	

绵阳	得分	排名
城市创新型经济指数	26.96	48
1 基础设施	17.56	57
2 创新资源	29.03	19
3 创新过程	13.69	80
4 创新产出	46.98	68
1.1 数字基础	40.59	22
1.1.1 固网宽带应用渗透率	39.25	
1.1.2 移动网络应用渗透率	72.53	
1.1.3 工业互联网示范项目数量	10.00	
1.2 交通基础	11.83	65
1.2.1 公路单位里程运输量	1.05	
1.2.2 人均快递业务量	1.26	
1.2.3 城市物流仓储用地面积占城市建设用地总面积比重	24.06	
1.2.4 公共汽(电)车运输人次占总人口比重	20.94	
1.3 金融基础	15.96	68
1.3.1 年末金融机构人民币各项存款余额	2.12	
1.3.2 年末金融机构人民币各项贷款余额	2.42	
1.3.3 数字金融	43.35	
1.4 政策基础	0.00	79
1.4.1"人才"类政府文件	0.00	
1.4.2"创新"类政府文件	0.00	
2.1 人力资源	26.23	62
2.1.1 普通高等学校教育数量与质量	21.25	

绵阳	得分	排名
2.1.2 中等职业学校教育数量与质量	32.79	
2.1.3 一般公共预算教育支出占 GDP 比重	16.24	
2.1.4 人才吸引力指数	21.60	
2.1.5 高新区企业 R&D 人员所占比重	39.25	
2.2 研发投入	54.22	4
2.2.1 R&D 内部经费占 GDP 的比重	100.00	
2.2.2 一般公共预算科学技术支出占 GDP 的比重	36.67	
2.2.3 高新区企业 R&D 经费内部支出占营业收入比重	25.98	
2.3 创新机构	5.84	85
2.3.1 文化机构	13.85	
2.3.2 国家重点实验室	0.00	
2.3.3 国家创新中心	3.68	
3.1 知识创造	15.34	86
3.1.1 每十万人发明专利授权数	12.09	
3.1.2 每十万人 WoS 论文数	9.20	
3.1.3 每亿元 R&D 内部经费支出所取得的发明专利授权数	2.24	
3.1.4 国际科研合作	37.83	
3.2 知识扩散	12.07	55
3.2.1 输出技术成交额占地区生产总值的比重	10.66	
3.2.2 吸纳技术成交额占地区生产总值的比重	19.98	
3.2.3 国家技术转移机构数	5.56	
4.1 创新经济效益	37.91	88
4.1.1 人均地区生产总值	20.46	
4.1.2 贸易顺差(逆差)	79.10	
4.1.3 人均工业增加值	14.17	
4.2 数字创新活力	12.32	37

续表

绵阳	得分	排名
4.2.1 数字产业活力	13.95	
4.2.2 数字消费活力	2.79	
4.2.3 数字政务活力	17.48	
4.2.4 数字文化活力	15.07	
4.3 创新包容性	66.69	40
4.3.1 城镇登记失业率	58.67	
4.3.2 城乡居民人均可支配收入比	49.99	
4.3.3 平均房价与人均可支配收入比	91.40	
4.4 创新可持续性	71.32	52
4.4.1 单位 GDP 能耗	89.34	
4.4.2 废水废物处理能力	76.64	
4.4.3 空气质量指数	67.83	
4.4.4 园林绿化覆盖率	51.45	
泰州	**得分**	**排名**
城市创新型经济指数	26.82	49
1 基础设施	21.85	36
2 创新资源	15.70	75
3 创新过程	13.66	81
4 创新产出	54.95	18
1.1 数字基础	34.12	45
1.1.1 固网宽带应用渗透率	45.82	
1.1.2 移动网络应用渗透率	56.55	
1.1.3 工业互联网示范项目数量	0.00	
1.2 交通基础	15.11	46
1.2.1 公路单位里程运输量	1.12	
1.2.2 人均快递业务量	2.03	

泰州	得分	排名
1.2.3 城市物流仓储用地面积占城市建设用地总面积比重	37.05	
1.2.4 公共汽(电)车运输人次占总人口比重	20.23	
1.3 金融基础	22.78	50
1.3.1 年末金融机构人民币各项存款余额	3.69	
1.3.2 年末金融机构人民币各项贷款余额	7.16	
1.3.3 数字金融	57.51	
1.4 政策基础	14.55	17
1.4.1 "人才"类政府文件	13.48	
1.4.2 "创新"类政府文件	15.63	
2.1 人力资源	15.16	103
2.1.1 普通高等学校教育数量与质量	6.38	
2.1.2 中等职业学校教育数量与质量	31.39	
2.1.3 一般公共预算教育支出占 GDP 比重	0.00	
2.1.4 人才吸引力指数	25.30	
2.1.5 高新区企业 R&D 人员所占比重	12.72	
2.2 研发投入	22.54	49
2.2.1 R&D 内部经费占 GDP 的比重	37.15	
2.2.2 一般公共预算科学技术支出占 GDP 的比重	13.16	
2.2.3 高新区企业 R&D 经费内部支出占营业收入比重	17.30	
2.3 创新机构	9.21	63
2.3.1 文化机构	23.43	
2.3.2 国家重点实验室	0.00	
2.3.3 国家创新中心	4.21	
3.1 知识创造	15.97	81
3.1.1 每十万人发明专利授权数	35.09	
3.1.2 每十万人 WoS 论文数	4.90	

续表

泰州	得分	排名
3.1.3 每亿元 R&D 内部经费支出所取得的发明专利授权数	8.66	
3.1.4 国际科研合作	15.24	
3.2 知识扩散	11.38	59
3.2.1 输出技术成交额占地区生产总值的比重	8.41	
3.2.2 吸纳技术成交额占地区生产总值的比重	23.88	
3.2.3 国家技术转移机构数	1.85	
4.1 创新经济效益	64.79	18
4.1.1 人均地区生产总值	63.76	
4.1.2 贸易顺差(逆差)	81.42	
4.1.3 人均工业增加值	49.19	
4.2 数字创新活力	10.12	46
4.2.1 数字产业活力	17.20	
4.2.2 数字消费活力	2.01	
4.2.3 数字政务活力	5.09	
4.2.4 数字文化活力	16.17	
4.3 创新包容性	73.55	17
4.3.1 城镇登记失业率	82.65	
4.3.2 城乡居民人均可支配收入比	53.73	
4.3.3 平均房价与人均可支配收入比	84.27	
4.4 创新可持续性	72.62	41
4.4.1 单位 GDP 能耗	93.36	
4.4.2 废水废物处理能力	76.46	
4.4.3 空气质量指数	54.98	
4.4.4 园林绿化覆盖率	65.68	

宜昌	得分	排名
城市创新型经济指数	26.52	50
1 基础设施	15.94	70
2 创新资源	17.45	67
3 创新过程	19.59	45
4 创新产出	52.39	34
1.1 数字基础	27.14	75
1.1.1 固网宽带应用渗透率	27.71	
1.1.2 移动网络应用渗透率	53.72	
1.1.3 工业互联网示范项目数量	0.00	
1.2 交通基础	11.62	67
1.2.1 公路单位里程运输量	0.72	
1.2.2 人均快递业务量	2.69	
1.2.3 城市物流仓储用地面积占城市建设用地总面积比重	26.50	
1.2.4 公共汽(电)车运输人次占总人口比重	16.58	
1.3 金融基础	19.94	56
1.3.1 年末金融机构人民币各项存款余额	1.65	
1.3.2 年末金融机构人民币各项贷款余额	4.00	
1.3.3 数字金融	54.15	
1.4 政策基础	4.12	29
1.4.1 "人才"类政府文件	3.55	
1.4.2 "创新"类政府文件	4.69	
2.1 人力资源	19.75	96
2.1.1 普通高等学校教育数量与质量	13.85	
2.1.2 中等职业学校教育数量与质量	38.58	
2.1.3 一般公共预算教育支出占 GDP 比重	2.10	
2.1.4 人才吸引力指数	10.10	

续表

宜昌	得分	排名
2.1.5 高新区企业 R&D 人员所占比重	34.11	
2.2 研发投入	22.25	51
2.2.1 R&D 内部经费占 GDP 的比重	27.07	
2.2.2 一般公共预算科学技术支出占 GDP 的比重	15.99	
2.2.3 高新区企业 R&D 经费内部支出占营业收入比重	23.68	
2.3 创新机构	10.64	52
2.3.1 文化机构	28.25	
2.3.2 国家重点实验室	0.00	
2.3.3 国家创新中心	3.68	
3.1 知识创造	20.06	59
3.1.1 每十万人发明专利授权数	16.64	
3.1.2 每十万人 WoS 论文数	4.09	
3.1.3 每亿元 R&D 内部经费支出所取得的发明专利授权数	5.88	
3.1.4 国际科研合作	53.64	
3.2 知识扩散	19.13	22
3.2.1 输出技术成交额占地区生产总值的比重	17.51	
3.2.2 吸纳技术成交额占地区生产总值的比重	36.18	
3.2.3 国家技术转移机构数	3.70	
4.1 创新经济效益	63.65	19
4.1.1 人均地区生产总值	59.58	
4.1.2 贸易顺差（逆差）	80.43	
4.1.3 人均工业增加值	50.94	
4.2 数字创新活力	6.08	78
4.2.1 数字产业活力	5.07	
4.2.2 数字消费活力	1.10	
4.2.3 数字政务活力	6.93	

宜昌	得分	排名
4.2.4 数字文化活力	11.21	
4.3 创新包容性	65.86	41
4.3.1 城镇登记失业率	56.12	
4.3.2 城乡居民人均可支配收入比	52.96	
4.3.3 平均房价与人均可支配收入比	88.49	
4.4 创新可持续性	74.79	32
4.4.1 单位 GDP 能耗	96.36	
4.4.2 废水废物处理能力	77.48	
4.4.3 空气质量指数	57.03	
4.4.4 园林绿化覆盖率	68.27	
盐城	**得分**	**排名**
城市创新型经济指数	26.32	51
1 基础设施	15.21	74
2 创新资源	13.64	90
3 创新过程	22.21	35
4 创新产出	53.49	28
1.1 数字基础	29.65	67
1.1.1 固网宽带应用渗透率	35.44	
1.1.2 移动网络应用渗透率	53.52	
1.1.3 工业互联网示范项目数量	0.00	
1.2 交通基础	9.43	78
1.2.1 公路单位里程运输量	1.07	
1.2.2 人均快递业务量	1.20	
1.2.3 城市物流仓储用地面积占城市建设用地总面积比重	27.55	
1.2.4 公共汽(电)车运输人次占总人口比重	7.92	
1.3 金融基础	18.73	58

续表

盐城	得分	排名
1.3.1 年末金融机构人民币各项存款余额	3.94	
1.3.2 年末金融机构人民币各项贷款余额	7.89	
1.3.3 数字金融	44.37	
1.4 政策基础	1.85	42
1.4.1"人才"类政府文件	2.13	
1.4.2"创新"类政府文件	1.56	
2.1 人力资源	21.35	89
2.1.1 普通高等学校教育数量与质量	13.54	
2.1.2 中等职业学校教育数量与质量	38.71	
2.1.3 一般公共预算教育支出占 GDP 比重	18.50	
2.1.4 人才吸引力指数	10.10	
2.1.5 高新区企业 R&D 人员所占比重	25.92	
2.2 研发投入	13.63	83
2.2.1 R&D 内部经费占 GDP 的比重	4.08	
2.2.2 一般公共预算科学技术支出占 GDP 的比重	22.59	
2.2.3 高新区企业 R&D 经费内部支出占营业收入比重	14.21	
2.3 创新机构	7.16	79
2.3.1 文化机构	18.85	
2.3.2 国家重点实验室	0.00	
2.3.3 国家创新中心	2.63	
3.1 知识创造	33.17	28
3.1.1 每十万人发明专利授权数	25.43	
3.1.2 每十万人 WoS 论文数	2.02	
3.1.3 每亿元 R&D 内部经费支出所取得的发明专利授权数	64.75	
3.1.4 国际科研合作	40.48	
3.2 知识扩散	11.45	58

盐城	得分	排名
3.2.1 输出技术成交额占地区生产总值的比重	8.61	
3.2.2 吸纳技术成交额占地区生产总值的比重	23.88	
3.2.3 国家技术转移机构数	1.85	
4.1 创新经济效益	50.48	47
4.1.1 人均地区生产总值	40.49	
4.1.2 贸易顺差（逆差）	80.43	
4.1.3 人均工业增加值	30.53	
4.2 数字创新活力	21.78	23
4.2.1 数字产业活力	16.72	
4.2.2 数字消费活力	0.57	
4.2.3 数字政务活力	55.18	
4.2.4 数字文化活力	14.65	
4.3 创新包容性	69.58	31
4.3.1 城镇登记失业率	58.67	
4.3.2 城乡居民人均可支配收入比	72.00	
4.3.3 平均房价与人均可支配收入比	78.05	
4.4 创新可持续性	72.61	42
4.4.1 单位 GDP 能耗	95.44	
4.4.2 废水废物处理能力	73.00	
4.4.3 空气质量指数	58.83	
4.4.4 园林绿化覆盖率	63.17	
兰州	得分	排名
城市创新型经济指数	26.06	52
1 基础设施	27.11	23
2 创新资源	16.99	69
3 创新过程	23.58	26

续表

兰州	得分	排名
4 创新产出	36.06	105
1.1 数字基础	42.87	16
1.1.1 固网宽带应用渗透率	55.82	
1.1.2 移动网络应用渗透率	72.77	
1.1.3 工业互联网示范项目数量	0.00	
1.2 交通基础	37.40	7
1.2.1 公路单位里程运输量	3.48	
1.2.2 人均快递业务量	0.54	
1.2.3 城市物流仓储用地面积占城市建设用地总面积比重	51.85	
1.2.4 公共汽(电)车运输人次占总人口比重	93.72	
1.3 金融基础	26.13	42
1.3.1 年末金融机构人民币各项存款余额	4.17	
1.3.2 年末金融机构人民币各项贷款余额	14.80	
1.3.3 数字金融	59.42	
1.4 政策基础	0.00	79
1.4.1"人才"类政府文件	0.00	
1.4.2"创新"类政府文件	0.00	
2.1 人力资源	27.41	59
2.1.1 普通高等学校教育数量与质量	51.90	
2.1.2 中等职业学校教育数量与质量	33.74	
2.1.3 一般公共预算教育支出占 GDP 比重	23.25	
2.1.4 人才吸引力指数	22.40	
2.1.5 高新区企业 R&D 人员所占比重	5.75	
2.2 研发投入	14.32	80
2.2.1 R&D 内部经费占 GDP 的比重	30.01	
2.2.2 一般公共预算科学技术支出占 GDP 的比重	9.15	

续表

兰州	得分	排名
2.2.3 高新区企业 R&D 经费内部支出占营业收入比重	3.81	
2.3 创新机构	10.93	51
2.3.1 文化机构	23.82	
2.3.2 国家重点实验室	4.76	
2.3.3 国家创新中心	4.21	
3.1 知识创造	28.83	36
3.1.1 每十万人发明专利授权数	16.09	
3.1.2 每十万人 WoS 论文数	37.77	
3.1.3 每亿元 R&D 内部经费支出所取得的发明专利授权数	8.97	
3.1.4 国际科研合作	52.50	
3.2 知识扩散	18.41	27
3.2.1 输出技术成交额占地区生产总值的比重	11.42	
3.2.2 吸纳技术成交额占地区生产总值的比重	29.00	
3.2.3 国家技术转移机构数	14.81	
4.1 创新经济效益	39.75	81
4.1.1 人均地区生产总值	23.88	
4.1.2 贸易顺差(逆差)	78.93	
4.1.3 人均工业增加值	16.45	
4.2 数字创新活力	14.29	34
4.2.1 数字产业活力	8.08	
4.2.2 数字消费活力	8.59	
4.2.3 数字政务活力	17.74	
4.2.4 数字文化活力	22.73	
4.3 创新包容性	42.06	100
4.3.1 城镇登记失业率	44.39	
4.3.2 城乡居民人均可支配收入比	8.12	

续表

兰州	得分	排名
4.3.3 平均房价与人均可支配收入比	73.68	
4.4 创新可持续性	48.38	105
4.4.1 单位 GDP 能耗	70.69	
4.4.2 废水废物处理能力	72.49	
4.4.3 空气质量指数	50.32	
4.4.4 园林绿化覆盖率	0.00	
铜陵	**得分**	**排名**
城市创新型经济指数	25.97	53
1 基础设施	13.80	78
2 创新资源	25.86	28
3 创新过程	15.74	64
4 创新产出	47.96	58
1.1 数字基础	27.37	73
1.1.1 固网宽带应用渗透率	29.25	
1.1.2 移动网络应用渗透率	52.86	
1.1.3 工业互联网示范项目数量	0.00	
1.2 交通基础	7.09	90
1.2.1 公路单位里程运输量	1.31	
1.2.2 人均快递业务量	0.70	
1.2.3 城市物流仓储用地面积占城市建设用地总面积比重	2.07	
1.2.4 公共汽(电)车运输人次占总人口比重	24.31	
1.3 金融基础	18.00	60
1.3.1 年末金融机构人民币各项存款余额	0.09	
1.3.2 年末金融机构人民币各项贷款余额	0.33	
1.3.3 数字金融	53.58	
1.4 政策基础	1.68	43

铜陵	得分	排名
1.4.1"人才"类政府文件	2.84	
1.4.2"创新"类政府文件	0.52	
2.1 人力资源	21.46	88
2.1.1 普通高等学校教育数量与质量	17.04	
2.1.2 中等职业学校教育数量与质量	36.15	
2.1.3 一般公共预算教育支出占 GDP 比重	17.22	
2.1.4 人才吸引力指数	10.10	
2.1.5 高新区企业 R&D 人员所占比重	26.79	
2.2 研发投入	41.73	11
2.2.1 R&D 内部经费占 GDP 的比重	47.72	
2.2.2 一般公共预算科学技术支出占 GDP 的比重	64.63	
2.2.3 高新区企业 R&D 经费内部支出占营业收入比重	12.84	
2.3 创新机构	13.48	38
2.3.1 文化机构	38.32	
2.3.2 国家重点实验室	0.00	
2.3.3 国家创新中心	2.11	
3.1 知识创造	18.42	68
3.1.1 每十万人发明专利授权数	15.60	
3.1.2 每十万人 WoS 论文数	0.90	
3.1.3 每亿元 R&D 内部经费支出所取得的发明专利授权数	4.57	
3.1.4 国际科研合作	52.60	
3.2 知识扩散	13.11	48
3.2.1 输出技术成交额占地区生产总值的比重	6.17	
3.2.2 吸纳技术成交额占地区生产总值的比重	33.15	
3.2.3 国家技术转移机构数	0.00	
4.1 创新经济效益	48.64	55

续表

铜陵	得分	排名
4.1.1 人均地区生产总值	34.14	
4.1.2 贸易顺差(逆差)	76.80	
4.1.3 人均工业增加值	34.99	
4.2 数字创新活力	8.43	57
4.2.1 数字产业活力	14.15	
4.2.2 数字消费活力	3.93	
4.2.3 数字政务活力	1.40	
4.2.4 数字文化活力	14.27	
4.3 创新包容性	61.84	55
4.3.1 城镇登记失业率	64.29	
4.3.2 城乡居民人均可支配收入比	29.43	
4.3.3 平均房价与人均可支配收入比	91.79	
4.4 创新可持续性	73.22	37
4.4.1 单位 GDP 能耗	88.54	
4.4.2 废水废物处理能力	80.23	
4.4.3 空气质量指数	61.68	
4.4.4 园林绿化覆盖率	62.44	
拉萨	**得分**	**排名**
城市创新型经济指数	25.84	54
1 基础设施	19.54	47
2 创新资源	18.02	63
3 创新过程	17.53	55
4 创新产出	47.53	61
1.1 数字基础	37.65	28
1.1.1 固网宽带应用渗透率	46.72	
1.1.2 移动网络应用渗透率	66.23	

拉萨	得分	排名
1.1.3 工业互联网示范项目数量	0.00	
1.2 交通基础	20.73	30
1.2.1 公路单位里程运输量	0.03	
1.2.2 人均快递业务量	0.02	
1.2.3 城市物流仓储用地面积占城市建设用地总面积比重	25.88	
1.2.4 公共汽(电)车运输人次占总人口比重	56.98	
1.3 金融基础	17.76	61
1.3.1 年末金融机构人民币各项存款余额	0.86	
1.3.2 年末金融机构人民币各项贷款余额	2.62	
1.3.3 数字金融	49.80	
1.4 政策基础	0.26	71
1.4.1 "人才"类政府文件	0.00	
1.4.2 "创新"类政府文件	0.52	
2.1 人力资源	40.77	17
2.1.1 普通高等学校教育数量与质量	23.79	
2.1.2 中等职业学校教育数量与质量	56.67	
2.1.3 一般公共预算教育支出占 GDP 比重	100.00	
2.1.4 人才吸引力指数	23.40	
2.1.5 高新区企业 R&D 人员所占比重	0.00	
2.2 研发投入	5.42	103
2.2.1 R&D 内部经费占 GDP 的比重	0.00	
2.2.2 一般公共预算科学技术支出占 GDP 的比重	16.27	
2.2.3 高新区企业 R&D 经费内部支出占营业收入比重	0.00	
2.3 创新机构	11.67	47
2.3.1 文化机构	34.48	
2.3.2 国家重点实验室	0.00	

续表

拉萨	得分	排名
2.3.3 国家创新中心	0.53	
3.1 知识创造	19.30	62
3.1.1 每十万人发明专利授权数	0.00	
3.1.2 每十万人 WoS 论文数	7.80	
3.1.3 每亿元 R&D 内部经费支出所取得的发明专利授权数	0.00	
3.1.4 国际科研合作	69.39	
3.2 知识扩散	15.80	34
3.2.1 输出技术成交额占地区生产总值的比重	0.09	
3.2.2 吸纳技术成交额占地区生产总值的比重	47.31	
3.2.3 国家技术转移机构数	0.00	
4.1 创新经济效益	53.15	42
4.1.1 人均地区生产总值	31.52	
4.1.2 贸易顺差(逆差)	79.25	
4.1.3 人均工业增加值	48.69	
4.2 数字创新活力	7.97	62
4.2.1 数字产业活力	0.00	
4.2.2 数字消费活力	1.13	
4.2.3 数字政务活力	0.98	
4.2.4 数字文化活力	29.79	
4.3 创新包容性	52.02	82
4.3.1 城镇登记失业率	51.02	
4.3.2 城乡居民人均可支配收入比	23.42	
4.3.3 平均房价与人均可支配收入比	81.61	
4.4 创新可持续性	76.71	20
4.4.1 单位 GDP 能耗	71.61	
4.4.2 废水废物处理能力	71.96	

续表

拉萨	得分	排名
4.4.3 空气质量指数	91.21	
4.4.4 园林绿化覆盖率	72.08	

唐山	得分	排名
城市创新型经济指数	25.69	55
1 基础设施	18.13	53
2 创新资源	14.86	85
3 创新过程	23.02	28
4 创新产出	46.18	70
1.1 数字基础	34.28	44
1.1.1 固网宽带应用渗透率	28.56	
1.1.2 移动网络应用渗透率	64.28	
1.1.3 工业互联网示范项目数量	10.00	
1.2 交通基础	15.86	41
1.2.1 公路单位里程运输量	2.60	
1.2.2 人均快递业务量	5.44	
1.2.3 城市物流仓储用地面积占城市建设用地总面积比重	42.76	
1.2.4 公共汽(电)车运输人次占总人口比重	12.65	
1.3 金融基础	20.86	53
1.3.1 年末金融机构人民币各项存款余额	5.41	
1.3.2 年末金融机构人民币各项贷款余额	7.56	
1.3.3 数字金融	49.61	
1.4 政策基础	0.00	79
1.4.1 "人才"类政府文件	0.00	
1.4.2 "创新"类政府文件	0.00	
2.1 人力资源	28.52	55
2.1.1 普通高等学校教育数量与质量	16.88	

续表

唐山	得分	排名
2.1.2 中等职业学校教育数量与质量	44.14	
2.1.3 一般公共预算教育支出占 GDP 比重	15.83	
2.1.4 人才吸引力指数	22.70	
2.1.5 高新区企业 R&D 人员所占比重	43.07	
2.2 研发投入	9.27	96
2.2.1 R&D 内部经费占 GDP 的比重	0.39	
2.2.2 一般公共预算科学技术支出占 GDP 的比重	6.83	
2.2.3 高新区企业 R&D 经费内部支出占营业收入比重	20.60	
2.3 创新机构	9.04	64
2.3.1 文化机构	23.95	
2.3.2 国家重点实验室	0.00	
2.3.3 国家创新中心	3.16	
3.1 知识创造	36.36	20
3.1.1 每十万人发明专利授权数	10.98	
3.1.2 每十万人 WoS 论文数	1.78	
3.1.3 每亿元 R&D 内部经费支出所取得的发明专利授权数	100.00	
3.1.4 国际科研合作	32.69	
3.2 知识扩散	9.91	73
3.2.1 输出技术成交额占地区生产总值的比重	6.14	
3.2.2 吸纳技术成交额占地区生产总值的比重	21.73	
3.2.3 国家技术转移机构数	1.85	
4.1 创新经济效益	58.27	31
4.1.1 人均地区生产总值	45.98	
4.1.2 贸易顺差(逆差)	76.67	
4.1.3 人均工业增加值	52.17	
4.2 数字创新活力	5.96	79

唐山	得分	排名
4.2.1 数字产业活力	2.27	
4.2.2 数字消费活力	2.84	
4.2.3 数字政务活力	10.89	
4.2.4 数字文化活力	7.86	
4.3 创新包容性	50.97	85
4.3.1 城镇登记失业率	17.86	
4.3.2 城乡居民人均可支配收入比	48.88	
4.3.3 平均房价与人均可支配收入比	86.17	
4.4 创新可持续性	69.71	61
4.4.1 单位 GDP 能耗	90.91	
4.4.2 废水废物处理能力	81.99	
4.4.3 空气质量指数	43.90	
4.4.4 园林绿化覆盖率	62.03	
蚌埠	**得分**	**排名**
城市创新型经济指数	25.63	56
1 基础设施	17.04	58
2 创新资源	23.15	37
3 创新过程	15.72	65
4 创新产出	46.04	74
1.1 数字基础	25.11	83
1.1.1 固网宽带应用渗透率	17.37	
1.1.2 移动网络应用渗透率	47.95	
1.1.3 工业互联网示范项目数量	10.00	
1.2 交通基础	28.42	11
1.2.1 公路单位里程运输量	2.69	
1.2.2 人均快递业务量	2.08	

续表

蚌埠	得分	排名
1.2.3 城市物流仓储用地面积占城市建设用地总面积比重	91.05	
1.2.4 公共汽(电)车运输人次占总人口比重	17.86	
1.3 金融基础	12.71	79
1.3.1 年末金融机构人民币各项存款余额	0.58	
1.3.2 年末金融机构人民币各项贷款余额	1.62	
1.3.3 数字金融	35.94	
1.4 政策基础	0.62	56
1.4.1"人才"类政府文件	0.71	
1.4.2"创新"类政府文件	0.52	
2.1 人力资源	27.09	60
2.1.1 普通高等学校教育数量与质量	15.82	
2.1.2 中等职业学校教育数量与质量	39.30	
2.1.3 一般公共预算教育支出占 GDP 比重	36.49	
2.1.4 人才吸引力指数	10.10	
2.1.5 高新区企业 R&D 人员所占比重	33.71	
2.2 研发投入	32.42	24
2.2.1 R&D 内部经费占 GDP 的比重	35.04	
2.2.2 一般公共预算科学技术支出占 GDP 的比重	52.18	
2.2.3 高新区企业 R&D 经费内部支出占营业收入比重	10.03	
2.3 创新机构	10.44	54
2.3.1 文化机构	13.59	
2.3.2 国家重点实验室	0.00	
2.3.3 国家创新中心	17.72	
3.1 知识创造	14.46	89
3.1.1 每十万人发明专利授权数	11.89	
3.1.2 每十万人 WoS 论文数	3.64	

续表

蚌埠	得分	排名
3.1.3 每亿元 R&D 内部经费支出所取得的发明专利授权数	7.08	
3.1.4 国际科研合作	35.25	
3.2 知识扩散	16.95	33
3.2.1 输出技术成交额占地区生产总值的比重	25.89	
3.2.2 吸纳技术成交额占地区生产总值的比重	21.26	
3.2.3 国家技术转移机构数	3.70	
4.1 创新经济效益	35.26	92
4.1.1 人均地区生产总值	14.71	
4.1.2 贸易顺差（逆差）	79.19	
4.1.3 人均工业增加值	11.86	
4.2 数字创新活力	6.90	69
4.2.1 数字产业活力	9.96	
4.2.2 数字消费活力	2.04	
4.2.3 数字政务活力	2.45	
4.2.4 数字文化活力	13.15	
4.3 创新包容性	73.87	15
4.3.1 城镇登记失业率	89.80	
4.3.2 城乡居民人均可支配收入比	39.59	
4.3.3 平均房价与人均可支配收入比	92.24	
4.4 创新可持续性	69.01	68
4.4.1 单位 GDP 能耗	87.70	
4.4.2 废水废物处理能力	77.33	
4.4.3 空气质量指数	46.34	
4.4.4 园林绿化覆盖率	64.68	

续表

乌鲁木齐	得分	排名
城市创新型经济指数	25.56	57
1 基础设施	29.72	14
2 创新资源	11.30	101
3 创新过程	15.39	69
4 创新产出	44.73	82
1.1 数字基础	42.02	18
1.1.1 固网宽带应用渗透率	50.59	
1.1.2 移动网络应用渗透率	75.46	
1.1.3 工业互联网示范项目数量	0.00	
1.2 交通基础	49.16	1
1.2.1 公路单位里程运输量	2.95	
1.2.2 人均快递业务量	0.14	
1.2.3 城市物流仓储用地面积占城市建设用地总面积比重	93.53	
1.2.4 公共汽(电)车运输人次占总人口比重	100.00	
1.3 金融基础	25.58	43
1.3.1 年末金融机构人民币各项存款余额	4.57	
1.3.2 年末金融机构人民币各项贷款余额	9.92	
1.3.3 数字金融	62.25	
1.4 政策基础	0.00	79
1.4.1"人才"类政府文件	0.00	
1.4.2"创新"类政府文件	0.00	
2.1 人力资源	22.73	81
2.1.1 普通高等学校教育数量与质量	33.61	
2.1.2 中等职业学校教育数量与质量	38.65	
2.1.3 一般公共预算教育支出占 GDP 比重	13.84	
2.1.4 人才吸引力指数	26.40	

续表

乌鲁木齐	得分	排名
2.1.5 高新区企业 R&D 人员所占比重	1.18	
2.2 研发投入	5.48	102
2.2.1 R&D 内部经费占 GDP 的比重	3.26	
2.2.2 一般公共预算科学技术支出占 GDP 的比重	12.71	
2.2.3 高新区企业 R&D 经费内部支出占营业收入比重	0.46	
2.3 创新机构	7.58	74
2.3.1 文化机构	16.96	
2.3.2 国家重点实验室	0.00	
2.3.3 国家创新中心	5.79	
3.1 知识创造	18.49	67
3.1.1 每十万人发明专利授权数	14.12	
3.1.2 每十万人 WoS 论文数	12.43	
3.1.3 每亿元 R&D 内部经费支出所取得的发明专利授权数	47.43	
3.1.4 国际科研合作	0.00	
3.2 知识扩散	12.34	54
3.2.1 输出技术成交额占地区生产总值的比重	0.25	
3.2.2 吸纳技术成交额占地区生产总值的比重	21.94	
3.2.3 国家技术转移机构数	14.81	
4.1 创新经济效益	43.30	70
4.1.1 人均地区生产总值	35.27	
4.1.2 贸易顺差（逆差）	79.81	
4.1.3 人均工业增加值	14.81	
4.2 数字创新活力	10.78	43
4.2.1 数字产业活力	8.01	
4.2.2 数字消费活力	16.64	
4.2.3 数字政务活力	0.26	

续表

乌鲁木齐	得分	排名
4.2.4 数字文化活力	18.20	
4.3 创新包容性	72.59	23
4.3.1 城镇登记失业率	66.33	
4.3.2 城乡居民人均可支配收入比	60.79	
4.3.3 平均房价与人均可支配收入比	90.64	
4.4 创新可持续性	53.96	102
4.4.1 单位 GDP 能耗	47.27	
4.4.2 废水废物处理能力	82.39	
4.4.3 空气质量指数	43.66	
4.4.4 园林绿化覆盖率	42.53	
东营	**得分**	**排名**
城市创新型经济指数	25.52	58
1 基础设施	16.18	67
2 创新资源	14.69	86
3 创新过程	15.32	71
4 创新产出	54.91	19
1.1 数字基础	35.78	37
1.1.1 固网宽带应用渗透率	39.36	
1.1.2 移动网络应用渗透率	67.98	
1.1.3 工业互联网示范项目数量	0.00	
1.2 交通基础	6.39	94
1.2.1 公路单位里程运输量	0.54	
1.2.2 人均快递业务量	0.40	
1.2.3 城市物流仓储用地面积占城市建设用地总面积比重	11.45	
1.2.4 公共汽(电)车运输人次占总人口比重	13.18	
1.3 金融基础	17.61	62

东营	得分	排名
1.3.1 年末金融机构人民币各项存款余额	1.55	
1.3.2 年末金融机构人民币各项贷款余额	2.54	
1.3.3 数字金融	48.74	
1.4 政策基础	3.57	33
1.4.1 "人才"类政府文件	1.42	
1.4.2 "创新"类政府文件	5.73	
2.1 人力资源	18.36	97
2.1.1 普通高等学校教育数量与质量	14.28	
2.1.2 中等职业学校教育数量与质量	43.06	
2.1.3 一般公共预算教育支出占 GDP 比重	7.35	
2.1.4 人才吸引力指数	27.10	
2.1.5 高新区企业 R&D 人员所占比重	0.00	
2.2 研发投入	13.12	84
2.2.1 R&D 内部经费占 GDP 的比重	32.25	
2.2.2 一般公共预算科学技术支出占 GDP 的比重	7.13	
2.2.3 高新区企业 R&D 经费内部支出占营业收入比重	0.00	
2.3 创新机构	13.21	39
2.3.1 文化机构	37.51	
2.3.2 国家重点实验室	0.00	
2.3.3 国家创新中心	2.11	
3.1 知识创造	16.69	75
3.1.1 每十万人发明专利授权数	24.47	
3.1.2 每十万人 WoS 论文数	4.48	
3.1.3 每亿元 R&D 内部经费支出所取得的发明专利授权数	5.92	
3.1.4 国际科研合作	31.87	
3.2 知识扩散	13.97	45

续表

东营	得分	排名
3.2.1 输出技术成交额占地区生产总值的比重	10.73	
3.2.2 吸纳技术成交额占地区生产总值的比重	31.18	
3.2.3 国家技术转移机构数	0.00	
4.1 创新经济效益	82.48	4
4.1.1 人均地区生产总值	79.52	
4.1.2 贸易顺差(逆差)	75.18	
4.1.3 人均工业增加值	92.73	
4.2 数字创新活力	6.57	72
4.2.1 数字产业活力	5.57	
4.2.2 数字消费活力	4.33	
4.2.3 数字政务活力	2.45	
4.2.4 数字文化活力	13.93	
4.3 创新包容性	63.86	48
4.3.1 城镇登记失业率	79.08	
4.3.2 城乡居民人均可支配收入比	16.28	
4.3.3 平均房价与人均可支配收入比	96.22	
4.4 创新可持续性	68.21	73
4.4.1 单位 GDP 能耗	92.18	
4.4.2 废水废物处理能力	78.23	
4.4.3 空气质量指数	40.36	
4.4.4 园林绿化覆盖率	62.09	
长春	得分	排名
城市创新型经济指数	25.45	59
1 基础设施	16.04	69
2 创新资源	16.31	73
3 创新过程	22.41	31

长春	得分	排名
4 创新产出	46.50	69
1.1 数字基础	21.60	99
1.1.1 固网宽带应用渗透率	0.00	
1.1.2 移动网络应用渗透率	64.80	
1.1.3 工业互联网示范项目数量	0.00	
1.2 交通基础	21.00	27
1.2.1 公路单位里程运输量	1.30	
1.2.2 人均快递业务量	1.32	
1.2.3 城市物流仓储用地面积占城市建设用地总面积比重	42.94	
1.2.4 公共汽(电)车运输人次占总人口比重	38.43	
1.3 金融基础	19.96	55
1.3.1 年末金融机构人民币各项存款余额	7.59	
1.3.2 年末金融机构人民币各项贷款余额	17.31	
1.3.3 数字金融	34.97	
1.4 政策基础	0.71	55
1.4.1 "人才"类政府文件	1.42	
1.4.2 "创新"类政府文件	0.00	
2.1 人力资源	25.52	64
2.1.1 普通高等学校教育数量与质量	34.56	
2.1.2 中等职业学校教育数量与质量	37.40	
2.1.3 一般公共预算教育支出占 GDP 比重	13.83	
2.1.4 人才吸引力指数	27.80	
2.1.5 高新区企业 R&D 人员所占比重	14.01	
2.2 研发投入	9.69	94
2.2.1 R&D 内部经费占 GDP 的比重	13.31	
2.2.2 一般公共预算科学技术支出占 GDP 的比重	13.32	

续表

长春	得分	排名
2.2.3 高新区企业 R&D 经费内部支出占营业收入比重	2.46	
2.3 创新机构	15.29	28
2.3.1 文化机构	29.22	
2.3.2 国家重点实验室	11.90	
2.3.3 国家创新中心	4.74	
3.1 知识创造	27.23	40
3.1.1 每十万人发明专利授权数	14.68	
3.1.2 每十万人 WoS 论文数	24.29	
3.1.3 每亿元 R&D 内部经费支出所取得的发明专利授权数	16.82	
3.1.4 国际科研合作	53.15	
3.2 知识扩散	17.67	31
3.2.1 输出技术成交额占地区生产总值的比重	7.95	
3.2.2 吸纳技术成交额占地区生产总值的比重	26.53	
3.2.3 国家技术转移机构数	18.52	
4.1 创新经济效益	41.23	78
4.1.1 人均地区生产总值	26.86	
4.1.2 贸易顺差(逆差)	75.54	
4.1.3 人均工业增加值	21.28	
4.2 数字创新活力	15.73	32
4.2.1 数字产业活力	9.43	
4.2.2 数字消费活力	2.02	
4.2.3 数字政务活力	35.14	
4.2.4 数字文化活力	16.33	
4.3 创新包容性	53.52	78
4.3.1 城镇登记失业率	45.92	
4.3.2 城乡居民人均可支配收入比	29.28	

长春	得分	排名
4.3.3 平均房价与人均可支配收入比	85.37	
4.4 创新可持续性	74.98	30
4.4.1 单位 GDP 能耗	89.21	
4.4.2 废水废物处理能力	71.54	
4.4.3 空气质量指数	77.88	
4.4.4 园林绿化覆盖率	61.28	

昆明	得分	排名
城市创新型经济指数	25.44	60
1 基础设施	21.78	37
2 创新资源	15.07	84
3 创新过程	21.31	38
4 创新产出	42.96	87
1.1 数字基础	31.65	57
1.1.1 固网宽带应用渗透率	21.61	
1.1.2 移动网络应用渗透率	73.34	
1.1.3 工业互联网示范项目数量	0.00	
1.2 交通基础	22.12	22
1.2.1 公路单位里程运输量	2.95	
1.2.2 人均快递业务量	2.59	
1.2.3 城市物流仓储用地面积占城市建设用地总面积比重	45.50	
1.2.4 公共汽(电)车运输人次占总人口比重	37.46	
1.3 金融基础	31.49	32
1.3.1 年末金融机构人民币各项存款余额	7.65	
1.3.2 年末金融机构人民币各项贷款余额	23.76	
1.3.3 数字金融	63.06	
1.4 政策基础	0.62	56

续表

昆明	得分	排名
1.4.1"人才"类政府文件	0.71	
1.4.2"创新"类政府文件	0.52	
2.1 人力资源	30.84	40
2.1.1 普通高等学校教育数量与质量	44.84	
2.1.2 中等职业学校教育数量与质量	39.62	
2.1.3 一般公共预算教育支出占 GDP 比重	12.26	
2.1.4 人才吸引力指数	35.20	
2.1.5 高新区企业 R&D 人员所占比重	22.27	
2.2 研发投入	8.67	98
2.2.1 R&D 内部经费占 GDP 的比重	6.61	
2.2.2 一般公共预算科学技术支出占 GDP 的比重	12.81	
2.2.3 高新区企业 R&D 经费内部支出占营业收入比重	6.58	
2.3 创新机构	8.32	69
2.3.1 文化机构	18.64	
2.3.2 国家重点实验室	0.00	
2.3.3 国家创新中心	6.32	
3.1 知识创造	33.87	26
3.1.1 每十万人发明专利授权数	18.98	
3.1.2 每十万人 WoS 论文数	16.00	
3.1.3 每亿元 R&D 内部经费支出所取得的发明专利授权数	37.50	
3.1.4 国际科研合作	63.00	
3.2 知识扩散	8.97	76
3.2.1 输出技术成交额占地区生产总值的比重	0.87	
3.2.2 吸纳技术成交额占地区生产总值的比重	14.93	
3.2.3 国家技术转移机构数	11.11	
4.1 创新经济效益	42.33	74

昆明	得分	排名
4.1.1 人均地区生产总值	31.48	
4.1.2 贸易顺差（逆差）	79.90	
4.1.3 人均工业增加值	15.61	
4.2 数字创新活力	7.56	65
4.2.1 数字产业活力	4.01	
4.2.2 数字消费活力	0.65	
4.2.3 数字政务活力	2.98	
4.2.4 数字文化活力	22.59	
4.3 创新包容性	38.53	102
4.3.1 城镇登记失业率	29.08	
4.3.2 城乡居民人均可支配收入比	6.72	
4.3.3 平均房价与人均可支配收入比	79.77	
4.4 创新可持续性	81.94	6
4.4.1 单位 GDP 能耗	90.01	
4.4.2 废水废物处理能力	82.70	
4.4.3 空气质量指数	95.19	
4.4.4 园林绿化覆盖率	59.88	
龙岩	得分	排名
城市创新型经济指数	25.39	61
1 基础设施	15.61	71
2 创新资源	18.70	57
3 创新过程	11.04	91
4 创新产出	55.20	16
1.1 数字基础	33.13	50
1.1.1 固网宽带应用渗透率	46.63	
1.1.2 移动网络应用渗透率	52.77	

续表

龙岩	得分	排名
1.1.3 工业互联网示范项目数量	0.00	
1.2 交通基础	9.17	80
1.2.1 公路单位里程运输量	1.05	
1.2.2 人均快递业务量	0.92	
1.2.3 城市物流仓储用地面积占城市建设用地总面积比重	22.49	
1.2.4 公共汽(电)车运输人次占总人口比重	12.20	
1.3 金融基础	18.47	59
1.3.1 年末金融机构人民币各项存款余额	0.51	
1.3.2 年末金融机构人民币各项贷款余额	1.80	
1.3.3 数字金融	53.09	
1.4 政策基础	0.26	71
1.4.1"人才"类政府文件	0.00	
1.4.2"创新"类政府文件	0.52	
2.1 人力资源	24.10	75
2.1.1 普通高等学校教育数量与质量	9.54	
2.1.2 中等职业学校教育数量与质量	34.36	
2.1.3 一般公共预算教育支出占 GDP 比重	22.78	
2.1.4 人才吸引力指数	20.60	
2.1.5 高新区企业 R&D 人员所占比重	33.21	
2.2 研发投入	21.88	53
2.2.1 R&D 内部经费占 GDP 的比重	28.66	
2.2.2 一般公共预算科学技术支出占 GDP 的比重	24.53	
2.2.3 高新区企业 R&D 经费内部支出占营业收入比重	12.44	
2.3 创新机构	10.95	50
2.3.1 文化机构	31.27	
2.3.2 国家重点实验室	0.00	

续表

龙岩	得分	排名
2.3.3 国家创新中心	1.58	
3.1 知识创造	20.13	58
3.1.1 每十万人发明专利授权数	15.87	
3.1.2 每十万人 WoS 论文数	0.65	
3.1.3 每亿元 R&D 内部经费支出所取得的发明专利授权数	6.04	
3.1.4 国际科研合作	57.95	
3.2 知识扩散	2.10	104
3.2.1 输出技术成交额占地区生产总值的比重	0.05	
3.2.2 吸纳技术成交额占地区生产总值的比重	6.26	
3.2.3 国家技术转移机构数	0.00	
4.1 创新经济效益	53.81	39
4.1.1 人均地区生产总值	50.07	
4.1.2 贸易顺差（逆差）	79.78	
4.1.3 人均工业增加值	31.57	
4.2 数字创新活力	28.23	13
4.2.1 数字产业活力	7.83	
4.2.2 数字消费活力	0.00	
4.2.3 数字政务活力	5.09	
4.2.4 数字文化活力	100.00	
4.3 创新包容性	53.11	81
4.3.1 城镇登记失业率	30.87	
4.3.2 城乡居民人均可支配收入比	56.09	
4.3.3 平均房价与人均可支配收入比	72.37	
4.4 创新可持续性	84.59	3
4.4.1 单位 GDP 能耗	96.87	
4.4.2 废水废物处理能力	77.52	

续表

龙岩	得分	排名
4.4.3 空气质量指数	98.49	
4.4.4 园林绿化覆盖率	65.47	
株洲	**得分**	**排名**
城市创新型经济指数	25.24	62
1 基础设施	13.11	83
2 创新资源	27.72	24
3 创新过程	10.30	97
4 创新产出	49.19	48
1.1 数字基础	29.08	69
1.1.1 固网宽带应用渗透率	18.53	
1.1.2 移动网络应用渗透率	58.70	
1.1.3 工业互联网示范项目数量	10.00	
1.2 交通基础	9.79	74
1.2.1 公路单位里程运输量	2.06	
1.2.2 人均快递业务量	1.36	
1.2.3 城市物流仓储用地面积占城市建设用地总面积比重	13.99	
1.2.4 公共汽(电)车运输人次占总人口比重	21.73	
1.3 金融基础	12.25	80
1.3.1 年末金融机构人民币各项存款余额	1.17	
1.3.2 年末金融机构人民币各项贷款余额	1.97	
1.3.3 数字金融	33.62	
1.4 政策基础	0.00	79
1.4.1"人才"类政府文件	0.00	
1.4.2"创新"类政府文件	0.00	
2.1 人力资源	27.67	58
2.1.1 普通高等学校教育数量与质量	18.66	

株州	得分	排名
2.1.2 中等职业学校教育数量与质量	32.90	
2.1.3 一般公共预算教育支出占 GDP 比重	14.01	
2.1.4 人才吸引力指数	24.80	
2.1.5 高新区企业 R&D 人员所占比重	47.97	
2.2 研发投入	40.31	12
2.2.1 R&D 内部经费占 GDP 的比重	41.63	
2.2.2 一般公共预算科学技术支出占 GDP 的比重	54.99	
2.2.3 高新区企业 R&D 经费内部支出占营业收入比重	24.29	
2.3 创新机构	14.99	30
2.3.1 文化机构	20.41	
2.3.2 国家重点实验室	0.00	
2.3.3 国家创新中心	24.56	
3.1 知识创造	12.77	99
3.1.1 每十万人发明专利授权数	12.96	
3.1.2 每十万人 WoS 论文数	2.56	
3.1.3 每亿元 R&D 内部经费支出所取得的发明专利授权数	4.43	
3.1.4 国际科研合作	31.14	
3.2 知识扩散	7.86	83
3.2.1 输出技术成交额占地区生产总值的比重	7.80	
3.2.2 吸纳技术成交额占地区生产总值的比重	13.94	
3.2.3 国家技术转移机构数	1.85	
4.1 创新经济效益	47.55	58
4.1.1 人均地区生产总值	33.29	
4.1.2 贸易顺差(逆差)	79.72	
4.1.3 人均工业增加值	29.63	
4.2 数字创新活力	5.36	84

续表

株州	得分	排名
4.2.1 数字产业活力	3.84	
4.2.2 数字消费活力	1.33	
4.2.3 数字政务活力	5.09	
4.2.4 数字文化活力	11.18	
4.3 创新包容性	76.49	11
4.3.1 城镇登记失业率	81.63	
4.3.2 城乡居民人均可支配收入比	48.68	
4.3.3 平均房价与人均可支配收入比	99.15	
4.4 创新可持续性	68.71	71
4.4.1 单位 GDP 能耗	93.95	
4.4.2 废水废物处理能力	58.67	
4.4.3 空气质量指数	56.86	
4.4.4 园林绿化覆盖率	65.36	
徐州	**得分**	**排名**
城市创新型经济指数	25.23	63
1 基础设施	14.66	77
2 创新资源	19.45	53
3 创新过程	20.37	42
4 创新产出	45.95	75
1.1 数字基础	31.04	60
1.1.1 固网宽带应用渗透率	37.08	
1.1.2 移动网络应用渗透率	56.03	
1.1.3 工业互联网示范项目数量	0.00	
1.2 交通基础	6.98	91
1.2.1 公路单位里程运输量	3.27	
1.2.2 人均快递业务量	2.32	

续表

徐州	得分	排名
1.2.3 城市物流仓储用地面积占城市建设用地总面积比重	18.17	
1.2.4 公共汽(电)车运输人次占总人口比重	4.15	
1.3 金融基础	19.36	57
1.3.1 年末金融机构人民币各项存款余额	4.38	
1.3.2 年末金融机构人民币各项贷款余额	7.99	
1.3.3 数字金融	45.71	
1.4 政策基础	0.00	79
1.4.1 "人才"类政府文件	0.00	
1.4.2 "创新"类政府文件	0.00	
2.1 人力资源	33.01	30
2.1.1 普通高等学校教育数量与质量	13.71	
2.1.2 中等职业学校教育数量与质量	36.17	
2.1.3 一般公共预算教育支出占 GDP 比重	24.94	
2.1.4 人才吸引力指数	23.20	
2.1.5 高新区企业 R&D 人员所占比重	67.04	
2.2 研发投入	21.06	55
2.2.1 R&D 内部经费占 GDP 的比重	20.55	
2.2.2 一般公共预算科学技术支出占 GDP 的比重	16.09	
2.2.3 高新区企业 R&D 经费内部支出占营业收入比重	26.55	
2.3 创新机构	6.41	83
2.3.1 文化机构	12.36	
2.3.2 国家重点实验室	4.76	
2.3.3 国家创新中心	2.11	
3.1 知识创造	28.07	38
3.1.1 每十万人发明专利授权数	29.02	
3.1.2 每十万人 WoS 论文数	9.08	

续表

徐州	得分	排名
3.1.3 每亿元 R&D 内部经费支出所取得的发明专利授权数	18.86	
3.1.4 国际科研合作	55.33	
3.2 知识扩散	12.81	49
3.2.1 输出技术成交额占地区生产总值的比重	9.00	
3.2.2 吸纳技术成交额占地区生产总值的比重	23.88	
3.2.3 国家技术转移机构数	5.56	
4.1 创新经济效益	49.13	53
4.1.1 人均地区生产总值	34.49	
4.1.2 贸易顺差(逆差)	82.91	
4.1.3 人均工业增加值	29.98	
4.2 数字创新活力	8.91	54
4.2.1 数字产业活力	15.45	
4.2.2 数字消费活力	1.50	
4.2.3 数字政务活力	6.93	
4.2.4 数字文化活力	11.73	
4.3 创新包容性	62.63	54
4.3.1 城镇登记失业率	74.23	
4.3.2 城乡居民人均可支配收入比	23.21	
4.3.3 平均房价与人均可支配收入比	90.44	
4.4 创新可持续性	63.98	93
4.4.1 单位 GDP 能耗	94.97	
4.4.2 废水废物处理能力	62.36	
4.4.3 空气质量指数	33.12	
4.4.4 园林绿化覆盖率	65.49	

续表

海口	得分	排名
城市创新型经济指数	25.15	64
1 基础设施	23.94	31
2 创新资源	12.27	97
3 创新过程	18.71	50
4 创新产出	44.82	81
1.1 数字基础	40.68	21
1.1.1 固网宽带应用渗透率	51.55	
1.1.2 移动网络应用渗透率	70.50	
1.1.3 工业互联网示范项目数量	0.00	
1.2 交通基础	23.36	20
1.2.1 公路单位里程运输量	1.45	
1.2.2 人均快递业务量	1.04	
1.2.3 城市物流仓储用地面积占城市建设用地总面积比重	71.92	
1.2.4 公共汽(电)车运输人次占总人口比重	19.05	
1.3 金融基础	29.62	37
1.3.1 年末金融机构人民币各项存款余额	2.17	
1.3.2 年末金融机构人民币各项贷款余额	5.78	
1.3.3 数字金融	80.90	
1.4 政策基础	0.35	69
1.4.1"人才"类政府文件	0.71	
1.4.2"创新"类政府文件	0.00	
2.1 人力资源	30.30	42
2.1.1 普通高等学校教育数量与质量	34.78	
2.1.2 中等职业学校教育数量与质量	54.49	
2.1.3 一般公共预算教育支出占 GDP 比重	17.07	
2.1.4 人才吸引力指数	25.80	

续表

海口	得分	排名
2.1.5 高新区企业 R&D 人员所占比重	19.36	
2.2 研发投入	5.54	101
2.2.1 R&D 内部经费占 GDP 的比重	9.08	
2.2.2 一般公共预算科学技术支出占 GDP 的比重	3.45	
2.2.3 高新区企业 R&D 经费内部支出占营业收入比重	4.10	
2.3 创新机构	3.94	101
2.3.1 文化机构	11.29	
2.3.2 国家重点实验室	0.00	
2.3.3 国家创新中心	0.53	
3.1 知识创造	31.94	31
3.1.1 每十万人发明专利授权数	19.04	
3.1.2 每十万人 WoS 论文数	18.50	
3.1.3 每亿元 R&D 内部经费支出所取得的发明专利授权数	34.04	
3.1.4 国际科研合作	56.19	
3.2 知识扩散	5.72	96
3.2.1 输出技术成交额占地区生产总值的比重	1.31	
3.2.2 吸纳技术成交额占地区生产总值的比重	15.86	
3.2.3 国家技术转移机构数	0.00	
4.1 创新经济效益	34.18	97
4.1.1 人均地区生产总值	22.00	
4.1.2 贸易顺差（逆差）	78.22	
4.1.3 人均工业增加值	2.32	
4.2 数字创新活力	16.51	30
4.2.1 数字产业活力	13.33	
4.2.2 数字消费活力	0.86	
4.2.3 数字政务活力	20.38	

海口	得分	排名
4.2.4 数字文化活力	31.47	
4.3 创新包容性	45.96	97
4.3.1 城镇登记失业率	39.29	
4.3.2 城乡居民人均可支配收入比	34.43	
4.3.3 平均房价与人均可支配收入比	64.18	
4.4 创新可持续性	81.20	8
4.4.1 单位 GDP 能耗	84.29	
4.4.2 废水废物处理能力	84.69	
4.4.3 空气质量指数	97.40	
4.4.4 园林绿化覆盖率	58.42	
哈尔滨	**得分**	**排名**
城市创新型经济指数	25.11	65
1 基础设施	18.08	54
2 创新资源	19.21	54
3 创新过程	23.80	25
4 创新产出	39.04	101
1.1 数字基础	23.63	89
1.1.1 固网宽带应用渗透率	9.97	
1.1.2 移动网络应用渗透率	60.93	
1.1.3 工业互联网示范项目数量	0.00	
1.2 交通基础	21.58	25
1.2.1 公路单位里程运输量	0.84	
1.2.2 人均快递业务量	1.52	
1.2.3 城市物流仓储用地面积占城市建设用地总面积比重	44.00	
1.2.4 公共汽(电)车运输人次占总人口比重	39.97	
1.3 金融基础	25.31	44

续表

哈尔滨	得分	排名
1.3.1 年末金融机构人民币各项存款余额	6.81	
1.3.2 年末金融机构人民币各项贷款余额	14.44	
1.3.3 数字金融	54.68	
1.4 政策基础	0.88	51
1.4.1 "人才"类政府文件	0.71	
1.4.2 "创新"类政府文件	1.04	
2.1 人力资源	28.56	54
2.1.1 普通高等学校教育数量与质量	37.01	
2.1.2 中等职业学校教育数量与质量	38.34	
2.1.3 一般公共预算教育支出占 GDP 比重	15.12	
2.1.4 人才吸引力指数	10.10	
2.1.5 高新区企业 R&D 人员所占比重	42.22	
2.2 研发投入	15.80	79
2.2.1 R&D 内部经费占 GDP 的比重	30.99	
2.2.2 一般公共预算科学技术支出占 GDP 的比重	8.01	
2.2.3 高新区企业 R&D 经费内部支出占营业收入比重	8.40	
2.3 创新机构	14.82	31
2.3.1 文化机构	30.20	
2.3.2 国家重点实验室	9.52	
2.3.3 国家创新中心	4.74	
3.1 知识创造	25.54	47
3.1.1 每十万人发明专利授权数	13.82	
3.1.2 每十万人 WoS 论文数	26.04	
3.1.3 每亿元 R&D 内部经费支出所取得的发明专利授权数	10.22	
3.1.4 国际科研合作	52.09	
3.2 知识扩散	22.08	16

续表

哈尔滨	得分	排名
3.2.1 输出技术成交额占地区生产总值的比重	28.21	
3.2.2 吸纳技术成交额占地区生产总值的比重	25.08	
3.2.3 国家技术转移机构数	12.96	
4.1 创新经济效益	31.85	100
4.1.1 人均地区生产总值	10.50	
4.1.2 贸易顺差(逆差)	79.22	
4.1.3 人均工业增加值	5.83	
4.2 数字创新活力	8.39	58
4.2.1 数字产业活力	3.29	
4.2.2 数字消费活力	1.46	
4.2.3 数字政务活力	19.06	
4.2.4 数字文化活力	9.76	
4.3 创新包容性	58.43	62
4.3.1 城镇登记失业率	39.54	
4.3.2 城乡居民人均可支配收入比	52.25	
4.3.3 平均房价与人均可支配收入比	83.49	
4.4 创新可持续性	58.04	98
4.4.1 单位 GDP 能耗	87.39	
4.4.2 废水废物处理能力	68.32	
4.4.3 空气质量指数	65.00	
4.4.4 园林绿化覆盖率	11.43	
潍坊	得分	排名
城市创新型经济指数	25.08	66
1 基础设施	15.33	73
2 创新资源	21.83	44
3 创新过程	15.00	75

续表

潍坊	得分	排名
4 创新产出	47.50	62
1.1 数字基础	24.50	86
1.1.1 固网宽带应用渗透率	16.76	
1.1.2 移动网络应用渗透率	56.74	
1.1.3 工业互联网示范项目数量	0.00	
1.2 交通基础	15.26	44
1.2.1 公路单位里程运输量	1.08	
1.2.2 人均快递业务量	1.81	
1.2.3 城市物流仓储用地面积占城市建设用地总面积比重	55.23	
1.2.4 公共汽(电)车运输人次占总人口比重	2.92	
1.3 金融基础	16.89	66
1.3.1 年末金融机构人民币各项存款余额	4.98	
1.3.2 年末金融机构人民币各项贷款余额	8.73	
1.3.3 数字金融	36.96	
1.4 政策基础	3.76	31
1.4.1"人才"类政府文件	2.84	
1.4.2"创新"类政府文件	4.69	
2.1 人力资源	31.19	38
2.1.1 普通高等学校教育数量与质量	18.14	
2.1.2 中等职业学校教育数量与质量	41.24	
2.1.3 一般公共预算教育支出占 GDP 比重	31.20	
2.1.4 人才吸引力指数	25.50	
2.1.5 高新区企业 R&D 人员所占比重	39.87	
2.2 研发投入	22.68	48
2.2.1 R&D 内部经费占 GDP 的比重	29.26	
2.2.2 一般公共预算科学技术支出占 GDP 的比重	17.39	

潍坊	得分	排名
2.2.3 高新区企业 R&D 经费内部支出占营业收入比重	21.37	
2.3 创新机构	13.10	40
2.3.1 文化机构	32.46	
2.3.2 国家重点实验室	0.00	
2.3.3 国家创新中心	6.84	
3.1 知识创造	15.71	82
3.1.1 每十万人发明专利授权数	19.03	
3.1.2 每十万人 WoS 论文数	1.91	
3.1.3 每亿元 R&D 内部经费支出所取得的发明专利授权数	10.70	
3.1.4 国际科研合作	31.20	
3.2 知识扩散	14.29	39
3.2.1 输出技术成交额占地区生产总值的比重	9.84	
3.2.2 吸纳技术成交额占地区生产总值的比重	31.19	
3.2.3 国家技术转移机构数	1.85	
4.1 创新经济效益	43.23	71
4.1.1 人均地区生产总值	24.42	
4.1.2 贸易顺差(逆差)	83.87	
4.1.3 人均工业增加值	21.41	
4.2 数字创新活力	4.87	88
4.2.1 数字产业活力	4.14	
4.2.2 数字消费活力	1.05	
4.2.3 数字政务活力	5.35	
4.2.4 数字文化活力	8.94	
4.3 创新包容性	73.21	20
4.3.1 城镇登记失业率	68.88	
4.3.2 城乡居民人均可支配收入比	55.17	

续表

潍坊	得分	排名
4.3.3 平均房价与人均可支配收入比	95.59	
4.4 创新可持续性	69.74	60
4.4.1 单位 GDP 能耗	94.70	
4.4.2 废水废物处理能力	79.12	
4.4.3 空气质量指数	48.50	
4.4.4 园林绿化覆盖率	56.66	

淮安	得分	排名
城市创新型经济指数	25.05	67
1 基础设施	16.89	60
2 创新资源	18.55	58
3 创新过程	18.27	52
4 创新产出	45.88	76
1.1 数字基础	31.07	59
1.1.1 固网宽带应用渗透率	39.97	
1.1.2 移动网络应用渗透率	53.23	
1.1.3 工业互联网示范项目数量	0.00	
1.2 交通基础	17.95	37
1.2.1 公路单位里程运输量	1.13	
1.2.2 人均快递业务量	2.61	
1.2.3 城市物流仓储用地面积占城市建设用地总面积比重	27.23	
1.2.4 公共汽(电)车运输人次占总人口比重	40.84	
1.3 金融基础	17.10	64
1.3.1 年末金融机构人民币各项存款余额	1.99	
1.3.2 年末金融机构人民币各项贷款余额	5.00	
1.3.3 数字金融	44.32	
1.4 政策基础	0.00	79

淮安	得分	排名
1.4.1"人才"类政府文件	0.00	
1.4.2"创新"类政府文件	0.00	
2.1 人力资源	25.48	65
2.1.1 普通高等学校教育数量与质量	13.56	
2.1.2 中等职业学校教育数量与质量	39.29	
2.1.3 一般公共预算教育支出占 GDP 比重	14.02	
2.1.4 人才吸引力指数	10.10	
2.1.5 高新区企业 R&D 人员所占比重	50.44	
2.2 研发投入	24.19	44
2.2.1 R&D 内部经费占 GDP 的比重	24.55	
2.2.2 一般公共预算科学技术支出占 GDP 的比重	13.37	
2.2.3 高新区企业 R&D 经费内部支出占营业收入比重	34.66	
2.3 创新机构	7.01	80
2.3.1 文化机构	19.46	
2.3.2 国家重点实验室	0.00	
2.3.3 国家创新中心	1.58	
3.1 知识创造	25.93	44
3.1.1 每十万人发明专利授权数	20.18	
3.1.2 每十万人 WoS 论文数	4.76	
3.1.3 每亿元 R&D 内部经费支出所取得的发明专利授权数	10.04	
3.1.4 国际科研合作	68.73	
3.2 知识扩散	10.76	62
3.2.1 输出技术成交额占地区生产总值的比重	8.39	
3.2.2 吸纳技术成交额占地区生产总值的比重	23.88	
3.2.3 国家技术转移机构数	0.00	
4.1 创新经济效益	50.71	46

续表

淮安	得分	排名
4.1.1 人均地区生产总值	41.28	
4.1.2 贸易顺差(逆差)	79.99	
4.1.3 人均工业增加值	30.85	
4.2 数字创新活力	7.73	64
4.2.1 数字产业活力	9.13	
4.2.2 数字消费活力	1.24	
4.2.3 数字政务活力	3.77	
4.2.4 数字文化活力	16.80	
4.3 创新包容性	53.85	75
4.3.1 城镇登记失业率	27.04	
4.3.2 城乡居民人均可支配收入比	50.86	
4.3.3 平均房价与人均可支配收入比	83.64	
4.4 创新可持续性	71.27	54
4.4.1 单位 GDP 能耗	92.81	
4.4.2 废水废物处理能力	75.74	
4.4.3 空气质量指数	54.02	
4.4.4 园林绿化覆盖率	62.53	
宿迁	**得分**	**排名**
城市创新型经济指数	24.49	68
1 基础设施	16.78	63
2 创新资源	17.69	65
3 创新过程	13.30	84
4 创新产出	49.34	46
1.1 数字基础	22.92	93
1.1.1 固网宽带应用渗透率	19.01	
1.1.2 移动网络应用渗透率	49.75	

宿迁	得分	排名
1.1.3 工业互联网示范项目数量	0.00	
1.2 交通基础	8.39	84
1.2.1 公路单位里程运输量	0.97	
1.2.2 人均快递业务量	4.56	
1.2.3 城市物流仓储用地面积占城市建设用地总面积比重	20.23	
1.2.4 公共汽(电)车运输人次占总人口比重	7.79	
1.3 金融基础	10.56	83
1.3.1 年末金融机构人民币各项存款余额	1.48	
1.3.2 年末金融机构人民币各项贷款余额	3.76	
1.3.3 数字金融	26.44	
1.4 政策基础	25.31	11
1.4.1"人才"类政府文件	29.79	
1.4.2"创新"类政府文件	20.83	
2.1 人力资源	25.08	68
2.1.1 普通高等学校教育数量与质量	7.66	
2.1.2 中等职业学校教育数量与质量	39.83	
2.1.3 一般公共预算教育支出占 GDP 比重	29.18	
2.1.4 人才吸引力指数	10.10	
2.1.5 高新区企业 R&D 人员所占比重	38.61	
2.2 研发投入	24.92	39
2.2.1 R&D 内部经费占 GDP 的比重	21.31	
2.2.2 一般公共预算科学技术支出占 GDP 的比重	26.44	
2.2.3 高新区企业 R&D 经费内部支出占营业收入比重	27.01	
2.3 创新机构	4.15	99
2.3.1 文化机构	11.93	
2.3.2 国家重点实验室	0.00	

续表

宿迁	得分	排名
2.3.3 国家创新中心	0.53	
3.1 知识创造	16.01	80
3.1.1 每十万人发明专利授权数	21.24	
3.1.2 每十万人 WoS 论文数	0.09	
3.1.3 每亿元 R&D 内部经费支出所取得的发明专利授权数	16.21	
3.1.4 国际科研合作	26.52	
3.2 知识扩散	10.64	64
3.2.1 输出技术成交额占地区生产总值的比重	8.04	
3.2.2 吸纳技术成交额占地区生产总值的比重	23.88	
3.2.3 国家技术转移机构数	0.00	
4.1 创新经济效益	42.93	73
4.1.1 人均地区生产总值	24.33	
4.1.2 贸易顺差(逆差)	80.68	
4.1.3 人均工业增加值	23.76	
4.2 数字创新活力	5.80	80
4.2.1 数字产业活力	6.17	
4.2.2 数字消费活力	1.24	
4.2.3 数字政务活力	2.98	
4.2.4 数字文化活力	12.81	
4.3 创新包容性	78.57	9
4.3.1 城镇登记失业率	86.48	
4.3.2 城乡居民人均可支配收入比	75.63	
4.3.3 平均房价与人均可支配收入比	73.61	
4.4 创新可持续性	71.28	53
4.4.1 单位 GDP 能耗	94.37	
4.4.2 废水废物处理能力	79.51	

续表

宿迁	得分	排名
4.4.3 空气质量指数	43.82	
4.4.4 园林绿化覆盖率	67.42	

湘潭	得分	排名
城市创新型经济指数	24.40	69
1 基础设施	15.37	72
2 创新资源	19.55	51
3 创新过程	11.71	87
4 创新产出	50.13	42
1.1 数字基础	33.89	47
1.1.1 固网宽带应用渗透率	43.36	
1.1.2 移动网络应用渗透率	58.31	
1.1.3 工业互联网示范项目数量	0.00	
1.2 交通基础	11.72	66
1.2.1 公路单位里程运输量	2.05	
1.2.2 人均快递业务量	0.43	
1.2.3 城市物流仓储用地面积占城市建设用地总面积比重	21.41	
1.2.4 公共汽(电)车运输人次占总人口比重	22.99	
1.3 金融基础	13.82	76
1.3.1 年末金融机构人民币各项存款余额	0.49	
1.3.2 年末金融机构人民币各项贷款余额	1.74	
1.3.3 数字金融	39.22	
1.4 政策基础	0.52	62
1.4.1 "人才"类政府文件	0.00	
1.4.2 "创新"类政府文件	1.04	
2.1 人力资源	24.26	73
2.1.1 普通高等学校教育数量与质量	33.26	

续表

湘潭	得分	排名
2.1.2 中等职业学校教育数量与质量	35.67	
2.1.3 一般公共预算教育支出占 GDP 比重	1.32	
2.1.4 人才吸引力指数	20.50	
2.1.5 高新区企业 R&D 人员所占比重	30.55	
2.2 研发投入	27.74	31
2.2.1 R&D 内部经费占 GDP 的比重	40.42	
2.2.2 一般公共预算科学技术支出占 GDP 的比重	29.46	
2.2.3 高新区企业 R&D 经费内部支出占营业收入比重	13.33	
2.3 创新机构	7.29	76
2.3.1 文化机构	17.66	
2.3.2 国家重点实验室	0.00	
2.3.3 国家创新中心	4.21	
3.1 知识创造	15.58	83
3.1.1 每十万人发明专利授权数	3.90	
3.1.2 每十万人 WoS 论文数	12.56	
3.1.3 每亿元 R&D 内部经费支出所取得的发明专利授权数	1.39	
3.1.4 国际科研合作	44.46	
3.2 知识扩散	7.91	82
3.2.1 输出技术成交额占地区生产总值的比重	7.94	
3.2.2 吸纳技术成交额占地区生产总值的比重	13.94	
3.2.3 国家技术转移机构数	1.85	
4.1 创新经济效益	51.67	44
4.1.1 人均地区生产总值	37.28	
4.1.2 贸易顺差(逆差)	79.57	
4.1.3 人均工业增加值	38.17	
4.2 数字创新活力	4.84	89

续表

湘潭	得分	排名
4.2.1 数字产业活力	2.48	
4.2.2 数字消费活力	1.19	
4.2.3 数字政务活力	3.77	
4.2.4 数字文化活力	11.90	
4.3 创新包容性	73.00	21
4.3.1 城镇登记失业率	55.10	
4.3.2 城乡居民人均可支配收入比	65.07	
4.3.3 平均房价与人均可支配收入比	98.82	
4.4 创新可持续性	72.10	44
4.4.1 单位 GDP 能耗	92.61	
4.4.2 废水废物处理能力	84.69	
4.4.3 空气质量指数	57.69	
4.4.4 园林绿化覆盖率	53.42	
洛阳	得分	排名
城市创新型经济指数	24.19	70
1 基础设施	15.18	75
2 创新资源	30.60	17
3 创新过程	10.95	92
4 创新产出	39.64	96
1.1 数字基础	28.29	70
1.1.1 固网宽带应用渗透率	30.24	
1.1.2 移动网络应用渗透率	54.65	
1.1.3 工业互联网示范项目数量	0.00	
1.2 交通基础	11.96	63
1.2.1 公路单位里程运输量	1.98	
1.2.2 人均快递业务量	1.46	

续表

洛阳	得分	排名
1.2.3 城市物流仓储用地面积占城市建设用地总面积比重	30.79	
1.2.4 公共汽(电)车运输人次占总人口比重	13.60	
1.3 金融基础	15.97	67
1.3.1 年末金融机构人民币各项存款余额	2.71	
1.3.2 年末金融机构人民币各项贷款余额	5.51	
1.3.3 数字金融	39.69	
1.4 政策基础	3.41	35
1.4.1 "人才"类政府文件	2.13	
1.4.2 "创新"类政府文件	4.69	
2.1 人力资源	28.79	52
2.1.1 普通高等学校教育数量与质量	18.37	
2.1.2 中等职业学校教育数量与质量	33.72	
2.1.3 一般公共预算教育支出占 GDP 比重	12.14	
2.1.4 人才吸引力指数	22.80	
2.1.5 高新区企业 R&D 人员所占比重	56.92	
2.2 研发投入	35.89	18
2.2.1 R&D 内部经费占 GDP 的比重	38.95	
2.2.2 一般公共预算科学技术支出占 GDP 的比重	34.94	
2.2.3 高新区企业 R&D 经费内部支出占营业收入比重	33.77	
2.3 创新机构	26.76	11
2.3.1 文化机构	56.26	
2.3.2 国家重点实验室	0.00	
2.3.3 国家创新中心	24.04	
3.1 知识创造	16.62	76
3.1.1 每十万人发明专利授权数	12.17	
3.1.2 每十万人 WoS 论文数	3.78	

洛阳	得分	排名
3.1.3 每亿元 R&D 内部经费支出所取得的发明专利授权数	5.08	
3.1.4 国际科研合作	45.44	
3.2 知识扩散	5.38	99
3.2.1 输出技术成交额占地区生产总值的比重	3.37	
3.2.2 吸纳技术成交额占地区生产总值的比重	10.90	
3.2.3 国家技术转移机构数	1.85	
4.1 创新经济效益	43.56	69
4.1.1 人均地区生产总值	26.10	
4.1.2 贸易顺差(逆差)	79.87	
4.1.3 人均工业增加值	24.71	
4.2 数字创新活力	4.71	90
4.2.1 数字产业活力	2.79	
4.2.2 数字消费活力	0.79	
4.2.3 数字政务活力	4.82	
4.2.4 数字文化活力	10.43	
4.3 创新包容性	45.47	98
4.3.1 城镇登记失业率	27.30	
4.3.2 城乡居民人均可支配收入比	23.10	
4.3.3 平均房价与人均可支配收入比	86.03	
4.4 创新可持续性	64.71	90
4.4.1 单位 GDP 能耗	89.64	
4.4.2 废水废物处理能力	84.59	
4.4.3 空气质量指数	17.42	
4.4.4 园林绿化覆盖率	67.18	

续表

吉林	得分	排名
城市创新型经济指数	24.08	71
1 基础设施	17.91	55
2 创新资源	18.16	62
3 创新过程	19.00	49
4 创新产出	40.75	91
1.1 数字基础	25.85	79
1.1.1 固网宽带应用渗透率	11.61	
1.1.2 移动网络应用渗透率	65.94	
1.1.3 工业互联网示范项目数量	0.00	
1.2 交通基础	20.75	29
1.2.1 公路单位里程运输量	0.90	
1.2.2 人均快递业务量	7.19	
1.2.3 城市物流仓储用地面积占城市建设用地总面积比重	41.24	
1.2.4 公共汽(电)车运输人次占总人口比重	33.66	
1.3 金融基础	6.89	96
1.3.1 年末金融机构人民币各项存款余额	1.06	
1.3.2 年末金融机构人民币各项贷款余额	1.52	
1.3.3 数字金融	18.10	
1.4 政策基础	17.53	16
1.4.1 "人才"类政府文件	16.31	
1.4.2 "创新"类政府文件	18.75	
2.1 人力资源	36.66	25
2.1.1 普通高等学校教育数量与质量	20.94	
2.1.2 中等职业学校教育数量与质量	58.79	
2.1.3 一般公共预算教育支出占 GDP 比重	35.60	
2.1.4 人才吸引力指数	10.10	

吉林	得分	排名
2.1.5 高新区企业 R&D 人员所占比重	57.85	
2.2 研发投入	10.70	91
2.2.1 R&D 内部经费占 GDP 的比重	8.66	
2.2.2 一般公共预算科学技术支出占 GDP 的比重	1.94	
2.2.3 高新区企业 R&D 经费内部支出占营业收入比重	21.49	
2.3 创新机构	10.19	56
2.3.1 文化机构	27.93	
2.3.2 国家重点实验室	0.00	
2.3.3 国家创新中心	2.63	
3.1 知识创造	16.03	79
3.1.1 每十万人发明专利授权数	5.04	
3.1.2 每十万人 WoS 论文数	2.86	
3.1.3 每亿元 R&D 内部经费支出所取得的发明专利授权数	16.25	
3.1.4 国际科研合作	39.97	
3.2 知识扩散	21.92	17
3.2.1 输出技术成交额占地区生产总值的比重	17.99	
3.2.2 吸纳技术成交额占地区生产总值的比重	47.76	
3.2.3 国家技术转移机构数	0.00	
4.1 创新经济效益	30.50	103
4.1.1 人均地区生产总值	3.47	
4.1.2 贸易顺差(逆差)	79.32	
4.1.3 人均工业增加值	8.72	
4.2 数字创新活力	6.70	70
4.2.1 数字产业活力	4.05	
4.2.2 数字消费活力	4.45	
4.2.3 数字政务活力	7.46	

续表

吉林	得分	排名
4.2.4 数字文化活力	10.83	
4.3 创新包容性	56.67	66
4.3.1 城镇登记失业率	31.38	
4.3.2 城乡居民人均可支配收入比	50.09	
4.3.3 平均房价与人均可支配收入比	88.54	
4.4 创新可持续性	69.01	67
4.4.1 单位 GDP 能耗	58.35	
4.4.2 废水废物处理能力	84.69	
4.4.3 空气质量指数	73.29	
4.4.4 园林绿化覆盖率	59.72	
柳州	**得分**	**排名**
城市创新型经济指数	23.90	72
1 基础设施	16.80	61
2 创新资源	18.21	61
3 创新过程	11.49	89
4 创新产出	48.23	56
1.1 数字基础	30.95	61
1.1.1 固网宽带应用渗透率	32.22	
1.1.2 移动网络应用渗透率	60.64	
1.1.3 工业互联网示范项目数量	0.00	
1.2 交通基础	18.44	34
1.2.1 公路单位里程运输量	2.08	
1.2.2 人均快递业务量	1.05	
1.2.3 城市物流仓储用地面积占城市建设用地总面积比重	54.30	
1.2.4 公共汽(电)车运输人次占总人口比重	16.32	
1.3 金融基础	15.53	71

柳州	得分	排名
1.3.1 年末金融机构人民币各项存款余额	1.43	
1.3.2 年末金融机构人民币各项贷款余额	3.41	
1.3.3 数字金融	41.76	
1.4 政策基础	0.88	51
1.4.1"人才"类政府文件	0.71	
1.4.2"创新"类政府文件	1.04	
2.1 人力资源	24.54	71
2.1.1 普通高等学校教育数量与质量	15.49	
2.1.2 中等职业学校教育数量与质量	39.07	
2.1.3 一般公共预算教育支出占 GDP 比重	29.33	
2.1.4 人才吸引力指数	20.50	
2.1.5 高新区企业 R&D 人员所占比重	18.30	
2.2 研发投入	12.70	85
2.2.1 R&D 内部经费占 GDP 的比重	24.70	
2.2.2 一般公共预算科学技术支出占 GDP 的比重	6.86	
2.2.3 高新区企业 R&D 经费内部支出占营业收入比重	6.55	
2.3 创新机构	18.49	25
2.3.1 文化机构	53.90	
2.3.2 国家重点实验室	0.00	
2.3.3 国家创新中心	1.58	
3.1 知识创造	14.31	90
3.1.1 每十万人发明专利授权数	10.50	
3.1.2 每十万人 WoS 论文数	1.73	
3.1.3 每亿元 R&D 内部经费支出所取得的发明专利授权数	7.23	
3.1.4 国际科研合作	37.77	
3.2 知识扩散	8.73	79

续表

柳州	得分	排名
3.2.1 输出技术成交额占地区生产总值的比重	2.43	
3.2.2 吸纳技术成交额占地区生产总值的比重	23.75	
3.2.3 国家技术转移机构数	0.00	
4.1 创新经济效益	43.17	72
4.1.1 人均地区生产总值	23.56	
4.1.2 贸易顺差（逆差）	79.04	
4.1.3 人均工业增加值	26.92	
4.2 数字创新活力	16.06	31
4.2.1 数字产业活力	0.61	
4.2.2 数字消费活力	0.85	
4.2.3 数字政务活力	49.91	
4.2.4 数字文化活力	12.89	
4.3 创新包容性	53.39	79
4.3.1 城镇登记失业率	47.96	
4.3.2 城乡居民人均可支配收入比	26.50	
4.3.3 平均房价与人均可支配收入比	85.71	
4.4 创新可持续性	79.53	13
4.4.1 单位 GDP 能耗	91.57	
4.4.2 废水废物处理能力	81.59	
4.4.3 空气质量指数	82.22	
4.4.4 园林绿化覆盖率	62.74	
银川	得分	排名
城市创新型经济指数	23.84	73
1 基础设施	21.00	40
2 创新资源	15.36	79
3 创新过程	15.68	67

银川	得分	排名
4 创新产出	42.56	89
1.1 数字基础	37.41	29
1.1.1 固网宽带应用渗透率	44.81	
1.1.2 移动网络应用渗透率	67.43	
1.1.3 工业互联网示范项目数量	0.00	
1.2 交通基础	18.14	35
1.2.1 公路单位里程运输量	5.99	
1.2.2 人均快递业务量	0.49	
1.2.3 城市物流仓储用地面积占城市建设用地总面积比重	21.94	
1.2.4 公共汽(电)车运输人次占总人口比重	44.14	
1.3 金融基础	23.03	47
1.3.1 年末金融机构人民币各项存款余额	1.63	
1.3.2 年末金融机构人民币各项贷款余额	5.53	
1.3.3 数字金融	61.94	
1.4 政策基础	3.93	30
1.4.1"人才"类政府文件	2.13	
1.4.2"创新"类政府文件	5.73	
2.1 人力资源	23.16	78
2.1.1 普通高等学校教育数量与质量	31.68	
2.1.2 中等职业学校教育数量与质量	31.28	
2.1.3 一般公共预算教育支出占 GDP 比重	7.03	
2.1.4 人才吸引力指数	22.80	
2.1.5 高新区企业 R&D 人员所占比重	23.01	
2.2 研发投入	16.36	78
2.2.1 R&D 内部经费占 GDP 的比重	17.53	
2.2.2 一般公共预算科学技术支出占 GDP 的比重	18.29	

续表

银川	得分	排名
2.2.3 高新区企业 R&D 经费内部支出占营业收入比重	13.25	
2.3 创新机构	7.79	71
2.3.1 文化机构	18.63	
2.3.2 国家重点实验室	0.00	
2.3.3 国家创新中心	4.74	
3.1 知识创造	20.30	57
3.1.1 每十万人发明专利授权数	15.51	
3.1.2 每十万人 WoS 论文数	10.79	
3.1.3 每亿元 R&D 内部经费支出所取得的发明专利授权数	13.62	
3.1.4 国际科研合作	41.28	
3.2 知识扩散	11.15	60
3.2.1 输出技术成交额占地区生产总值的比重	1.65	
3.2.2 吸纳技术成交额占地区生产总值的比重	31.79	
3.2.3 国家技术转移机构数	0.00	
4.1 创新经济效益	47.19	60
4.1.1 人均地区生产总值	27.23	
4.1.2 贸易顺差(逆差)	79.60	
4.1.3 人均工业增加值	34.74	
4.2 数字创新活力	9.69	50
4.2.1 数字产业活力	6.66	
4.2.2 数字消费活力	8.19	
4.2.3 数字政务活力	1.13	
4.2.4 数字文化活力	22.76	
4.3 创新包容性	46.51	96
4.3.1 城镇登记失业率	16.84	
4.3.2 城乡居民人均可支配收入比	29.85	

银川	得分	排名
4.3.3 平均房价与人均可支配收入比	92.86	
4.4 创新可持续性	66.64	78
4.4.1 单位 GDP 能耗	79.53	
4.4.2 废水废物处理能力	80.54	
4.4.3 空气质量指数	54.25	
4.4.4 园林绿化覆盖率	52.26	

石家庄	得分	排名
城市创新型经济指数	23.67	74
1 基础设施	19.59	46
2 创新资源	22.34	40
3 创新过程	15.08	74
4 创新产出	37.18	104
1.1 数字基础	32.07	55
1.1.1 固网宽带应用渗透率	30.90	
1.1.2 移动网络应用渗透率	65.31	
1.1.3 工业互联网示范项目数量	0.00	
1.2 交通基础	21.54	26
1.2.1 公路单位里程运输量	2.84	
1.2.2 人均快递业务量	5.27	
1.2.3 城市物流仓储用地面积占城市建设用地总面积比重	71.31	
1.2.4 公共汽(电)车运输人次占总人口比重	6.73	
1.3 金融基础	22.82	49
1.3.1 年末金融机构人民币各项存款余额	8.52	
1.3.2 年末金融机构人民币各项贷款余额	15.40	
1.3.3 数字金融	44.55	
1.4 政策基础	0.52	62

续表

石家庄	得分	排名
1.4.1"人才"类政府文件	0.00	
1.4.2"创新"类政府文件	1.04	
2.1 人力资源	38.69	20
2.1.1 普通高等学校教育数量与质量	33.03	
2.1.2 中等职业学校教育数量与质量	55.72	
2.1.3 一般公共预算教育支出占 GDP 比重	44.27	
2.1.4 人才吸引力指数	26.80	
2.1.5 高新区企业 R&D 人员所占比重	33.65	
2.2 研发投入	24.84	42
2.2.1 R&D 内部经费占 GDP 的比重	25.89	
2.2.2 一般公共预算科学技术支出占 GDP 的比重	11.47	
2.2.3 高新区企业 R&D 经费内部支出占营业收入比重	37.15	
2.3 创新机构	6.05	84
2.3.1 文化机构	9.74	
2.3.2 国家重点实验室	0.00	
2.3.3 国家创新中心	8.42	
3.1 知识创造	17.52	71
3.1.1 每十万人发明专利授权数	14.71	
3.1.2 每十万人 WoS 论文数	6.60	
3.1.3 每亿元 R&D 内部经费支出所取得的发明专利授权数	12.08	
3.1.4 国际科研合作	36.70	
3.2 知识扩散	12.68	51
3.2.1 输出技术成交额占地区生产总值的比重	7.04	
3.2.2 吸纳技术成交额占地区生产总值的比重	21.73	
3.2.3 国家技术转移机构数	9.26	
4.1 创新经济效益	34.80	95

续表

石家庄	得分	排名
4.1.1 人均地区生产总值	13.18	
4.1.2 贸易顺差（逆差）	80.24	
4.1.3 人均工业增加值	10.98	
4.2 数字创新活力	5.66	82
4.2.1 数字产业活力	3.91	
4.2.2 数字消费活力	2.84	
4.2.3 数字政务活力	8.52	
4.2.4 数字文化活力	7.39	
4.3 创新包容性	46.87	95
4.3.1 城镇登记失业率	41.07	
4.3.2 城乡居民人均可支配收入比	31.81	
4.3.3 平均房价与人均可支配收入比	67.71	
4.4 创新可持续性	61.29	95
4.4.1 单位 GDP 能耗	90.48	
4.4.2 废水废物处理能力	83.79	
4.4.3 空气质量指数	20.80	
4.4.4 园林绿化覆盖率	50.07	
景德镇	得分	排名
城市创新型经济指数	23.42	75
1 基础设施	12.92	84
2 创新资源	20.82	47
3 创新过程	10.10	101
4 创新产出	49.07	49
1.1 数字基础	30.89	63
1.1.1 固网宽带应用渗透率	40.61	
1.1.2 移动网络应用渗透率	52.07	

续表

景德镇	得分	排名
1.1.3 工业互联网示范项目数量	0.00	
1.2 交通基础	4.47	100
1.2.1 公路单位里程运输量	6.91	
1.2.2 人均快递业务量	0.30	
1.2.3 城市物流仓储用地面积占城市建设用地总面积比重	0.00	
1.2.4 公共汽(电)车运输人次占总人口比重	10.66	
1.3 金融基础	15.01	73
1.3.1 年末金融机构人民币各项存款余额	0.04	
1.3.2 年末金融机构人民币各项贷款余额	0.20	
1.3.3 数字金融	44.79	
1.4 政策基础	0.00	79
1.4.1"人才"类政府文件	0.00	
1.4.2"创新"类政府文件	0.00	
2.1 人力资源	37.75	22
2.1.1 普通高等学校教育数量与质量	53.01	
2.1.2 中等职业学校教育数量与质量	27.91	
2.1.3 一般公共预算教育支出占 GDP 比重	45.19	
2.1.4 人才吸引力指数	21.00	
2.1.5 高新区企业 R&D 人员所占比重	41.63	
2.2 研发投入	23.76	45
2.2.1 R&D 内部经费占 GDP 的比重	16.70	
2.2.2 一般公共预算科学技术支出占 GDP 的比重	28.30	
2.2.3 高新区企业 R&D 经费内部支出占营业收入比重	26.26	
2.3 创新机构	3.60	103
2.3.1 文化机构	10.28	
2.3.2 国家重点实验室	0.00	

续表

景德镇	得分	排名
2.3.3 国家创新中心	0.53	
3.1 知识创造	13.52	95
3.1.1 每十万人发明专利授权数	12.39	
3.1.2 每十万人 WoS 论文数	1.79	
3.1.3 每亿元 R&D 内部经费支出所取得的发明专利授权数	13.26	
3.1.4 国际科研合作	26.65	
3.2 知识扩散	6.74	90
3.2.1 输出技术成交额占地区生产总值的比重	3.61	
3.2.2 吸纳技术成交额占地区生产总值的比重	14.77	
3.2.3 国家技术转移机构数	1.85	
4.1 创新经济效益	39.07	83
4.1.1 人均地区生产总值	13.99	
4.1.2 贸易顺差（逆差）	79.58	
4.1.3 人均工业增加值	23.65	
4.2 数字创新活力	6.49	73
4.2.1 数字产业活力	4.89	
4.2.2 数字消费活力	3.73	
4.2.3 数字政务活力	1.92	
4.2.4 数字文化活力	15.42	
4.3 创新包容性	63.04	51
4.3.1 城镇登记失业率	53.83	
4.3.2 城乡居民人均可支配收入比	40.18	
4.3.3 平均房价与人均可支配收入比	95.11	
4.4 创新可持续性	87.15	1
4.4.1 单位 GDP 能耗	81.75	
4.4.2 废水废物处理能力	76.15	

续表

景德镇	得分	排名
4.4.3 空气质量指数	90.68	
4.4.4 园林绿化覆盖率	100.00	

宝鸡	得分	排名
城市创新型经济指数	23.40	76
1 基础设施	14.91	76
2 创新资源	15.62	76
3 创新过程	19.59	46
4 创新产出	42.95	88
1.1 数字基础	32.90	52
1.1.1 固网宽带应用渗透率	42.81	
1.1.2 移动网络应用渗透率	55.90	
1.1.3 工业互联网示范项目数量	0.00	
1.2 交通基础	15.65	43
1.2.1 公路单位里程运输量	1.00	
1.2.2 人均快递业务量	0.32	
1.2.3 城市物流仓储用地面积占城市建设用地总面积比重	29.02	
1.2.4 公共汽(电)车运输人次占总人口比重	32.25	
1.3 金融基础	8.89	88
1.3.1 年末金融机构人民币各项存款余额	1.07	
1.3.2 年末金融机构人民币各项贷款余额	1.19	
1.3.3 数字金融	24.39	
1.4 政策基础	0.62	56
1.4.1 "人才"类政府文件	0.71	
1.4.2 "创新"类政府文件	0.52	
2.1 人力资源	20.25	95
2.1.1 普通高等学校教育数量与质量	10.68	

宝鸡	得分	排名
2.1.2 中等职业学校教育数量与质量	6.36	
2.1.3 一般公共预算教育支出占 GDP 比重	26.60	
2.1.4 人才吸引力指数	10.10	
2.1.5 高新区企业 R&D 人员所占比重	47.49	
2.2 研发投入	13.63	82
2.2.1 R&D 内部经费占 GDP 的比重	17.97	
2.2.2 一般公共预算科学技术支出占 GDP 的比重	4.25	
2.2.3 高新区企业 R&D 经费内部支出占营业收入比重	18.68	
2.3 创新机构	13.74	35
2.3.1 文化机构	38.06	
2.3.2 国家重点实验室	0.00	
2.3.3 国家创新中心	3.16	
3.1 知识创造	15.25	87
3.1.1 每十万人发明专利授权数	6.00	
3.1.2 每十万人 WoS 论文数	1.11	
3.1.3 每亿元 R&D 内部经费支出所取得的发明专利授权数	5.45	
3.1.4 国际科研合作	48.44	
3.2 知识扩散	23.85	13
3.2.1 输出技术成交额占地区生产总值的比重	29.55	
3.2.2 吸纳技术成交额占地区生产总值的比重	40.14	
3.2.3 国家技术转移机构数	1.85	
4.1 创新经济效益	46.42	62
4.1.1 人均地区生产总值	26.16	
4.1.2 贸易顺差(逆差)	79.21	
4.1.3 人均工业增加值	33.89	
4.2 数字创新活力	4.69	91

续表

宝鸡	得分	排名
4.2.1 数字产业活力	5.11	
4.2.2 数字消费活力	2.01	
4.2.3 数字政务活力	3.51	
4.2.4 数字文化活力	8.12	
4.3 创新包容性	55.45	71
4.3.1 城镇登记失业率	47.70	
4.3.2 城乡居民人均可支配收入比	21.18	
4.3.3 平均房价与人均可支配收入比	97.47	
4.4 创新可持续性	65.63	84
4.4.1 单位 GDP 能耗	92.03	
4.4.2 废水废物处理能力	77.34	
4.4.3 空气质量指数	32.59	
4.4.4 园林绿化覆盖率	60.58	
西宁	得分	排名
城市创新型经济指数	23.27	77
1 基础设施	23.10	32
2 创新资源	10.40	103
3 创新过程	19.29	48
4 创新产出	39.56	97
1.1 数字基础	31.70	56
1.1.1 固网宽带应用渗透率	32.44	
1.1.2 移动网络应用渗透率	62.66	
1.1.3 工业互联网示范项目数量	0.00	
1.2 交通基础	45.92	2
1.2.1 公路单位里程运输量	2.21	
1.2.2 人均快递业务量	0.05	

续表

西宁	得分	排名
1.2.3 城市物流仓储用地面积占城市建设用地总面积比重	96.06	
1.2.4 公共汽（电）车运输人次占总人口比重	85.36	
1.3 金融基础	12.97	78
1.3.1 年末金融机构人民币各项存款余额	1.64	
1.3.2 年末金融机构人民币各项贷款余额	4.92	
1.3.3 数字金融	32.34	
1.4 政策基础	0.00	79
1.4.1 "人才"类政府文件	0.00	
1.4.2 "创新"类政府文件	0.00	
2.1 人力资源	21.96	86
2.1.1 普通高等学校教育数量与质量	24.81	
2.1.2 中等职业学校教育数量与质量	33.74	
2.1.3 一般公共预算教育支出占 GDP 比重	41.14	
2.1.4 人才吸引力指数	10.10	
2.1.5 高新区企业 R&D 人员所占比重	0.00	
2.2 研发投入	3.91	104
2.2.1 R&D 内部经费占 GDP 的比重	5.64	
2.2.2 一般公共预算科学技术支出占 GDP 的比重	6.08	
2.2.3 高新区企业 R&D 经费内部支出占营业收入比重	0.00	
2.3 创新机构	7.27	77
2.3.1 文化机构	21.27	
2.3.2 国家重点实验室	0.00	
2.3.3 国家创新中心	0.53	
3.1 知识创造	26.04	43
3.1.1 每十万人发明专利授权数	11.30	
3.1.2 每十万人 WoS 论文数	10.73	

续表

西宁	得分	排名
3.1.3 每亿元 R&D 内部经费支出所取得的发明专利授权数	35.39	
3.1.4 国际科研合作	46.74	
3.2 知识扩散	12.66	52
3.2.1 输出技术成交额占地区生产总值的比重	1.42	
3.2.2 吸纳技术成交额占地区生产总值的比重	31.01	
3.2.3 国家技术转移机构数	5.56	
4.1 创新经济效益	34.18	98
4.1.1 人均地区生产总值	16.40	
4.1.2 贸易顺差（逆差）	79.21	
4.1.3 人均工业增加值	6.93	
4.2 数字创新活力	10.06	47
4.2.1 数字产业活力	5.75	
4.2.2 数字消费活力	12.42	
4.2.3 数字政务活力	0.08	
4.2.4 数字文化活力	21.99	
4.3 创新包容性	59.81	59
4.3.1 城镇登记失业率	89.29	
4.3.2 城乡居民人均可支配收入比	11.02	
4.3.3 平均房价与人均可支配收入比	79.11	
4.4 创新可持续性	54.99	101
4.4.1 单位 GDP 能耗	45.65	
4.4.2 废水废物处理能力	60.61	
4.4.3 空气质量指数	68.05	
4.4.4 园林绿化覆盖率	45.63	

续表

榆林	得分	排名
城市创新型经济指数	22.96	78
1 基础设施	10.22	98
2 创新资源	10.46	102
3 创新过程	19.88	43
4 创新产出	50.61	41
1.1 数字基础	26.23	77
1.1.1 固网宽带应用渗透率	18.18	
1.1.2 移动网络应用渗透率	60.52	
1.1.3 工业互联网示范项目数量	0.00	
1.2 交通基础	6.25	95
1.2.1 公路单位里程运输量	0.04	
1.2.2 人均快递业务量	0.00	
1.2.3 城市物流仓储用地面积占城市建设用地总面积比重	14.09	
1.2.4 公共汽(电)车运输人次占总人口比重	10.88	
1.3 金融基础	7.17	95
1.3.1 年末金融机构人民币各项存款余额	2.08	
1.3.2 年末金融机构人民币各项贷款余额	1.63	
1.3.3 数字金融	17.80	
1.4 政策基础	0.00	79
1.4.1 "人才"类政府文件	0.00	
1.4.2 "创新"类政府文件	0.00	
2.1 人力资源	17.99	98
2.1.1 普通高等学校教育数量与质量	11.78	
2.1.2 中等职业学校教育数量与质量	39.95	
2.1.3 一般公共预算教育支出占 GDP 比重	20.86	
2.1.4 人才吸引力指数	10.10	

续表

榆林	得分	排名
2.1.5 高新区企业 R&D 人员所占比重	7.26	
2.2 研发投入	2.29	105
2.2.1 R&D 内部经费占 GDP 的比重	2.62	
2.2.2 一般公共预算科学技术支出占 GDP 的比重	2.32	
2.2.3 高新区企业 R&D 经费内部支出占营业收入比重	1.94	
2.3 创新机构	12.42	43
2.3.1 文化机构	37.25	
2.3.2 国家重点实验室	0.00	
2.3.3 国家创新中心	0.00	
3.1 知识创造	18.87	65
3.1.1 每十万人发明专利授权数	5.85	
3.1.2 每十万人 WoS 论文数	1.55	
3.1.3 每亿元 R&D 内部经费支出所取得的发明专利授权数	14.63	
3.1.4 国际科研合作	53.43	
3.2 知识扩散	20.87	19
3.2.1 输出技术成交额占地区生产总值的比重	22.46	
3.2.2 吸纳技术成交额占地区生产总值的比重	40.14	
3.2.3 国家技术转移机构数	0.00	
4.1 创新经济效益	84.71	3
4.1.1 人均地区生产总值	74.86	
4.1.2 贸易顺差（逆差）	79.27	
4.1.3 人均工业增加值	100.00	
4.2 数字创新活力	4.14	95
4.2.1 数字产业活力	0.35	
4.2.2 数字消费活力	2.01	
4.2.3 数字政务活力	9.04	

榆林	得分	排名
4.2.4 数字文化活力	5.15	
4.3 创新包容性	50.48	87
4.3.1 城镇登记失业率	41.07	
4.3.2 城乡居民人均可支配收入比	23.95	
4.3.3 平均房价与人均可支配收入比	86.43	
4.4 创新可持续性	64.20	92
4.4.1 单位 GDP 能耗	87.59	
4.4.2 废水废物处理能力	69.43	
4.4.3 空气质量指数	61.60	
4.4.4 园林绿化覆盖率	38.19	
南宁	得分	排名
城市创新型经济指数	22.94	79
1 基础设施	18.80	52
2 创新资源	16.56	70
3 创新过程	16.49	59
4 创新产出	39.33	100
1.1 数字基础	33.13	51
1.1.1 固网宽带应用渗透率	32.17	
1.1.2 移动网络应用渗透率	67.21	
1.1.3 工业互联网示范项目数量	0.00	
1.2 交通基础	11.85	64
1.2.1 公路单位里程运输量	3.41	
1.2.2 人均快递业务量	0.78	
1.2.3 城市物流仓储用地面积占城市建设用地总面积比重	30.69	
1.2.4 公共汽(电)车运输人次占总人口比重	12.51	
1.3 金融基础	28.69	38

续表

南宁	得分	排名
1.3.1 年末金融机构人民币各项存款余额	5.47	
1.3.2 年末金融机构人民币各项贷款余额	18.94	
1.3.3 数字金融	61.66	
1.4 政策基础	0.26	71
1.4.1"人才"类政府文件	0.00	
1.4.2"创新"类政府文件	0.52	
2.1 人力资源	30.18	43
2.1.1 普通高等学校教育数量与质量	35.30	
2.1.2 中等职业学校教育数量与质量	25.72	
2.1.3 一般公共预算教育支出占 GDP 比重	33.78	
2.1.4 人才吸引力指数	28.40	
2.1.5 高新区企业 R&D 人员所占比重	27.69	
2.2 研发投入	14.15	81
2.2.1 R&D 内部经费占 GDP 的比重	14.76	
2.2.2 一般公共预算科学技术支出占 GDP 的比重	13.42	
2.2.3 高新区企业 R&D 经费内部支出占营业收入比重	14.26	
2.3 创新机构	7.56	75
2.3.1 文化机构	21.64	
2.3.2 国家重点实验室	0.00	
2.3.3 国家创新中心	1.05	
3.1 知识创造	22.74	53
3.1.1 每十万人发明专利授权数	10.99	
3.1.2 每十万人 WoS 论文数	10.20	
3.1.3 每亿元 R&D 内部经费支出所取得的发明专利授权数	15.57	
3.1.4 国际科研合作	54.19	
3.2 知识扩散	10.36	68

南宁	得分	排名
3.2.1 输出技术成交额占地区生产总值的比重	1.78	
3.2.2 吸纳技术成交额占地区生产总值的比重	23.75	
3.2.3 国家技术转移机构数	5.56	
4.1 创新经济效益	31.45	101
4.1.1 人均地区生产总值	13.46	
4.1.2 贸易顺差(逆差)	78.93	
4.1.3 人均工业增加值	1.97	
4.2 数字创新活力	9.83	49
4.2.1 数字产业活力	5.92	
4.2.2 数字消费活力	0.57	
4.2.3 数字政务活力	14.58	
4.2.4 数字文化活力	18.25	
4.3 创新包容性	47.70	92
4.3.1 城镇登记失业率	35.46	
4.3.2 城乡居民人均可支配收入比	30.47	
4.3.3 平均房价与人均可支配收入比	77.16	
4.4 创新可持续性	67.78	75
4.4.1 单位 GDP 能耗	45.99	
4.4.2 废水废物处理能力	77.49	
4.4.3 空气质量指数	89.54	
4.4.4 园林绿化覆盖率	58.12	
滁州	得分	排名
城市创新型经济指数	22.91	80
1 基础设施	8.63	104
2 创新资源	11.97	99
3 创新过程	22.24	33

续表

滁州	得分	排名
4 创新产出	48.30	55
1.1 数字基础	22.98	92
1.1.1 固网宽带应用渗透率	20.32	
1.1.2 移动网络应用渗透率	48.62	
1.1.3 工业互联网示范项目数量	0.00	
1.2 交通基础	3.54	102
1.2.1 公路单位里程运输量	1.16	
1.2.2 人均快递业务量	1.30	
1.2.3 城市物流仓储用地面积占城市建设用地总面积比重	7.94	
1.2.4 公共汽(电)车运输人次占总人口比重	3.76	
1.3 金融基础	6.69	98
1.3.1 年末金融机构人民币各项存款余额	1.05	
1.3.2 年末金融机构人民币各项贷款余额	2.58	
1.3.3 数字金融	16.44	
1.4 政策基础	0.26	71
1.4.1 "人才"类政府文件	0.00	
1.4.2 "创新"类政府文件	0.52	
2.1 人力资源	15.13	104
2.1.1 普通高等学校教育数量与质量	12.85	
2.1.2 中等职业学校教育数量与质量	32.94	
2.1.3 一般公共预算教育支出占 GDP 比重	19.76	
2.1.4 人才吸引力指数	10.10	
2.1.5 高新区企业 R&D 人员所占比重	0.00	
2.2 研发投入	16.79	73
2.2.1 R&D 内部经费占 GDP 的比重	24.88	
2.2.2 一般公共预算科学技术支出占 GDP 的比重	25.49	

滁州	得分	排名
2.2.3 高新区企业 R&D 经费内部支出占营业收入比重	0.00	
2.3 创新机构	4.43	97
2.3.1 文化机构	12.77	
2.3.2 国家重点实验室	0.00	
2.3.3 国家创新中心	0.53	
3.1 知识创造	27.03	41
3.1.1 每十万人发明专利授权数	19.24	
3.1.2 每十万人 WoS 论文数	0.41	
3.1.3 每亿元 R&D 内部经费支出所取得的发明专利授权数	11.20	
3.1.4 国际科研合作	77.25	
3.2 知识扩散	17.54	32
3.2.1 输出技术成交额占地区生产总值的比重	10.26	
3.2.2 吸纳技术成交额占地区生产总值的比重	42.35	
3.2.3 国家技术转移机构数	0.00	
4.1 创新经济效益	47.09	61
4.1.1 人均地区生产总值	30.89	
4.1.2 贸易顺差(逆差)	80.33	
4.1.3 人均工业增加值	30.04	
4.2 数字创新活力	7.74	63
4.2.1 数字产业活力	14.23	
4.2.2 数字消费活力	1.71	
4.2.3 数字政务活力	4.30	
4.2.4 数字文化活力	10.74	
4.3 创新包容性	63.26	50
4.3.1 城镇登记失业率	63.27	
4.3.2 城乡居民人均可支配收入比	35.74	

续表

滁州	得分	排名
4.3.3 平均房价与人均可支配收入比	90.77	
4.4 创新可持续性	75.35	28
4.4.1 单位 GDP 能耗	95.57	
4.4.2 废水废物处理能力	76.18	
4.4.3 空气质量指数	51.29	
4.4.4 园林绿化覆盖率	78.36	
德阳	得分	排名
城市创新型经济指数	22.85	81
1 基础设施	17.81	56
2 创新资源	15.39	78
3 创新过程	10.13	100
4 创新产出	47.11	65
1.1 数字基础	50.08	8
1.1.1 固网宽带应用渗透率	94.98	
1.1.2 移动网络应用渗透率	55.26	
1.1.3 工业互联网示范项目数量	0.00	
1.2 交通基础	5.00	98
1.2.1 公路单位里程运输量	2.03	
1.2.2 人均快递业务量	1.23	
1.2.3 城市物流仓储用地面积占城市建设用地总面积比重	13.11	
1.2.4 公共汽(电)车运输人次占总人口比重	3.62	
1.3 金融基础	13.87	75
1.3.1 年末金融机构人民币各项存款余额	1.06	
1.3.2 年末金融机构人民币各项贷款余额	1.18	
1.3.3 数字金融	39.36	
1.4 政策基础	0.00	79

德阳	得分	排名
1.4.1"人才"类政府文件	0.00	
1.4.2"创新"类政府文件	0.00	
2.1 人力资源	20.81	90
2.1.1 普通高等学校教育数量与质量	19.66	
2.1.2 中等职业学校教育数量与质量	31.93	
2.1.3 一般公共预算教育支出占 GDP 比重	5.00	
2.1.4 人才吸引力指数	21.00	
2.1.5 高新区企业 R&D 人员所占比重	26.44	
2.2 研发投入	21.04	56
2.2.1 R&D 内部经费占 GDP 的比重	45.67	
2.2.2 一般公共预算科学技术支出占 GDP 的比重	6.03	
2.2.3 高新区企业 R&D 经费内部支出占营业收入比重	11.41	
2.3 创新机构	5.11	92
2.3.1 文化机构	13.76	
2.3.2 国家重点实验室	0.00	
2.3.3 国家创新中心	1.58	
3.1 知识创造	9.81	103
3.1.1 每十万人发明专利授权数	11.91	
3.1.2 每十万人 WoS 论文数	0.68	
3.1.3 每亿元 R&D 内部经费支出所取得的发明专利授权数	4.28	
3.1.4 国际科研合作	22.38	
3.2 知识扩散	10.44	67
3.2.1 输出技术成交额占地区生产总值的比重	11.34	
3.2.2 吸纳技术成交额占地区生产总值的比重	19.98	
3.2.3 国家技术转移机构数	0.00	
4.1 创新经济效益	45.40	65

续表

德阳	得分	排名
4.1.1 人均地区生产总值	25.91	
4.1.2 贸易顺差（逆差）	79.59	
4.1.3 人均工业增加值	30.70	
4.2 数字创新活力	9.15	53
4.2.1 数字产业活力	5.77	
4.2.2 数字消费活力	3.19	
4.2.3 数字政务活力	13.79	
4.2.4 数字文化活力	13.86	
4.3 创新包容性	63.85	49
4.3.1 城镇登记失业率	40.82	
4.3.2 城乡居民人均可支配收入比	54.22	
4.3.3 平均房价与人均可支配收入比	96.50	
4.4 创新可持续性	70.50	57
4.4.1 单位 GDP 能耗	87.87	
4.4.2 废水废物处理能力	76.57	
4.4.3 空气质量指数	57.19	
4.4.4 园林绿化覆盖率	60.37	
萍乡	得分	排名
城市创新型经济指数	22.70	82
1 基础设施	13.54	82
2 创新资源	18.75	56
3 创新过程	10.15	99
4 创新产出	47.59	60
1.1 数字基础	27.46	72
1.1.1 固网宽带应用渗透率	31.37	
1.1.2 移动网络应用渗透率	51.02	

续表

萍乡	得分	排名
1.1.3 工业互联网示范项目数量	0.00	
1.2 交通基础	13.01	57
1.2.1 公路单位里程运输量	1.52	
1.2.2 人均快递业务量	0.46	
1.2.3 城市物流仓储用地面积占城市建设用地总面积比重	18.50	
1.2.4 公共汽(电)车运输人次占总人口比重	31.54	
1.3 金融基础	9.47	86
1.3.1 年末金融机构人民币各项存款余额	0.01	
1.3.2 年末金融机构人民币各项贷款余额	0.23	
1.3.3 数字金融	28.17	
1.4 政策基础	3.00	36
1.4.1"人才"类政府文件	4.96	
1.4.2"创新"类政府文件	1.04	
2.1 人力资源	25.32	66
2.1.1 普通高等学校教育数量与质量	20.54	
2.1.2 中等职业学校教育数量与质量	33.45	
2.1.3 一般公共预算教育支出占 GDP 比重	62.51	
2.1.4 人才吸引力指数	10.10	
2.1.5 高新区企业 R&D 人员所占比重	0.00	
2.2 研发投入	19.75	62
2.2.1 R&D 内部经费占 GDP 的比重	14.06	
2.2.2 一般公共预算科学技术支出占 GDP 的比重	45.18	
2.2.3 高新区企业 R&D 经费内部支出占营业收入比重	0.00	
2.3 创新机构	12.22	44
2.3.1 文化机构	36.66	
2.3.2 国家重点实验室	0.00	

续表

萍乡	得分	排名
2.3.3 国家创新中心	0.00	
3.1 知识创造	14.25	91
3.1.1 每十万人发明专利授权数	8.19	
3.1.2 每十万人 WoS 论文数	0.83	
3.1.3 每亿元 R&D 内部经费支出所取得的发明专利授权数	11.64	
3.1.4 国际科研合作	36.34	
3.2 知识扩散	6.12	95
3.2.1 输出技术成交额占地区生产总值的比重	3.60	
3.2.2 吸纳技术成交额占地区生产总值的比重	14.76	
3.2.3 国家技术转移机构数	0.00	
4.1 创新经济效益	38.81	85
4.1.1 人均地区生产总值	15.56	
4.1.2 贸易顺差(逆差)	80.01	
4.1.3 人均工业增加值	20.86	
4.2 数字创新活力	6.67	71
4.2.1 数字产业活力	10.07	
4.2.2 数字消费活力	3.68	
4.2.3 数字政务活力	1.92	
4.2.4 数字文化活力	10.99	
4.3 创新包容性	67.90	34
4.3.1 城镇登记失业率	45.92	
4.3.2 城乡居民人均可支配收入比	57.99	
4.3.3 平均房价与人均可支配收入比	99.78	
4.4 创新可持续性	77.21	18
4.4.1 单位 GDP 能耗	70.39	
4.4.2 废水废物处理能力	82.82	

萍乡	得分	排名
4.4.3 空气质量指数	68.67	
4.4.4 园林绿化覆盖率	86.98	

黄石	得分	排名
城市创新型经济指数	22.65	83
1 基础设施	10.73	94
2 创新资源	16.42	72
3 创新过程	19.31	47
4 创新产出	43.70	85
1.1 数字基础	24.83	84
1.1.1 固网宽带应用渗透率	23.58	
1.1.2 移动网络应用渗透率	50.93	
1.1.3 工业互联网示范项目数量	0.00	
1.2 交通基础	9.68	75
1.2.1 公路单位里程运输量	1.91	
1.2.2 人均快递业务量	1.50	
1.2.3 城市物流仓储用地面积占城市建设用地总面积比重	7.85	
1.2.4 公共汽(电)车运输人次占总人口比重	27.45	
1.3 金融基础	6.71	97
1.3.1 年末金融机构人民币各项存款余额	0.32	
1.3.2 年末金融机构人民币各项贷款余额	0.70	
1.3.3 数字金融	19.12	
1.4 政策基础	0.52	62
1.4.1 "人才"类政府文件	0.00	
1.4.2 "创新"类政府文件	1.04	
2.1 人力资源	23.95	76
2.1.1 普通高等学校教育数量与质量	18.66	

续表

黄石	得分	排名
2.1.2 中等职业学校教育数量与质量	25.11	
2.1.3 一般公共预算教育支出占 GDP 比重	25.27	
2.1.4 人才吸引力指数	10.10	
2.1.5 高新区企业 R&D 人员所占比重	40.59	
2.2 研发投入	18.81	64
2.2.1 R&D 内部经费占 GDP 的比重	20.33	
2.2.2 一般公共预算科学技术支出占 GDP 的比重	19.37	
2.2.3 高新区企业 R&D 经费内部支出占营业收入比重	16.74	
2.3 创新机构	7.67	73
2.3.1 文化机构	20.91	
2.3.2 国家重点实验室	0.00	
2.3.3 国家创新中心	2.11	
3.1 知识创造	19.93	60
3.1.1 每十万人发明专利授权数	13.05	
3.1.2 每十万人 WoS 论文数	2.92	
3.1.3 每亿元 R&D 内部经费支出所取得的发明专利授权数	10.29	
3.1.4 国际科研合作	53.48	
3.2 知识扩散	18.70	26
3.2.1 输出技术成交额占地区生产总值的比重	19.91	
3.2.2 吸纳技术成交额占地区生产总值的比重	36.18	
3.2.3 国家技术转移机构数	0.00	
4.1 创新经济效益	44.32	67
4.1.1 人均地区生产总值	25.32	
4.1.2 贸易顺差(逆差)	79.27	
4.1.3 人均工业增加值	28.38	
4.2 数字创新活力	7.13	67

续表

黄石	得分	排名
4.2.1 数字产业活力	8.91	
4.2.2 数字消费活力	3.12	
4.2.3 数字政务活力	2.45	
4.2.4 数字文化活力	14.04	
4.3 创新包容性	58.37	63
4.3.1 城镇登记失业率	51.79	
4.3.2 城乡居民人均可支配收入比	26.25	
4.3.3 平均房价与人均可支配收入比	97.08	
4.4 创新可持续性	65.44	88
4.4.1 单位 GDP 能耗	82.86	
4.4.2 废水废物处理能力	78.36	
4.4.3 空气质量指数	49.83	
4.4.4 园林绿化覆盖率	50.70	
包头	**得分**	**排名**
城市创新型经济指数	22.63	84
1 基础设施	16.79	62
2 创新资源	19.03	55
3 创新过程	6.47	105
4 创新产出	47.27	64
1.1 数字基础	25.60	81
1.1.1 固网宽带应用渗透率	8.42	
1.1.2 移动网络应用渗透率	68.39	
1.1.3 工业互联网示范项目数量	0.00	
1.2 交通基础	21.92	23
1.2.1 公路单位里程运输量	1.53	
1.2.2 人均快递业务量	0.23	

续表

包头	得分	排名
1.2.3 城市物流仓储用地面积占城市建设用地总面积比重	51.20	
1.2.4 公共汽(电)车运输人次占总人口比重	34.71	
1.3 金融基础	17.12	63
1.3.1 年末金融机构人民币各项存款余额	1.13	
1.3.2 年末金融机构人民币各项贷款余额	1.76	
1.3.3 数字金融	48.47	
1.4 政策基础	1.40	46
1.4.1"人才"类政府文件	0.71	
1.4.2"创新"类政府文件	2.08	
2.1 人力资源	32.13	35
2.1.1 普通高等学校教育数量与质量	21.20	
2.1.2 中等职业学校教育数量与质量	39.35	
2.1.3 一般公共预算教育支出占 GDP 比重	5.08	
2.1.4 人才吸引力指数	25.00	
2.1.5 高新区企业 R&D 人员所占比重	70.05	
2.2 研发投入	16.88	71
2.2.1 R&D 内部经费占 GDP 的比重	23.97	
2.2.2 一般公共预算科学技术支出占 GDP 的比重	6.92	
2.2.3 高新区企业 R&D 经费内部支出占营业收入比重	19.76	
2.3 创新机构	10.21	55
2.3.1 文化机构	10.79	
2.3.2 国家重点实验室	0.00	
2.3.3 国家创新中心	19.82	
3.1 知识创造	6.72	105
3.1.1 每十万人发明专利授权数	0.41	
3.1.2 每十万人 WoS 论文数	4.26	

续表

包头	得分	排名
3.1.3 每亿元 R&D 内部经费支出所取得的发明专利授权数	0.36	
3.1.4 国际科研合作	21.85	
3.2 知识扩散	6.22	93
3.2.1 输出技术成交额占地区生产总值的比重	0.74	
3.2.2 吸纳技术成交额占地区生产总值的比重	16.05	
3.2.3 国家技术转移机构数	1.85	
4.1 创新经济效益	59.19	27
4.1.1 人均地区生产总值	55.72	
4.1.2 贸易顺差（逆差）	79.13	
4.1.3 人均工业增加值	42.72	
4.2 数字创新活力	9.67	51
4.2.1 数字产业活力	10.39	
4.2.2 数字消费活力	9.46	
4.2.3 数字政务活力	0.87	
4.2.4 数字文化活力	17.95	
4.3 创新包容性	50.23	88
4.3.1 城镇登记失业率	28.83	
4.3.2 城乡居民人均可支配收入比	26.31	
4.3.3 平均房价与人均可支配收入比	95.55	
4.4 创新可持续性	70.09	59
4.4.1 单位 GDP 能耗	78.04	
4.4.2 废水废物处理能力	71.13	
4.4.3 空气质量指数	65.12	
4.4.4 园林绿化覆盖率	66.05	

续表

襄阳	得分	排名
城市创新型经济指数	22.62	85
1 基础设施	12.35	88
2 创新资源	13.62	91
3 创新过程	16.39	60
4 创新产出	47.42	63
1.1 数字基础	23.22	91
1.1.1 固网宽带应用渗透率	19.94	
1.1.2 移动网络应用渗透率	49.72	
1.1.3 工业互联网示范项目数量	0.00	
1.2 交通基础	11.46	69
1.2.1 公路单位里程运输量	1.20	
1.2.2 人均快递业务量	0.50	
1.2.3 城市物流仓储用地面积占城市建设用地总面积比重	18.29	
1.2.4 公共汽(电)车运输人次占总人口比重	25.84	
1.3 金融基础	7.48	94
1.3.1 年末金融机构人民币各项存款余额	1.61	
1.3.2 年末金融机构人民币各项贷款余额	2.29	
1.3.3 数字金融	18.55	
1.4 政策基础	6.39	20
1.4.1 "人才"类政府文件	4.96	
1.4.2 "创新"类政府文件	7.81	
2.1 人力资源	17.43	101
2.1.1 普通高等学校教育数量与质量	4.95	
2.1.2 中等职业学校教育数量与质量	30.26	
2.1.3 一般公共预算教育支出占 GDP 比重	8.12	
2.1.4 人才吸引力指数	10.10	

襄阳	得分	排名
2.1.5 高新区企业 R&D 人员所占比重	33.72	
2.2 研发投入	17.10	69
2.2.1 R&D 内部经费占 GDP 的比重	24.83	
2.2.2 一般公共预算科学技术支出占 GDP 的比重	10.08	
2.2.3 高新区企业 R&D 经费内部支出占营业收入比重	16.40	
2.3 创新机构	6.88	81
2.3.1 文化机构	14.84	
2.3.2 国家重点实验室	0.00	
2.3.3 国家创新中心	5.79	
3.1 知识创造	14.59	88
3.1.1 每十万人发明专利授权数	12.36	
3.1.2 每十万人 WoS 论文数	1.08	
3.1.3 每亿元 R&D 内部经费支出所取得的发明专利授权数	6.11	
3.1.4 国际科研合作	38.84	
3.2 知识扩散	18.14	30
3.2.1 输出技术成交额占地区生产总值的比重	18.25	
3.2.2 吸纳技术成交额占地区生产总值的比重	36.18	
3.2.3 国家技术转移机构数	0.00	
4.1 创新经济效益	53.12	43
4.1.1 人均地区生产总值	41.99	
4.1.2 贸易顺差(逆差)	80.19	
4.1.3 人均工业增加值	37.19	
4.2 数字创新活力	6.33	76
4.2.1 数字产业活力	5.75	
4.2.2 数字消费活力	1.38	
4.2.3 数字政务活力	7.20	

续表

襄阳	得分	排名
4.2.4 数字文化活力	10.99	
4.3 创新包容性	64.69	45
4.3.1 城镇登记失业率	56.89	
4.3.2 城乡居民人均可支配收入比	52.09	
4.3.3 平均房价与人均可支配收入比	85.10	
4.4 创新可持续性	66.49	80
4.4.1 单位 GDP 能耗	94.68	
4.4.2 废水废物处理能力	79.33	
4.4.3 空气质量指数	27.34	
4.4.4 园林绿化覆盖率	64.60	

新余	得分	排名
城市创新型经济指数	22.61	86
1 基础设施	10.48	96
2 创新资源	15.31	80
3 创新过程	10.74	94
4 创新产出	53.00	30
1.1 数字基础	30.33	66
1.1.1 固网宽带应用渗透率	33.37	
1.1.2 移动网络应用渗透率	57.61	
1.1.3 工业互联网示范项目数量	0.00	
1.2 交通基础	4.73	99
1.2.1 公路单位里程运输量	3.52	
1.2.2 人均快递业务量	3.28	
1.2.3 城市物流仓储用地面积占城市建设用地总面积比重	1.75	
1.2.4 公共汽(电)车运输人次占总人口比重	10.36	
1.3 金融基础	2.94	103

续表

新余	得分	排名
1.3.1 年末金融机构人民币各项存款余额	0.00	
1.3.2 年末金融机构人民币各项贷款余额	0.13	
1.3.3 数字金融	8.71	
1.4 政策基础	2.53	38
1.4.1 "人才"类政府文件	1.42	
1.4.2 "创新"类政府文件	3.65	
2.1 人力资源	28.30	56
2.1.1 普通高等学校教育数量与质量	28.33	
2.1.2 中等职业学校教育数量与质量	53.40	
2.1.3 一般公共预算教育支出占 GDP 比重	17.19	
2.1.4 人才吸引力指数	21.30	
2.1.5 高新区企业 R&D 人员所占比重	21.26	
2.2 研发投入	12.59	86
2.2.1 R&D 内部经费占 GDP 的比重	14.48	
2.2.2 一般公共预算科学技术支出占 GDP 的比重	11.65	
2.2.3 高新区企业 R&D 经费内部支出占营业收入比重	11.64	
2.3 创新机构	7.17	78
2.3.1 文化机构	19.93	
2.3.2 国家重点实验室	0.00	
2.3.3 国家创新中心	1.58	
3.1 知识创造	15.44	85
3.1.1 每十万人发明专利授权数	14.05	
3.1.2 每十万人 WoS 论文数	0.88	
3.1.3 每亿元 R&D 内部经费支出所取得的发明专利授权数	12.12	
3.1.4 国际科研合作	34.71	
3.2 知识扩散	6.13	94

续表

新余	得分	排名
3.2.1 输出技术成交额占地区生产总值的比重	3.62	
3.2.2 吸纳技术成交额占地区生产总值的比重	14.76	
3.2.3 国家技术转移机构数	0.00	
4.1 创新经济效益	51.17	45
4.1.1 人均地区生产总值	38.77	
4.1.2 贸易顺差(逆差)	79.08	
4.1.3 人均工业增加值	35.66	
4.2 数字创新活力	6.45	74
4.2.1 数字产业活力	8.67	
4.2.2 数字消费活力	1.55	
4.2.3 数字政务活力	2.19	
4.2.4 数字文化活力	13.37	
4.3 创新包容性	67.46	35
4.3.1 城镇登记失业率	53.57	
4.3.2 城乡居民人均可支配收入比	50.07	
4.3.3 平均房价与人均可支配收入比	98.74	
4.4 创新可持续性	86.91	2
4.4.1 单位 GDP 能耗	93.11	
4.4.2 废水废物处理能力	79.12	
4.4.3 空气质量指数	84.54	
4.4.4 园林绿化覆盖率	90.86	
保定	**得分**	**排名**
城市创新型经济指数	22.61	87
1 基础设施	13.69	80
2 创新资源	22.64	39
3 创新过程	14.88	77

保定	得分	排名
4 创新产出	38.83	102
1.1 数字基础	35.90	36
1.1.1 固网宽带应用渗透率	35.54	
1.1.2 移动网络应用渗透率	72.16	
1.1.3 工业互联网示范项目数量	0.00	
1.2 交通基础	7.65	87
1.2.1 公路单位里程运输量	0.90	
1.2.2 人均快递业务量	5.06	
1.2.3 城市物流仓储用地面积占城市建设用地总面积比重	24.09	
1.2.4 公共汽(电)车运输人次占总人口比重	0.53	
1.3 金融基础	9.54	85
1.3.1 年末金融机构人民币各项存款余额	5.43	
1.3.2 年末金融机构人民币各项贷款余额	6.76	
1.3.3 数字金融	16.42	
1.4 政策基础	0.00	79
1.4.1 "人才"类政府文件	0.00	
1.4.2 "创新"类政府文件	0.00	
2.1 人力资源	41.02	15
2.1.1 普通高等学校教育数量与质量	18.36	
2.1.2 中等职业学校教育数量与质量	47.99	
2.1.3 一般公共预算教育支出占GDP比重	63.31	
2.1.4 人才吸引力指数	10.10	
2.1.5 高新区企业R&D人员所占比重	65.34	
2.2 研发投入	24.34	43
2.2.1 R&D内部经费占GDP的比重	27.98	
2.2.2 一般公共预算科学技术支出占GDP的比重	14.10	

续表

保定	得分	排名
2.2.3 高新区企业 R&D 经费内部支出占营业收入比重	30.94	
2.3 创新机构	5.47	89
2.3.1 文化机构	10.62	
2.3.2 国家重点实验室	0.00	
2.3.3 国家创新中心	5.79	
3.1 知识创造	19.22	63
3.1.1 每十万人发明专利授权数	11.89	
3.1.2 每十万人 WoS 论文数	3.72	
3.1.3 每亿元 R&D 内部经费支出所取得的发明专利授权数	11.04	
3.1.4 国际科研合作	50.21	
3.2 知识扩散	10.63	65
3.2.1 输出技术成交额占地区生产总值的比重	6.44	
3.2.2 吸纳技术成交额占地区生产总值的比重	21.73	
3.2.3 国家技术转移机构数	3.70	
4.1 创新经济效益	29.22	105
4.1.1 人均地区生产总值	0.00	
4.1.2 贸易顺差（逆差）	80.66	
4.1.3 人均工业增加值	6.99	
4.2 数字创新活力	5.12	86
4.2.1 数字产业活力	5.78	
4.2.2 数字消费活力	1.08	
4.2.3 数字政务活力	5.62	
4.2.4 数字文化活力	8.00	
4.3 创新包容性	54.90	72
4.3.1 城镇登记失业率	32.14	
4.3.2 城乡居民人均可支配收入比	53.46	

保定	得分	排名
4.3.3 平均房价与人均可支配收入比	79.10	
4.4 创新可持续性	66.04	82
4.4.1 单位 GDP 能耗	92.76	
4.4.2 废水废物处理能力	82.74	
4.4.3 空气质量指数	24.77	
4.4.4 园林绿化覆盖率	63.90	

日照	得分	排名
城市创新型经济指数	22.60	88
1 基础设施	12.61	85
2 创新资源	13.71	89
3 创新过程	15.21	73
4 创新产出	48.11	57
1.1 数字基础	26.02	78
1.1.1 固网宽带应用渗透率	26.54	
1.1.2 移动网络应用渗透率	51.52	
1.1.3 工业互联网示范项目数量	0.00	
1.2 交通基础	9.00	82
1.2.1 公路单位里程运输量	0.85	
1.2.2 人均快递业务量	1.81	
1.2.3 城市物流仓储用地面积占城市建设用地总面积比重	23.93	
1.2.4 公共汽(电)车运输人次占总人口比重	9.42	
1.3 金融基础	9.18	87
1.3.1 年末金融机构人民币各项存款余额	0.90	
1.3.2 年末金融机构人民币各项贷款余额	2.51	
1.3.3 数字金融	24.15	
1.4 政策基础	5.25	24

续表

日照	得分	排名
1.4.1"人才"类政府文件	4.26	
1.4.2"创新"类政府文件	6.25	
2.1 人力资源	17.78	99
2.1.1 普通高等学校教育数量与质量	12.53	
2.1.2 中等职业学校教育数量与质量	37.80	
2.1.3 一般公共预算教育支出占 GDP 比重	28.47	
2.1.4 人才吸引力指数	10.10	
2.1.5 高新区企业 R&D 人员所占比重	0.00	
2.2 研发投入	20.36	60
2.2.1 R&D 内部经费占 GDP 的比重	42.62	
2.2.2 一般公共预算科学技术支出占 GDP 的比重	18.45	
2.2.3 高新区企业 R&D 经费内部支出占营业收入比重	0.00	
2.3 创新机构	3.56	104
2.3.1 文化机构	8.56	
2.3.2 国家重点实验室	0.00	
2.3.3 国家创新中心	2.11	
3.1 知识创造	16.17	78
3.1.1 每十万人发明专利授权数	14.47	
3.1.2 每十万人 WoS 论文数	2.72	
3.1.3 每亿元 R&D 内部经费支出所取得的发明专利授权数	5.70	
3.1.4 国际科研合作	41.78	
3.2 知识扩散	14.26	40
3.2.1 输出技术成交额占地区生产总值的比重	11.61	
3.2.2 吸纳技术成交额占地区生产总值的比重	31.18	
3.2.3 国家技术转移机构数	0.00	
4.1 创新经济效益	41.39	76

日照	得分	排名
4.1.1 人均地区生产总值	24.30	
4.1.2 贸易顺差（逆差）	77.66	
4.1.3 人均工业增加值	22.21	
4.2 数字创新活力	3.90	96
4.2.1 数字产业活力	2.77	
4.2.2 数字消费活力	2.10	
4.2.3 数字政务活力	1.66	
4.2.4 数字文化活力	9.09	
4.3 创新包容性	73.70	16
4.3.1 城镇登记失业率	86.73	
4.3.2 城乡居民人均可支配收入比	54.38	
4.3.3 平均房价与人均可支配收入比	79.98	
4.4 创新可持续性	74.26	35
4.4.1 单位 GDP 能耗	90.40	
4.4.2 废水废物处理能力	78.84	
4.4.3 空气质量指数	65.57	
4.4.4 园林绿化覆盖率	62.25	
呼和浩特	**得分**	**排名**
城市创新型经济指数	22.48	89
1 基础设施	19.37	49
2 创新资源	13.81	88
3 创新过程	12.03	86
4 创新产出	43.84	84
1.1 数字基础	30.93	62
1.1.1 固网宽带应用渗透率	20.38	
1.1.2 移动网络应用渗透率	72.42	

续表

呼和浩特	得分	排名
1.1.3 工业互联网示范项目数量	0.00	
1.2 交通基础	23.98	18
1.2.1 公路单位里程运输量	1.98	
1.2.2 人均快递业务量	0.86	
1.2.3 城市物流仓储用地面积占城市建设用地总面积比重	57.58	
1.2.4 公共汽(电)车运输人次占总人口比重	35.48	
1.3 金融基础	20.92	52
1.3.1 年末金融机构人民币各项存款余额	2.66	
1.3.2 年末金融机构人民币各项贷款余额	9.65	
1.3.3 数字金融	50.45	
1.4 政策基础	0.26	71
1.4.1"人才"类政府文件	0.00	
1.4.2"创新"类政府文件	0.52	
2.1 人力资源	21.75	87
2.1.1 普通高等学校教育数量与质量	40.74	
2.1.2 中等职业学校教育数量与质量	39.37	
2.1.3 一般公共预算教育支出占 GDP 比重	1.03	
2.1.4 人才吸引力指数	27.60	
2.1.5 高新区企业 R&D 人员所占比重	0.00	
2.2 研发投入	8.53	99
2.2.1 R&D 内部经费占 GDP 的比重	22.78	
2.2.2 一般公共预算科学技术支出占 GDP 的比重	2.81	
2.2.3 高新区企业 R&D 经费内部支出占营业收入比重	0.00	
2.3 创新机构	12.48	42
2.3.1 文化机构	36.91	
2.3.2 国家重点实验室	0.00	

呼和浩特	得分	排名
2.3.3 国家创新中心	0.53	
3.1 知识创造	18.52	66
3.1.1 每十万人发明专利授权数	11.56	
3.1.2 每十万人 WoS 论文数	11.18	
3.1.3 每亿元 R&D 内部经费支出所取得的发明专利授权数	7.02	
3.1.4 国际科研合作	44.33	
3.2 知识扩散	5.65	97
3.2.1 输出技术成交额占地区生产总值的比重	0.89	
3.2.2 吸纳技术成交额占地区生产总值的比重	16.05	
3.2.3 国家技术转移机构数	0.00	
4.1 创新经济效益	44.56	66
4.1.1 人均地区生产总值	34.62	
4.1.2 贸易顺差（逆差）	79.23	
4.1.3 人均工业增加值	19.84	
4.2 数字创新活力	10.47	45
4.2.1 数字产业活力	13.05	
4.2.2 数字消费活力	3.86	
4.2.3 数字政务活力	1.53	
4.2.4 数字文化活力	23.43	
4.3 创新包容性	47.18	94
4.3.1 城镇登记失业率	28.32	
4.3.2 城乡居民人均可支配收入比	27.95	
4.3.3 平均房价与人均可支配收入比	85.28	
4.4 创新可持续性	72.60	43
4.4.1 单位 GDP 能耗	85.40	
4.4.2 废水废物处理能力	73.63	

续表

呼和浩特	得分	排名
4.4.3 空气质量指数	69.73	
4.4.4 园林绿化覆盖率	61.61	

长治	得分	排名
城市创新型经济指数	21.88	90
1 基础设施	11.84	91
2 创新资源	15.09	83
3 创新过程	10.56	96
4 创新产出	49.19	47
1.1 数字基础	26.96	76
1.1.1 固网宽带应用渗透率	21.51	
1.1.2 移动网络应用渗透率	59.39	
1.1.3 工业互联网示范项目数量	0.00	
1.2 交通基础	14.78	48
1.2.1 公路单位里程运输量	1.18	
1.2.2 人均快递业务量	0.83	
1.2.3 城市物流仓储用地面积占城市建设用地总面积比重	42.92	
1.2.4 公共汽(电)车运输人次占总人口比重	14.18	
1.3 金融基础	3.96	102
1.3.1 年末金融机构人民币各项存款余额	1.15	
1.3.2 年末金融机构人民币各项贷款余额	1.19	
1.3.3 数字金融	9.52	
1.4 政策基础	0.26	71
1.4.1 "人才"类政府文件	0.00	
1.4.2 "创新"类政府文件	0.52	
2.1 人力资源	24.57	70
2.1.1 普通高等学校教育数量与质量	11.31	

续表

长治	得分	排名
2.1.2 中等职业学校教育数量与质量	51.38	
2.1.3 一般公共预算教育支出占 GDP 比重	21.30	
2.1.4 人才吸引力指数	10.10	
2.1.5 高新区企业 R&D 人员所占比重	28.78	
2.2 研发投入	12.35	87
2.2.1 R&D 内部经费占 GDP 的比重	13.62	
2.2.2 一般公共预算科学技术支出占 GDP 的比重	0.87	
2.2.3 高新区企业 R&D 经费内部支出占营业收入比重	22.56	
2.3 创新机构	9.90	59
2.3.1 文化机构	28.13	
2.3.2 国家重点实验室	0.00	
2.3.3 国家创新中心	1.58	
3.1 知识创造	14.07	93
3.1.1 每十万人发明专利授权数	5.69	
3.1.2 每十万人 WoS 论文数	0.71	
3.1.3 每亿元 R&D 内部经费支出所取得的发明专利授权数	7.14	
3.1.4 国际科研合作	42.75	
3.2 知识扩散	7.11	89
3.2.1 输出技术成交额占地区生产总值的比重	0.66	
3.2.2 吸纳技术成交额占地区生产总值的比重	20.67	
3.2.3 国家技术转移机构数	0.00	
4.1 创新经济效益	42.05	75
4.1.1 人均地区生产总值	23.34	
4.1.2 贸易顺差（逆差）	79.28	
4.1.3 人均工业增加值	23.53	
4.2 数字创新活力	6.12	77

续表

长治	得分	排名
4.2.1 数字产业活力	6.94	
4.2.2 数字消费活力	1.32	
4.2.3 数字政务活力	7.99	
4.2.4 数字文化活力	8.22	
4.3 创新包容性	80.67	5
4.3.1 城镇登记失业率	85.20	
4.3.2 城乡居民人均可支配收入比	100.00	
4.3.3 平均房价与人均可支配收入比	56.79	
4.4 创新可持续性	69.32	64
4.4.1 单位 GDP 能耗	91.36	
4.4.2 废水废物处理能力	69.17	
4.4.3 空气质量指数	44.29	
4.4.4 园林绿化覆盖率	72.45	
济宁	**得分**	**排名**
城市创新型经济指数	21.60	91
1 基础设施	10.36	97
2 创新资源	15.23	82
3 创新过程	15.80	62
4 创新产出	44.46	83
1.1 数字基础	20.25	103
1.1.1 固网宽带应用渗透率	11.45	
1.1.2 移动网络应用渗透率	49.31	
1.1.3 工业互联网示范项目数量	0.00	
1.2 交通基础	12.62	59
1.2.1 公路单位里程运输量	1.67	
1.2.2 人均快递业务量	9.22	

济宁	得分	排名
1.2.3 城市物流仓储用地面积占城市建设用地总面积比重	34.44	
1.2.4 公共汽（电）车运输人次占总人口比重	5.17	
1.3 金融基础	7.57	93
1.3.1 年末金融机构人民币各项存款余额	2.94	
1.3.2 年末金融机构人民币各项贷款余额	5.09	
1.3.3 数字金融	14.69	
1.4 政策基础	0.00	79
1.4.1 "人才"类政府文件	0.00	
1.4.2 "创新"类政府文件	0.00	
2.1 人力资源	25.17	67
2.1.1 普通高等学校教育数量与质量	12.66	
2.1.2 中等职业学校教育数量与质量	31.44	
2.1.3 一般公共预算教育支出占 GDP 比重	40.69	
2.1.4 人才吸引力指数	20.40	
2.1.5 高新区企业 R&D 人员所占比重	20.64	
2.2 研发投入	12.08	88
2.2.1 R&D 内部经费占 GDP 的比重	21.52	
2.2.2 一般公共预算科学技术支出占 GDP 的比重	6.08	
2.2.3 高新区企业 R&D 经费内部支出占营业收入比重	8.63	
2.3 创新机构	10.07	57
2.3.1 文化机构	25.47	
2.3.2 国家重点实验室	0.00	
2.3.3 国家创新中心	4.74	
3.1 知识创造	16.27	77
3.1.1 每十万人发明专利授权数	12.53	
3.1.2 每十万人 WoS 论文数	0.84	

续表

济宁	得分	排名
3.1.3 每亿元 R&D 内部经费支出所取得的发明专利授权数	11.76	
3.1.4 国际科研合作	39.97	
3.2 知识扩散	15.33	35
3.2.1 输出技术成交额占地区生产总值的比重	11.11	
3.2.2 吸纳技术成交额占地区生产总值的比重	31.19	
3.2.3 国家技术转移机构数	3.70	
4.1 创新经济效益	37.88	89
4.1.1 人均地区生产总值	15.12	
4.1.2 贸易顺差(逆差)	80.50	
4.1.3 人均工业增加值	18.02	
4.2 数字创新活力	3.46	101
4.2.1 数字产业活力	2.11	
4.2.2 数字消费活力	0.99	
4.2.3 数字政务活力	3.77	
4.2.4 数字文化活力	6.95	
4.3 创新包容性	73.38	18
4.3.1 城镇登记失业率	81.63	
4.3.2 城乡居民人均可支配收入比	52.15	
4.3.3 平均房价与人均可支配收入比	86.34	
4.4 创新可持续性	64.38	91
4.4.1 单位 GDP 能耗	94.90	
4.4.2 废水废物处理能力	79.69	
4.4.3 空气质量指数	21.97	
4.4.4 园林绿化覆盖率	60.97	

续表

漳州	得分	排名
城市创新型经济指数	21.51	92
1 基础设施	12.13	90
2 创新资源	10.14	104
3 创新过程	13.40	83
4 创新产出	49.49	44
1.1 数字基础	27.90	71
1.1.1 固网宽带应用渗透率	30.24	
1.1.2 移动网络应用渗透率	53.46	
1.1.3 工业互联网示范项目数量	0.00	
1.2 交通基础	3.40	104
1.2.1 公路单位里程运输量	0.91	
1.2.2 人均快递业务量	2.85	
1.2.3 城市物流仓储用地面积占城市建设用地总面积比重	6.72	
1.2.4 公共汽(电)车运输人次占总人口比重	3.10	
1.3 金融基础	15.81	69
1.3.1 年末金融机构人民币各项存款余额	1.18	
1.3.2 年末金融机构人民币各项贷款余额	3.29	
1.3.3 数字金融	42.96	
1.4 政策基础	0.26	71
1.4.1 "人才"类政府文件	0.00	
1.4.2 "创新"类政府文件	0.52	
2.1 人力资源	15.32	102
2.1.1 普通高等学校教育数量与质量	14.08	
2.1.2 中等职业学校教育数量与质量	25.10	
2.1.3 一般公共预算教育支出占 GDP 比重	9.51	
2.1.4 人才吸引力指数	10.10	

续表

漳州	得分	排名
2.1.5 高新区企业 R&D 人员所占比重	17.83	
2.2 研发投入	11.07	90
2.2.1 R&D 内部经费占 GDP 的比重	19.52	
2.2.2 一般公共预算科学技术支出占 GDP 的比重	0.76	
2.2.3 高新区企业 R&D 经费内部支出占营业收入比重	12.92	
2.3 创新机构	4.85	93
2.3.1 文化机构	11.91	
2.3.2 国家重点实验室	0.00	
2.3.3 国家创新中心	2.63	
3.1 知识创造	19.15	64
3.1.1 每十万人发明专利授权数	16.11	
3.1.2 每十万人 WoS 论文数	0.87	
3.1.3 每亿元 R&D 内部经费支出所取得的发明专利授权数	10.11	
3.1.4 国际科研合作	49.50	
3.2 知识扩散	7.76	85
3.2.1 输出技术成交额占地区生产总值的比重	0.00	
3.2.2 吸纳技术成交额占地区生产总值的比重	23.28	
3.2.3 国家技术转移机构数	0.00	
4.1 创新经济效益	54.44	37
4.1.1 人均地区生产总值	40.91	
4.1.2 贸易顺差(逆差)	80.66	
4.1.3 人均工业增加值	41.76	
4.2 数字创新活力	5.55	83
4.2.1 数字产业活力	6.86	
4.2.2 数字消费活力	0.04	
4.2.3 数字政务活力	6.93	

续表

漳州	得分	排名
4.2.4 数字文化活力	8.38	
4.3 创新包容性	54.40	73
4.3.1 城镇登记失业率	27.55	
4.3.2 城乡居民人均可支配收入比	61.96	
4.3.3 平均房价与人均可支配收入比	73.68	
4.4 创新可持续性	83.16	4
4.4.1 单位 GDP 能耗	96.74	
4.4.2 废水废物处理能力	78.30	
4.4.3 空气质量指数	84.20	
4.4.4 园林绿化覆盖率	73.41	
岳阳	**得分**	**排名**
城市创新型经济指数	21.49	93
1 基础设施	11.00	92
2 创新资源	12.00	98
3 创新过程	10.29	98
4 创新产出	51.71	37
1.1 数字基础	22.25	97
1.1.1 固网宽带应用渗透率	14.77	
1.1.2 移动网络应用渗透率	51.98	
1.1.3 工业互联网示范项目数量	0.00	
1.2 交通基础	15.09	47
1.2.1 公路单位里程运输量	1.54	
1.2.2 人均快递业务量	1.35	
1.2.3 城市物流仓储用地面积占城市建设用地总面积比重	46.01	
1.2.4 公共汽(电)车运输人次占总人口比重	11.46	
1.3 金融基础	5.50	99

续表

岳阳	得分	排名
1.3.1 年末金融机构人民币各项存款余额	0.91	
1.3.2 年末金融机构人民币各项贷款余额	1.92	
1.3.3 数字金融	13.67	
1.4 政策基础	0.00	79
1.4.1"人才"类政府文件	0.00	
1.4.2"创新"类政府文件	0.00	
2.1 人力资源	11.47	105
2.1.1 普通高等学校教育数量与质量	2.91	
2.1.2 中等职业学校教育数量与质量	38.71	
2.1.3 一般公共预算教育支出占 GDP 比重	5.60	
2.1.4 人才吸引力指数	10.10	
2.1.5 高新区企业 R&D 人员所占比重	0.00	
2.2 研发投入	16.63	75
2.2.1 R&D 内部经费占 GDP 的比重	30.50	
2.2.2 一般公共预算科学技术支出占 GDP 的比重	19.38	
2.2.3 高新区企业 R&D 经费内部支出占营业收入比重	0.00	
2.3 创新机构	7.75	72
2.3.1 文化机构	22.72	
2.3.2 国家重点实验室	0.00	
2.3.3 国家创新中心	0.53	
3.1 知识创造	13.51	96
3.1.1 每十万人发明专利授权数	5.95	
3.1.2 每十万人 WoS 论文数	0.24	
3.1.3 每亿元 R&D 内部经费支出所取得的发明专利授权数	2.89	
3.1.4 国际科研合作	44.95	
3.2 知识扩散	7.13	88

续表

岳阳	得分	排名
3.2.1 输出技术成交额占地区生产总值的比重	7.45	
3.2.2 吸纳技术成交额占地区生产总值的比重	13.94	
3.2.3 国家技术转移机构数	0.00	
4.1 创新经济效益	47.29	59
4.1.1 人均地区生产总值	32.90	
4.1.2 贸易顺差（逆差）	79.32	
4.1.3 人均工业增加值	29.65	
4.2 数字创新活力	4.47	92
4.2.1 数字产业活力	2.91	
4.2.2 数字消费活力	0.84	
4.2.3 数字政务活力	6.41	
4.2.4 数字文化活力	7.72	
4.3 创新包容性	79.65	7
4.3.1 城镇登记失业率	92.86	
4.3.2 城乡居民人均可支配收入比	53.13	
4.3.3 平均房价与人均可支配收入比	92.95	
4.4 创新可持续性	76.56	21
4.4.1 单位 GDP 能耗	94.65	
4.4.2 废水废物处理能力	84.69	
4.4.3 空气质量指数	64.40	
4.4.4 园林绿化覆盖率	62.49	
荆门	得分	排名
城市创新型经济指数	21.45	94
1 基础设施	10.20	99
2 创新资源	13.57	92
3 创新过程	14.26	79

续表

荆门	得分	排名
4 创新产出	47.07	67
1.1 数字基础	22.70	95
1.1.1 固网宽带应用渗透率	18.40	
1.1.2 移动网络应用渗透率	49.70	
1.1.3 工业互联网示范项目数量	0.00	
1.2 交通基础	12.04	61
1.2.1 公路单位里程运输量	0.57	
1.2.2 人均快递业务量	1.47	
1.2.3 城市物流仓储用地面积占城市建设用地总面积比重	32.52	
1.2.4 公共汽(电)车运输人次占总人口比重	13.62	
1.3 金融基础	4.66	101
1.3.1 年末金融机构人民币各项存款余额	0.55	
1.3.2 年末金融机构人民币各项贷款余额	0.43	
1.3.3 数字金融	13.00	
1.4 政策基础	0.26	71
1.4.1 "人才"类政府文件	0.00	
1.4.2 "创新"类政府文件	0.52	
2.1 人力资源	17.48	100
2.1.1 普通高等学校教育数量与质量	5.82	
2.1.2 中等职业学校教育数量与质量	35.67	
2.1.3 一般公共预算教育支出占 GDP 比重	4.15	
2.1.4 人才吸引力指数	10.10	
2.1.5 高新区企业 R&D 人员所占比重	31.67	
2.2 研发投入	19.15	63
2.2.1 R&D 内部经费占 GDP 的比重	26.94	
2.2.2 一般公共预算科学技术支出占 GDP 的比重	16.20	

荆门	得分	排名
2.2.3 高新区企业 R&D 经费内部支出占营业收入比重	14.29	
2.3 创新机构	4.64	95
2.3.1 文化机构	12.86	
2.3.2 国家重点实验室	0.00	
2.3.3 国家创新中心	1.05	
3.1 知识创造	9.56	104
3.1.1 每十万人发明专利授权数	11.87	
3.1.2 每十万人 WoS 论文数	0.40	
3.1.3 每亿元 R&D 内部经费支出所取得的发明专利授权数	6.57	
3.1.4 国际科研合作	19.38	
3.2 知识扩散	18.87	25
3.2.1 输出技术成交额占地区生产总值的比重	20.43	
3.2.2 吸纳技术成交额占地区生产总值的比重	36.19	
3.2.3 国家技术转移机构数	0.00	
4.1 创新经济效益	46.23	63
4.1.1 人均地区生产总值	30.34	
4.1.2 贸易顺差(逆差)	79.47	
4.1.3 人均工业增加值	28.87	
4.2 数字创新活力	4.20	93
4.2.1 数字产业活力	4.17	
4.2.2 数字消费活力	0.87	
4.2.3 数字政务活力	2.72	
4.2.4 数字文化活力	9.04	
4.3 创新包容性	71.39	28
4.3.1 城镇登记失业率	49.49	
4.3.2 城乡居民人均可支配收入比	66.64	

续表

荆门	得分	排名
4.3.3 平均房价与人均可支配收入比	98.05	
4.4 创新可持续性	67.62	76
4.4.1 单位 GDP 能耗	94.56	
4.4.2 废水废物处理能力	79.51	
4.4.3 空气质量指数	37.71	
4.4.4 园林绿化覆盖率	58.68	

临沂	得分	排名
城市创新型经济指数	21.38	95
1 基础设施	12.17	89
2 创新资源	16.09	74
3 创新过程	15.33	70
4 创新产出	41.40	90
1.1 数字基础	21.59	100
1.1.1 固网宽带应用渗透率	15.40	
1.1.2 移动网络应用渗透率	49.37	
1.1.3 工业互联网示范项目数量	0.00	
1.2 交通基础	13.12	56
1.2.1 公路单位里程运输量	1.31	
1.2.2 人均快递业务量	1.18	
1.2.3 城市物流仓储用地面积占城市建设用地总面积比重	49.99	
1.2.4 公共汽(电)车运输人次占总人口比重	0.00	
1.3 金融基础	11.53	81
1.3.1 年末金融机构人民币各项存款余额	3.85	
1.3.2 年末金融机构人民币各项贷款余额	8.03	
1.3.3 数字金融	22.70	
1.4 政策基础	1.49	44

临沂	得分	排名
1.4.1"人才"类政府文件	1.42	
1.4.2"创新"类政府文件	1.56	
2.1 人力资源	24.12	74
2.1.1 普通高等学校教育数量与质量	7.20	
2.1.2 中等职业学校教育数量与质量	20.75	
2.1.3 一般公共预算教育支出占 GDP 比重	47.29	
2.1.4 人才吸引力指数	23.70	
2.1.5 高新区企业 R&D 人员所占比重	21.64	
2.2 研发投入	17.15	68
2.2.1 R&D 内部经费占 GDP 的比重	28.18	
2.2.2 一般公共预算科学技术支出占 GDP 的比重	7.21	
2.2.3 高新区企业 R&D 经费内部支出占营业收入比重	16.07	
2.3 创新机构	8.28	70
2.3.1 文化机构	19.05	
2.3.2 国家重点实验室	0.00	
2.3.3 国家创新中心	5.79	
3.1 知识创造	16.76	74
3.1.1 每十万人发明专利授权数	10.64	
3.1.2 每十万人 WoS 论文数	0.89	
3.1.3 每亿元 R&D 内部经费支出所取得的发明专利授权数	9.51	
3.1.4 国际科研合作	45.98	
3.2 知识扩散	13.92	46
3.2.1 输出技术成交额占地区生产总值的比重	10.59	
3.2.2 吸纳技术成交额占地区生产总值的比重	31.19	
3.2.3 国家技术转移机构数	0.00	
4.1 创新经济效益	34.99	94

续表

临沂	得分	排名
4.1.1 人均地区生产总值	7.66	
4.1.2 贸易顺差(逆差)	85.33	
4.1.3 人均工业增加值	11.97	
4.2 数字创新活力	3.60	99
4.2.1 数字产业活力	2.17	
4.2.2 数字消费活力	1.32	
4.2.3 数字政务活力	4.30	
4.2.4 数字文化活力	6.60	
4.3 创新包容性	61.10	57
4.3.1 城镇登记失业率	71.43	
4.3.2 城乡居民人均可支配收入比	25.86	
4.3.3 平均房价与人均可支配收入比	85.99	
4.4 创新可持续性	66.34	81
4.4.1 单位 GDP 能耗	88.74	
4.4.2 废水废物处理能力	79.46	
4.4.3 空气质量指数	34.87	
4.4.4 园林绿化覆盖率	62.29	
德州	得分	排名
城市创新型经济指数	21.29	96
1 基础设施	8.73	103
2 创新资源	15.29	81
3 创新过程	15.45	68
4 创新产出	45.15	79
1.1 数字基础	20.89	102
1.1.1 固网宽带应用渗透率	14.36	
1.1.2 移动网络应用渗透率	48.30	

德州	得分	排名
1.1.3 工业互联网示范项目数量	0.00	
1.2 交通基础	7.35	88
1.2.1 公路单位里程运输量	0.72	
1.2.2 人均快递业务量	2.23	
1.2.3 城市物流仓储用地面积占城市建设用地总面积比重	26.28	
1.2.4 公共汽(电)车运输人次占总人口比重	0.18	
1.3 金融基础	1.50	105
1.3.1 年末金融机构人民币各项存款余额	1.66	
1.3.2 年末金融机构人民币各项贷款余额	1.99	
1.3.3 数字金融	0.85	
1.4 政策基础	4.28	27
1.4.1 "人才"类政府文件	2.84	
1.4.2 "创新"类政府文件	5.73	
2.1 人力资源	20.73	91
2.1.1 普通高等学校教育数量与质量	13.38	
2.1.2 中等职业学校教育数量与质量	40.50	
2.1.3 一般公共预算教育支出占 GDP 比重	24.72	
2.1.4 人才吸引力指数	10.10	
2.1.5 高新区企业 R&D 人员所占比重	14.97	
2.2 研发投入	20.73	58
2.2.1 R&D 内部经费占 GDP 的比重	39.50	
2.2.2 一般公共预算科学技术支出占 GDP 的比重	14.19	
2.2.3 高新区企业 R&D 经费内部支出占营业收入比重	8.49	
2.3 创新机构	5.19	91
2.3.1 文化机构	11.89	
2.3.2 国家重点实验室	0.00	

续表

德州	得分	排名
2.3.3 国家创新中心	3.68	
3.1 知识创造	16.79	73
3.1.1 每十万人发明专利授权数	13.30	
3.1.2 每十万人 WoS 论文数	0.42	
3.1.3 每亿元 R&D 内部经费支出所取得的发明专利授权数	6.75	
3.1.4 国际科研合作	46.69	
3.2 知识扩散	14.13	43
3.2.1 输出技术成交额占地区生产总值的比重	11.22	
3.2.2 吸纳技术成交额占地区生产总值的比重	31.19	
3.2.3 国家技术转移机构数	0.00	
4.1 创新经济效益	38.50	87
4.1.1 人均地区生产总值	16.12	
4.1.2 贸易顺差(逆差)	79.89	
4.1.3 人均工业增加值	19.49	
4.2 数字创新活力	3.67	98
4.2.1 数字产业活力	5.29	
4.2.2 数字消费活力	0.94	
4.2.3 数字政务活力	2.72	
4.2.4 数字文化活力	5.72	
4.3 创新包容性	72.99	22
4.3.1 城镇登记失业率	71.43	
4.3.2 城乡居民人均可支配收入比	72.15	
4.3.3 平均房价与人均可支配收入比	75.40	
4.4 创新可持续性	66.54	79
4.4.1 单位 GDP 能耗	94.06	
4.4.2 废水废物处理能力	79.12	

德州	得分	排名
4.4.3 空气质量指数	24.99	
4.4.4 园林绿化覆盖率	67.99	

秦皇岛	得分	排名
城市创新型经济指数	21.03	97
1 基础设施	16.52	66
2 创新资源	12.59	95
3 创新过程	14.80	78
4 创新产出	39.56	98
1.1 数字基础	35.35	39
1.1.1 固网宽带应用渗透率	43.38	
1.1.2 移动网络应用渗透率	62.68	
1.1.3 工业互联网示范项目数量	0.00	
1.2 交通基础	14.66	50
1.2.1 公路单位里程运输量	1.10	
1.2.2 人均快递业务量	2.88	
1.2.3 城市物流仓储用地面积占城市建设用地总面积比重	44.51	
1.2.4 公共汽(电)车运输人次占总人口比重	10.14	
1.3 金融基础	13.81	77
1.3.1 年末金融机构人民币各项存款余额	1.53	
1.3.2 年末金融机构人民币各项贷款余额	1.75	
1.3.3 数字金融	38.14	
1.4 政策基础	0.62	56
1.4.1 "人才"类政府文件	0.71	
1.4.2 "创新"类政府文件	0.52	
2.1 人力资源	25.53	63
2.1.1 普通高等学校教育数量与质量	22.68	

续表

秦皇岛	得分	排名
2.1.2 中等职业学校教育数量与质量	46.75	
2.1.3 一般公共预算教育支出占 GDP 比重	37.29	
2.1.4 人才吸引力指数	20.90	
2.1.5 高新区企业 R&D 人员所占比重	0.00	
2.2 研发投入	8.88	97
2.2.1 R&D 内部经费占 GDP 的比重	20.53	
2.2.2 一般公共预算科学技术支出占 GDP 的比重	6.12	
2.2.3 高新区企业 R&D 经费内部支出占营业收入比重	0.00	
2.3 创新机构	5.49	88
2.3.1 文化机构	13.03	
2.3.2 国家重点实验室	2.38	
2.3.3 国家创新中心	1.05	
3.1 知识创造	19.59	61
3.1.1 每十万人发明专利授权数	9.87	
3.1.2 每十万人 WoS 论文数	11.35	
3.1.3 每亿元 R&D 内部经费支出所取得的发明专利授权数	10.12	
3.1.4 国际科研合作	47.04	
3.2 知识扩散	10.10	71
3.2.1 输出技术成交额占地区生产总值的比重	6.71	
3.2.2 吸纳技术成交额占地区生产总值的比重	21.73	
3.2.3 国家技术转移机构数	1.85	
4.1 创新经济效益	36.08	91
4.1.1 人均地区生产总值	13.81	
4.1.2 贸易顺差（逆差）	79.53	
4.1.3 人均工业增加值	14.90	
4.2 数字创新活力	5.78	81

秦皇岛	得分	排名
4.2.1 数字产业活力	7.76	
4.2.2 数字消费活力	4.60	
4.2.3 数字政务活力	2.19	
4.2.4 数字文化活力	8.56	
4.3 创新包容性	51.52	83
4.3.1 城镇登记失业率	51.53	
4.3.2 城乡居民人均可支配收入比	26.09	
4.3.3 平均房价与人均可支配收入比	76.94	
4.4 创新可持续性	64.83	89
4.4.1 单位 GDP 能耗	76.20	
4.4.2 废水废物处理能力	73.93	
4.4.3 空气质量指数	61.86	
4.4.4 园林绿化覆盖率	47.34	
营口	得分	排名
城市创新型经济指数	20.78	98
1 基础设施	13.69	81
2 创新资源	14.42	87
3 创新过程	10.79	93
4 创新产出	43.43	86
1.1 数字基础	24.68	85
1.1.1 固网宽带应用渗透率	18.77	
1.1.2 移动网络应用渗透率	55.26	
1.1.3 工业互联网示范项目数量	0.00	
1.2 交通基础	17.99	36
1.2.1 公路单位里程运输量	5.51	
1.2.2 人均快递业务量	0.69	

续表

营口	得分	排名
1.2.3 城市物流仓储用地面积占城市建设用地总面积比重	49.81	
1.2.4 公共汽(电)车运输人次占总人口比重	15.96	
1.3 金融基础	10.86	82
1.3.1 年末金融机构人民币各项存款余额	1.03	
1.3.2 年末金融机构人民币各项贷款余额	1.19	
1.3.3 数字金融	30.35	
1.4 政策基础	0.00	79
1.4.1"人才"类政府文件	0.00	
1.4.2"创新"类政府文件	0.00	
2.1 人力资源	22.69	82
2.1.1 普通高等学校教育数量与质量	8.36	
2.1.2 中等职业学校教育数量与质量	39.89	
2.1.3 一般公共预算教育支出占 GDP 比重	10.19	
2.1.4 人才吸引力指数	10.10	
2.1.5 高新区企业 R&D 人员所占比重	44.92	
2.2 研发投入	16.44	77
2.2.1 R&D 内部经费占 GDP 的比重	25.07	
2.2.2 一般公共预算科学技术支出占 GDP 的比重	0.00	
2.2.3 高新区企业 R&D 经费内部支出占营业收入比重	24.26	
2.3 创新机构	5.42	90
2.3.1 文化机构	15.74	
2.3.2 国家重点实验室	0.00	
2.3.3 国家创新中心	0.53	
3.1 知识创造	11.28	102
3.1.1 每十万人发明专利授权数	7.72	
3.1.2 每十万人 WoS 论文数	0.00	

营口	得分	排名
3.1.3 每亿元 R&D 内部经费支出所取得的发明专利授权数	6.42	
3.1.4 国际科研合作	30.96	
3.2 知识扩散	10.32	69
3.2.1 输出技术成交额占地区生产总值的比重	12.97	
3.2.2 吸纳技术成交额占地区生产总值的比重	17.99	
3.2.3 国家技术转移机构数	0.00	
4.1 创新经济效益	38.57	86
4.1.1 人均地区生产总值	14.96	
4.1.2 贸易顺差(逆差)	79.23	
4.1.3 人均工业增加值	21.53	
4.2 数字创新活力	5.23	85
4.2.1 数字产业活力	7.01	
4.2.2 数字消费活力	2.01	
4.2.3 数字政务活力	0.08	
4.2.4 数字文化活力	11.82	
4.3 创新包容性	64.62	47
4.3.1 城镇登记失业率	36.73	
4.3.2 城乡居民人均可支配收入比	57.12	
4.3.3 平均房价与人均可支配收入比	100.00	
4.4 创新可持续性	65.99	83
4.4.1 单位 GDP 能耗	90.21	
4.4.2 废水废物处理能力	63.53	
4.4.3 空气质量指数	60.73	
4.4.4 园林绿化覆盖率	49.47	

续表

汉中	得分	排名
城市创新型经济指数	20.61	99
1 基础设施	10.90	93
2 创新资源	12.95	94
3 创新过程	18.47	51
4 创新产出	39.68	95
1.1 数字基础	25.30	82
1.1.1 固网宽带应用渗透率	19.11	
1.1.2 移动网络应用渗透率	56.79	
1.1.3 工业互联网示范项目数量	0.00	
1.2 交通基础	9.12	81
1.2.1 公路单位里程运输量	0.41	
1.2.2 人均快递业务量	0.03	
1.2.3 城市物流仓储用地面积占城市建设用地总面积比重	31.28	
1.2.4 公共汽(电)车运输人次占总人口比重	4.75	
1.3 金融基础	7.97	92
1.3.1 年末金融机构人民币各项存款余额	0.60	
1.3.2 年末金融机构人民币各项贷款余额	0.00	
1.3.3 数字金融	23.31	
1.4 政策基础	0.00	79
1.4.1 "人才"类政府文件	0.00	
1.4.2 "创新"类政府文件	0.00	
2.1 人力资源	20.31	94
2.1.1 普通高等学校教育数量与质量	11.19	
2.1.2 中等职业学校教育数量与质量	30.12	
2.1.3 一般公共预算教育支出占 GDP 比重	50.16	
2.1.4 人才吸引力指数	10.10	

续表

汉中	得分	排名
2.1.5 高新区企业 R&D 人员所占比重	0.00	
2.2 研发投入	10.44	92
2.2.1 R&D 内部经费占 GDP 的比重	19.42	
2.2.2 一般公共预算科学技术支出占 GDP 的比重	11.90	
2.2.3 高新区企业 R&D 经费内部支出占营业收入比重	0.00	
2.3 创新机构	9.30	62
2.3.1 文化机构	27.91	
2.3.2 国家重点实验室	0.00	
2.3.3 国家创新中心	0.00	
3.1 知识创造	13.57	94
3.1.1 每十万人发明专利授权数	3.42	
3.1.2 每十万人 WoS 论文数	1.14	
3.1.3 每亿元 R&D 内部经费支出所取得的发明专利授权数	4.27	
3.1.4 国际科研合作	45.43	
3.2 知识扩散	23.29	14
3.2.1 输出技术成交额占地区生产总值的比重	29.73	
3.2.2 吸纳技术成交额占地区生产总值的比重	40.14	
3.2.3 国家技术转移机构数	0.00	
4.1 创新经济效益	35.02	93
4.1.1 人均地区生产总值	11.47	
4.1.2 贸易顺差(逆差)	79.27	
4.1.3 人均工业增加值	14.31	
4.2 数字创新活力	2.98	104
4.2.1 数字产业活力	1.85	
4.2.2 数字消费活力	0.93	
4.2.3 数字政务活力	2.45	

续表

汉中	得分	排名
4.2.4 数字文化活力	6.70	
4.3 创新包容性	48.40	90
4.3.1 城镇登记失业率	48.47	
4.3.2 城乡居民人均可支配收入比	0.00	
4.3.3 平均房价与人均可支配收入比	96.74	
4.4 创新可持续性	71.81	47
4.4.1 单位 GDP 能耗	94.91	
4.4.2 废水废物处理能力	74.44	
4.4.3 空气质量指数	67.34	
4.4.4 园林绿化覆盖率	50.53	

新乡	得分	排名
城市创新型经济指数	19.95	100
1 基础设施	9.91	100
2 创新资源	17.51	66
3 创新过程	13.65	82
4 创新产出	38.31	103
1.1 数字基础	24.02	87
1.1.1 固网宽带应用渗透率	18.94	
1.1.2 移动网络应用渗透率	53.13	
1.1.3 工业互联网示范项目数量	0.00	
1.2 交通基础	6.44	93
1.2.1 公路单位里程运输量	2.15	
1.2.2 人均快递业务量	0.95	
1.2.3 城市物流仓储用地面积占城市建设用地总面积比重	19.73	
1.2.4 公共汽(电)车运输人次占总人口比重	2.93	
1.3 金融基础	8.04	91

续表

新乡	得分	排名
1.3.1 年末金融机构人民币各项存款余额	1.32	
1.3.2 年末金融机构人民币各项贷款余额	1.74	
1.3.3 数字金融	21.07	
1.4 政策基础	0.00	79
1.4.1 "人才"类政府文件	0.00	
1.4.2 "创新"类政府文件	0.00	
2.1 人力资源	24.32	72
2.1.1 普通高等学校教育数量与质量	22.89	
2.1.2 中等职业学校教育数量与质量	31.12	
2.1.3 一般公共预算教育支出占 GDP 比重	25.04	
2.1.4 人才吸引力指数	20.10	
2.1.5 高新区企业 R&D 人员所占比重	22.47	
2.2 研发投入	24.87	40
2.2.1 R&D 内部经费占 GDP 的比重	33.63	
2.2.2 一般公共预算科学技术支出占 GDP 的比重	17.16	
2.2.3 高新区企业 R&D 经费内部支出占营业收入比重	23.83	
2.3 创新机构	4.32	98
2.3.1 文化机构	8.75	
2.3.2 国家重点实验室	0.00	
2.3.3 国家创新中心	4.21	
3.1 知识创造	22.75	52
3.1.1 每十万人发明专利授权数	14.24	
3.1.2 每十万人 WoS 论文数	5.56	
3.1.3 每亿元 R&D 内部经费支出所取得的发明专利授权数	10.04	
3.1.4 国际科研合作	61.18	
3.2 知识扩散	4.70	101

续表

新乡	得分	排名
3.2.1 输出技术成交额占地区生产总值的比重	3.21	
3.2.2 吸纳技术成交额占地区生产总值的比重	10.91	
3.2.3 国家技术转移机构数	0.00	
4.1 创新经济效益	34.53	96
4.1.1 人均地区生产总值	9.29	
4.1.2 贸易顺差(逆差)	79.52	
4.1.3 人均工业增加值	14.76	
4.2 数字创新活力	3.56	100
4.2.1 数字产业活力	2.83	
4.2.2 数字消费活力	0.57	
4.2.3 数字政务活力	2.72	
4.2.4 数字文化活力	8.13	
4.3 创新包容性	55.57	69
4.3.1 城镇登记失业率	21.17	
4.3.2 城乡居民人均可支配收入比	56.87	
4.3.3 平均房价与人均可支配收入比	88.67	
4.4 创新可持续性	60.05	97
4.4.1 单位 GDP 能耗	95.18	
4.4.2 废水废物处理能力	80.98	
4.4.3 空气质量指数	10.71	
4.4.4 园林绿化覆盖率	53.34	
衡阳	**得分**	**排名**
城市创新型经济指数	19.92	101
1 基础设施	7.91	105
2 创新资源	15.51	77
3 创新过程	10.69	95

衡阳	得分	排名
4 创新产出	44.91	80
1.1 数字基础	20.02	104
1.1.1 固网宽带应用渗透率	5.02	
1.1.2 移动网络应用渗透率	45.04	
1.1.3 工业互联网示范项目数量	10.00	
1.2 交通基础	5.93	97
1.2.1 公路单位里程运输量	1.35	
1.2.2 人均快递业务量	0.29	
1.2.3 城市物流仓储用地面积占城市建设用地总面积比重	15.42	
1.2.4 公共汽(电)车运输人次占总人口比重	6.66	
1.3 金融基础	4.72	100
1.3.1 年末金融机构人民币各项存款余额	1.62	
1.3.2 年末金融机构人民币各项贷款余额	1.94	
1.3.3 数字金融	10.60	
1.4 政策基础	0.00	79
1.4.1 "人才"类政府文件	0.00	
1.4.2 "创新"类政府文件	0.00	
2.1 人力资源	22.51	83
2.1.1 普通高等学校教育数量与质量	17.42	
2.1.2 中等职业学校教育数量与质量	37.10	
2.1.3 一般公共预算教育支出占 GDP 比重	22.91	
2.1.4 人才吸引力指数	10.10	
2.1.5 高新区企业 R&D 人员所占比重	25.03	
2.2 研发投入	20.56	59
2.2.1 R&D 内部经费占 GDP 的比重	26.26	
2.2.2 一般公共预算科学技术支出占 GDP 的比重	15.79	

续表

衡阳	得分	排名
2.2.3 高新区企业 R&D 经费内部支出占营业收入比重	19.62	
2.3 创新机构	4.50	96
2.3.1 文化机构	11.92	
2.3.2 国家重点实验室	0.00	
2.3.3 国家创新中心	1.58	
3.1 知识创造	14.19	92
3.1.1 每十万人发明专利授权数	5.68	
3.1.2 每十万人 WoS 论文数	3.19	
3.1.3 每亿元 R&D 内部经费支出所取得的发明专利授权数	4.83	
3.1.4 国际科研合作	43.05	
3.2 知识扩散	7.25	87
3.2.1 输出技术成交额占地区生产总值的比重	7.80	
3.2.2 吸纳技术成交额占地区生产总值的比重	13.94	
3.2.3 国家技术转移机构数	0.00	
4.1 创新经济效益	31.10	102
4.1.1 人均地区生产总值	13.23	
4.1.2 贸易顺差（逆差）	80.07	
4.1.3 人均工业增加值	0.00	
4.2 数字创新活力	4.14	94
4.2.1 数字产业活力	3.00	
4.2.2 数字消费活力	0.67	
4.2.3 数字政务活力	5.62	
4.2.4 数字文化活力	7.30	
4.3 创新包容性	67.22	38
4.3.1 城镇登记失业率	37.24	
4.3.2 城乡居民人均可支配收入比	66.89	

衡阳	得分	排名
4.3.3 平均房价与人均可支配收入比	97.52	
4.4 创新可持续性	77.27	17
4.4.1 单位 GDP 能耗	94.59	
4.4.2 废水废物处理能力	84.69	
4.4.3 空气质量指数	70.60	
4.4.4 园林绿化覆盖率	59.20	

玉溪	得分	排名
城市创新型经济指数	19.26	102
1 基础设施	9.06	101
2 创新资源	12.48	96
3 创新过程	8.57	104
4 创新产出	46.10	72
1.1 数字基础	22.79	94
1.1.1 固网宽带应用渗透率	12.36	
1.1.2 移动网络应用渗透率	56.00	
1.1.3 工业互联网示范项目数量	0.00	
1.2 交通基础	2.12	105
1.2.1 公路单位里程运输量	1.15	
1.2.2 人均快递业务量	1.14	
1.2.3 城市物流仓储用地面积占城市建设用地总面积比重	4.39	
1.2.4 公共汽(电)车运输人次占总人口比重	1.81	
1.3 金融基础	10.35	84
1.3.1 年末金融机构人民币各项存款余额	0.30	
1.3.2 年末金融机构人民币各项贷款余额	0.53	
1.3.3 数字金融	30.23	
1.4 政策基础	0.00	79

续表

玉溪	得分	排名
1.4.1"人才"类政府文件	0.00	
1.4.2"创新"类政府文件	0.00	
2.1 人力资源	20.64	92
2.1.1 普通高等学校教育数量与质量	6.35	
2.1.2 中等职业学校教育数量与质量	47.23	
2.1.3 一般公共预算教育支出占 GDP 比重	15.29	
2.1.4 人才吸引力指数	20.70	
2.1.5 高新区企业 R&D 人员所占比重	13.63	
2.2 研发投入	9.58	95
2.2.1 R&D 内部经费占 GDP 的比重	16.01	
2.2.2 一般公共预算科学技术支出占 GDP 的比重	9.48	
2.2.3 高新区企业 R&D 经费内部支出占营业收入比重	3.25	
2.3 创新机构	8.58	68
2.3.1 文化机构	25.21	
2.3.2 国家重点实验室	0.00	
2.3.3 国家创新中心	0.53	
3.1 知识创造	11.98	101
3.1.1 每十万人发明专利授权数	7.50	
3.1.2 每十万人 WoS 论文数	0.47	
3.1.3 每亿元 R&D 内部经费支出所取得的发明专利授权数	5.55	
3.1.4 国际科研合作	34.39	
3.2 知识扩散	5.22	100
3.2.1 输出技术成交额占地区生产总值的比重	0.73	
3.2.2 吸纳技术成交额占地区生产总值的比重	14.93	
3.2.3 国家技术转移机构数	0.00	
4.1 创新经济效益	55.34	34

续表

玉溪	得分	排名
4.1.1 人均地区生产总值	44.64	
4.1.2 贸易顺差(逆差)	79.86	
4.1.3 人均工业增加值	41.52	
4.2 数字创新活力	2.08	105
4.2.1 数字产业活力	2.24	
4.2.2 数字消费活力	0.03	
4.2.3 数字政务活力	0.00	
4.2.4 数字文化活力	6.04	
4.3 创新包容性	49.91	89
4.3.1 城镇登记失业率	35.71	
4.3.2 城乡居民人均可支配收入比	21.48	
4.3.3 平均房价与人均可支配收入比	92.55	
4.4 创新可持续性	76.86	19
4.4.1 单位 GDP 能耗	97.16	
4.4.2 废水废物处理能力	70.48	
4.4.3 空气质量指数	98.59	
4.4.4 园林绿化覆盖率	41.21	
邯郸	得分	排名
城市创新型经济指数	19.22	103
1 基础设施	12.38	87
2 创新资源	11.57	100
3 创新过程	11.69	88
4 创新产出	40.53	94
1.1 数字基础	23.62	90
1.1.1 固网宽带应用渗透率	7.85	
1.1.2 移动网络应用渗透率	53.00	

续表

邯郸	得分	排名
1.1.3 工业互联网示范项目数量	10.00	
1.2 交通基础	16.33	40
1.2.1 公路单位里程运输量	1.46	
1.2.2 人均快递业务量	2.08	
1.2.3 城市物流仓储用地面积占城市建设用地总面积比重	58.92	
1.2.4 公共汽(电)车运输人次占总人口比重	2.88	
1.3 金融基础	8.37	89
1.3.1 年末金融机构人民币各项存款余额	3.52	
1.3.2 年末金融机构人民币各项贷款余额	5.26	
1.3.3 数字金融	16.33	
1.4 政策基础	0.00	79
1.4.1"人才"类政府文件	0.00	
1.4.2"创新"类政府文件	0.00	
2.1 人力资源	22.39	84
2.1.1 普通高等学校教育数量与质量	12.54	
2.1.2 中等职业学校教育数量与质量	43.87	
2.1.3 一般公共预算教育支出占 GDP 比重	45.43	
2.1.4 人才吸引力指数	10.10	
2.1.5 高新区企业 R&D 人员所占比重	0.00	
2.2 研发投入	11.51	89
2.2.1 R&D 内部经费占 GDP 的比重	26.90	
2.2.2 一般公共预算科学技术支出占 GDP 的比重	7.62	
2.2.3 高新区企业 R&D 经费内部支出占营业收入比重	0.00	
2.3 创新机构	2.55	105
2.3.1 文化机构	6.06	
2.3.2 国家重点实验室	0.00	

续表

邯郸	得分	排名
2.3.3 国家创新中心	1.58	
3.1 知识创造	13.44	97
3.1.1 每十万人发明专利授权数	5.24	
3.1.2 每十万人 WoS 论文数	0.53	
3.1.3 每亿元 R&D 内部经费支出所取得的发明专利授权数	5.81	
3.1.4 国际科研合作	42.19	
3.2 知识扩散	9.96	72
3.2.1 输出技术成交额占地区生产总值的比重	6.30	
3.2.2 吸纳技术成交额占地区生产总值的比重	21.73	
3.2.3 国家技术转移机构数	1.85	
4.1 创新经济效益	32.82	99
4.1.1 人均地区生产总值	3.79	
4.1.2 贸易顺差（逆差）	79.82	
4.1.3 人均工业增加值	14.85	
4.2 数字创新活力	3.25	102
4.2.1 数字产业活力	1.29	
4.2.2 数字消费活力	1.28	
4.2.3 数字政务活力	5.35	
4.2.4 数字文化活力	5.07	
4.3 创新包容性	57.14	64
4.3.1 城镇登记失业率	43.37	
4.3.2 城乡居民人均可支配收入比	49.59	
4.3.3 平均房价与人均可支配收入比	78.46	
4.4 创新可持续性	68.95	69
4.4.1 单位 GDP 能耗	91.34	
4.4.2 废水废物处理能力	84.59	

续表

邯郸	得分	排名
4.4.3 空气质量指数	17.54	
4.4.4 园林绿化覆盖率	82.31	
南阳	**得分**	**排名**
城市创新型经济指数	18.94	104
1 基础设施	8.87	102
2 创新资源	18.27	60
3 创新过程	8.75	103
4 创新产出	39.34	99
1.1 数字基础	17.26	105
1.1.1 固网宽带应用渗透率	5.60	
1.1.2 移动网络应用渗透率	46.19	
1.1.3 工业互联网示范项目数量	0.00	
1.2 交通基础	9.66	76
1.2.1 公路单位里程运输量	1.09	
1.2.2 人均快递业务量	0.97	
1.2.3 城市物流仓储用地面积占城市建设用地总面积比重	35.26	
1.2.4 公共汽(电)车运输人次占总人口比重	1.33	
1.3 金融基础	1.56	104
1.3.1 年末金融机构人民币各项存款余额	2.21	
1.3.2 年末金融机构人民币各项贷款余额	2.48	
1.3.3 数字金融	0.00	
1.4 政策基础	6.34	21
1.4.1 "人才"类政府文件	8.51	
1.4.2 "创新"类政府文件	4.17	
2.1 人力资源	29.48	46
2.1.1 普通高等学校教育数量与质量	13.19	

续表

南阳	得分	排名
2.1.2 中等职业学校教育数量与质量	33.97	
2.1.3 一般公共预算教育支出占 GDP 比重	46.97	
2.1.4 人才吸引力指数	10.10	
2.1.5 高新区企业 R&D 人员所占比重	43.16	
2.2 研发投入	22.29	50
2.2.1 R&D 内部经费占 GDP 的比重	21.12	
2.2.2 一般公共预算科学技术支出占 GDP 的比重	16.92	
2.2.3 高新区企业 R&D 经费内部支出占营业收入比重	28.84	
2.3 创新机构	4.78	94
2.3.1 文化机构	9.08	
2.3.2 国家重点实验室	0.00	
2.3.3 国家创新中心	5.26	
3.1 知识创造	12.93	98
3.1.1 每十万人发明专利授权数	5.91	
3.1.2 每十万人 WoS 论文数	0.19	
3.1.3 每亿元 R&D 内部经费支出所取得的发明专利授权数	7.94	
3.1.4 国际科研合作	37.67	
3.2 知识扩散	4.65	102
3.2.1 输出技术成交额占地区生产总值的比重	3.04	
3.2.2 吸纳技术成交额占地区生产总值的比重	10.90	
3.2.3 国家技术转移机构数	0.00	
4.1 创新经济效益	30.33	104
4.1.1 人均地区生产总值	4.51	
4.1.2 贸易顺差（逆差）	79.70	
4.1.3 人均工业增加值	6.79	
4.2 数字创新活力	3.14	103

续表

南阳	得分	排名
4.2.1 数字产业活力	4.06	
4.2.2 数字消费活力	0.08	
4.2.3 数字政务活力	3.77	
4.2.4 数字文化活力	4.66	
4.3 创新包容性	53.24	80
4.3.1 城镇登记失业率	29.34	
4.3.2 城乡居民人均可支配收入比	47.83	
4.3.3 平均房价与人均可支配收入比	82.54	
4.4 创新可持续性	70.36	58
4.4.1 单位 GDP 能耗	97.06	
4.4.2 废水废物处理能力	84.69	
4.4.3 空气质量指数	29.72	
4.4.4 园林绿化覆盖率	69.98	
遵义	**得分**	**排名**
城市创新型经济指数	17.99	105
1 基础设施	10.72	95
2 创新资源	9.96	105
3 创新过程	10.02	102
4 创新产出	40.54	93
1.1 数字基础	21.76	98
1.1.1 固网宽带应用渗透率	7.00	
1.1.2 移动网络应用渗透率	58.27	
1.1.3 工业互联网示范项目数量	0.00	
1.2 交通基础	11.48	68
1.2.1 公路单位里程运输量	1.03	
1.2.2 人均快递业务量	0.23	

遵义	得分	排名
1.2.3 城市物流仓储用地面积占城市建设用地总面积比重	22.64	
1.2.4 公共汽(电)车运输人次占总人口比重	22.01	
1.3 金融基础	8.09	90
1.3.1 年末金融机构人民币各项存款余额	2.14	
1.3.2 年末金融机构人民币各项贷款余额	4.43	
1.3.3 数字金融	17.68	
1.4 政策基础	0.52	62
1.4.1 "人才"类政府文件	0.00	
1.4.2 "创新"类政府文件	1.04	
2.1 人力资源	22.22	85
2.1.1 普通高等学校教育数量与质量	10.47	
2.1.2 中等职业学校教育数量与质量	30.82	
2.1.3 一般公共预算教育支出占 GDP 比重	49.29	
2.1.4 人才吸引力指数	20.50	
2.1.5 高新区企业 R&D 人员所占比重	0.00	
2.2 研发投入	5.72	100
2.2.1 R&D 内部经费占 GDP 的比重	6.82	
2.2.2 一般公共预算科学技术支出占 GDP 的比重	10.34	
2.2.3 高新区企业 R&D 经费内部支出占营业收入比重	0.00	
2.3 创新机构	3.95	100
2.3.1 文化机构	10.28	
2.3.2 国家重点实验室	0.00	
2.3.3 国家创新中心	1.58	
3.1 知识创造	15.53	84
3.1.1 每十万人发明专利授权数	6.21	
3.1.2 每十万人 WoS 论文数	1.59	

续表

遵义	得分	排名
3.1.3 每亿元 R&D 内部经费支出所取得的发明专利授权数	16.84	
3.1.4 国际科研合作	37.49	
3.2 知识扩散	4.61	103
3.2.1 输出技术成交额占地区生产总值的比重	2.98	
3.2.2 吸纳技术成交额占地区生产总值的比重	10.85	
3.2.3 国家技术转移机构数	0.00	
4.1 创新经济效益	39.74	82
4.1.1 人均地区生产总值	16.76	
4.1.2 贸易顺差（逆差）	79.33	
4.1.3 人均工业增加值	23.14	
4.2 数字创新活力	3.90	97
4.2.1 数字产业活力	5.50	
4.2.2 数字消费活力	0.78	
4.2.3 数字政务活力	9.31	
4.2.4 数字文化活力	0.00	
4.3 创新包容性	38.41	103
4.3.1 城镇登记失业率	0.00	
4.3.2 城乡居民人均可支配收入比	19.11	
4.3.3 平均房价与人均可支配收入比	96.12	
4.4 创新可持续性	78.82	15
4.4.1 单位 GDP 能耗	89.53	
4.4.2 废水废物处理能力	81.31	
4.4.3 空气质量指数	93.81	
4.4.4 园林绿化覆盖率	50.64	